KB070207

사회적 존재의 존재론을 위한
프롤레고메나 ②

나남
nanam

한국연구재단 학술명저번역총서
서양편 393

사회적 존재의 존재론을 위한
프롤레고메나 ②

2017년 11월 5일 발행
2017년 11월 5일 1쇄

지은이_ 게오르크 루카치
옮긴이_ 김경식 · 안소현
발행자_ 趙相浩
발행처_ (주) 나남
주소_ 10881 경기도 파주시 회동길 193
전화_ (031) 955-4601 (代)
FAX_ (031) 955-4555
등록_ 제 1-71호(1979.5.12)
홈페이지_ http://www.nanam.net
전자우편_ post@nanam.net
인쇄인_ 유성근 (삼화인쇄주식회사)

ISBN 978-89-300-8901-2
ISBN 978-89-300-8215-0 (세트)
책값은 뒤표지에 있습니다.

'한국연구재단 학술명저번역총서'는 우리 시대 기초학문의 부흥을 위해
한국연구재단과 (주)나남이 공동으로 펼치는 서양명저 번역간행사업입니다.

사회적 존재의 존재론을 위한
프롤레고메나 ②

게오르크 루카치 지음 | 김경식 · 안소현 옮김

나남
nanam

Prolegomena zur Ontologie des gesellschaftlichen Seins

1. 원주는 따로 표시하지 않았고, 옮긴이 주는 앞에 '옮긴이'라고 표시했다.
2. 〔 〕로 묶은 말은 독자들의 이해를 돕기 위해 옮긴이가 원문에 없는 말을 임의로 추가한 것이다. 또, 어떤 단어를 한 가지로 확정하여 옮기기보다는 대체 가능한 번역을 병기해 두는 게 독서에 유리하겠다고 판단되는 대목에서도 같은 식으로 〔 〕를 사용했다.
3. 원문에 문법적으로 잘못된 문장이 있을 경우, 문맥에 따라 적당히 이해한 후 옮기되 이 사실을 따로 밝히지 않았다. 다만 루카치가 다른 사람의 글을 인용한 대목에서 오식이 있을 때, 그리고 인명을 포함하여 명사를 잘못 적었을 때는 옮긴이 주로 표시해 두었다.
4. 독일어 원문을 참고할 필요가 있는 독자들이 쉽게 찾아볼 수 있도록 하기 위해 본문 중에 원문의 쪽수를 〔 〕 안에 표시하였다.
5. 모든 소제목은 옮긴이가 붙인 것이다.
6. 독자의 편의를 위해 다소 생경한 용어를 중심으로 〈한국어-독일어 용어 대조표〉를 만들어 실었다.

사회적 존재의 존재론을 위한 프롤레고메나 ②

차 례

제 IV 장

III
(계속)

진보신앙에 대한 비판

지금까지 우리는 인간의 유적 성질의 발전에 내재하는 이러한 일반적이고 지속적인 경향을 밝혔다. 여기에서 우리는 널리 퍼져 있는 한 가지 편견, 곧 진보를 통일적이고 직접적, 일직선적 성질을 지닌 것으로 여기는 편견을 처음부터 배제해야만 한다. 이 글 곳곳에서 우리는 사회·역사적 차이성을, 그 모든 표현의 그때그때 존재하는 역사적 일회성을 재삼재사 지적해왔다. 그렇지만 이러한 제한은, 우리가 여기에서도 그러한 현상의 존재적 기반으로 되돌아가 논의를 시작하지 않는다면 충분히 근거지어지지 않은 것으로 간주되어 기각될 수도 있을 것이다. 문제는 그 전체성에서 목적론적인 것이라고는 전혀 알지 못하는 모든 역사적 사건의 전적으로 인과적인 진행이다. 사회적 존재에 있어 인간 자신에서 나오는 모든 동인은 목적론적 정립을 존재기반으로 가지고 있는데, 이 점으로 말미암아 사회적 존재는 그에 선행하는 두 가지 자연적 존재방식과 질적으로 구별된다. 또 이 점이 고유한 존재방식으로서의 사회적 존재를 이해하기 위해서는 제외될 수 없는 계기임은 물론이다. 그러나 목적론적 정립은 목표와 수단의 실천적인 정립을 통해 그것〔목적론적 정립〕에 의해 가동된 인과적 과정들을 광범위하게 수정할 수는 있지만 결코 그 진행의 인과적 성격을 존재상 바꿀 수는 없다는 점이 동시에 고려되지 않는다면 사회적 존재는 올바로 이해될 수 없다. 단지 인과적 과정들만 있을 뿐이지 목적론적 과정들이란 결코 존재하지 않는다. 목적론적으로 가동된 과정은, 하지만 인과적 과정으로 머물러 있다. 그렇기 때문에 과정이 정립에 의해 정확히 규정되어 있다는 말은 얼추 그렇다는 말에 지나지 않는다. 언제나 과정에는 정립을 — 긍정적으로 혹은 부정적으로 — 넘어서고 방향, 내용 등등과 관련해서 정립에서 벗어나는 계기들도 내포되어 있다. 또 이러한 불가역적 과정들은 사회적 과정으로서 전개되기 때문에, 그 과정들 자체, 인간에 대한 그 과정들의 작용 등등은 〔190〕 사회적으로, 무엇보다도 경제적으로 규정되어 있을 수밖에 없다. 그 결과, 예컨대 노동, 노동방식, 분업 등등의 영역에서 이루어지는 그러한 정립들에는 일반적으로 생산의 증가 경향들이 내재해 있는데, 이 경향들의 강도, 방향 따위는 당연히 그때그때의 경제구조, 그 발전단계 등등에 의해 폭넓게 좌우된다. 이와 마찬가지로 당연하게도, 인간의 행동방식들에 미치는 작용들은 직접적으로 경제적인 것에서 멀리 떨어져 있는 것일수록 그만큼 더 분화되고 더 불균등하게 된다. 이에 따라 — 문제복합체 전체를 집약해서 말하자면 — 방금 논의되었던 전반적인 유적 발전경향들의 저 통일성은 극히 불균등하게 나타날 것이다. 속류 진보신앙에 대해 전적으로 거부하는 태도를 취하는 진정한 마르크스주의는, 일반적 발전의 이러한 측면을 단호히 강조하는 일 또한 결코 소홀히 하지 않았으며, 그럼으로써 유의 발전의 왕왕 혹독한 불균등성을 실지로 고려하는 가운데 유의 발전의 — 궁극적으로 — 명백한 진보성을 밝혔다. 예컨대 엥겔스는 옛 씨족사회의 해체(객관적으로 보자면 가장 중요한 진보 중 하나)를 다음과 같이 묘사한다. "새로운 문명화된 사회 곧 계급사회의 개막식을 거행하는 것은 — 파렴치한 탐욕, 조야한 향락욕, 뻔뻔스러운 욕망, 공동재산에 대한 이기주의적인 약탈과 같은 — 저열하기 짝이 없는 이해관계들이다. 계급 없는 옛 씨족사회의 바탕을 허물고 붕괴시키는 것은 — 도둑질, 폭력, 간계, 배반과 같은 — 더없이 치욕적인 수단들이다."113) 마르크스도,〔씨족사회의 해체와〕마찬가지로 일종의 전환점을 이루는 진보적인 본원적 축적을 이와 비슷하게 묘사한다. 불균등한, 그렇지만 진보의 사회적 기반을 경향적으로 진작(振作)시키는 발전의 이러한 극단들이야말로 인간들 스스로가 그들의 역사를 만든다는 사실, 인간들이 궁극적으로 그들 자신의 유적 성질의 창조자였으며 지금도 그러하고 또 무엇보다 앞으로 그렇게 될 수 있다는 사실을 뒷받침하는 존재상(上)의 기반, 존재상의 틀을 이룬다. 인류의 역사에서 아주 중요한 이러한 현상은, 하지만 우리가 그것을 경제·사회적 인과계열들과 이로부터 발원한 인간적 반응들의 공동작용에 비추어 고찰하지 않는 한 이해될 수 없을 것이다. 이 인과계열들은 그 총체성속에 기본방향들은 지니고 있을지 몰라도 목표들과 그것들의 실현은 결코 지니고 있지 않다. 그리고 그 인과계열들에서 발원한 인간

---

113) *Ibid.*, pp. 86~87.

적 반응들은 그러한 과정들에 따라서만 발생할 수 있는 것이긴 하지만 그 과정들의 의도치 않은 결과로서, 그 과정들을 새로운 선택적 결정의 대상으로 대한다. 여기에서 인간의 인격이라는 복합체를 생각해 보기를 바란다. 우리는 인간의 인격이 객관적인 사회적 발전 속에서 어떻게 성장해나가는지를 보여주었다. 〔191〕 객관적인 사회적 발전의 증대하는 복잡성은 인간들로 하여금 점점 더 다양해지는, 서로 직접적으로 이질적인 선택적 결정들 앞에 서게 만들며, 그럼으로써 그들 속에서 다음과 같은 가능성 여지를, 즉 개개인이 자기 존재의 고유하고 내적인 역동적 통일성을 인격 일반으로 도야(陶冶)함으로써만 성취할 수 있는 그런 가능성 여지를 키운다. 부단히 증대하는 이 경제·사회적 결정성은 한편으로는 그와 같은 인격 발전을 지배적 경향으로 산출한다. 하지만 다른 한편으로 그것은 ― 직접적으로 보자면 ― 점점 더 생산발전의 장애물이 되었던 저 본래적인 자연적 구속들을 파괴하는 것으로 존재하지는 않는다. 인간적 인격의 발생과 전개의 직접적인 출발점은 따라서 〔본래적인 자연적 구속들의 파괴가 아니라〕 자연한계들의 이러한 후퇴에 의거하는데, 앞서 우리가 볼 수 있었다시피 이 후퇴는, 개개인이 그의 실존 및 활동의 장(場)인 사회와 맺는 관계를 근본적으로 우연적인 것으로 바꾼다. 얼마간 "자연적인" 계급범주들(카스트에서 신분까지)이 경제적으로 그 사회적 실존기반을 상실하고, 우연적이게 된 개개인을 사회와 직접적으로 맞세움으로써 말이다. 본래의 더 좁은 의미에서의 계급은 이미 그와 같은 사회의 사회화의 산물이며, 따라서 이런 점에서 이전의 사회적으로 대립적인 분화들과 질적으로 구별된다. 즉, 계급은 우연적이게 된 인간 인격과 전체 사회의 대립을 아직 "자연적인" 사회적 구속에서 발원하는 명령과 금지령으로 대체하지 않으며, 사회 속에서 우연적이게 된 개개인의 반응들이 전면적으로 강화되도록 추동할 수 있다. 본래 이질적인, 하지만 그러한 각 구성체의 작동을 위해서 필수불가결한 그와 같은 주·객관적 개별형식들을 산출하는 것은 따라서 사회발전의 전체과정이다. 그럼으로써 객관적으로 그 전체과정은 사회 진보의 담지자가 되지만 단, 각 구성체의 총체성에서든 전체과정을 구성하는 개별복합체 및 개별과정들에서든 어떤 의도성, 어떤 전체적 목적론은 그 그림자조차 나타날 수 없는 방식으로 사회적 진보의 담지자가 된다.

물론 개개인들과 그들이 활동하는 — 그들 자신이 창조한 — 기관들(국가, 정당 등등)은 이 과정의 모든 운동에, 이 과정을 촉진 혹은 제지하도록, 저지 혹은 수정하도록 의도되어 있는 그런 목적론적 정립들을 통해 반응한다. 물론 대다수의 경우 이 목적론적 정립들은 각 구성체에 대한 개개인들의 적응을, 그 구성체 속에서 자기 자신을 아무런 마찰 없이 재생산하려는 개개인들의 소망을 표현하는 것들에 지나지 않는다. 그런데 우리는 모든 목적론적 정립은 인과계열들만을 작동시킬 수 있다는 것을 알고 있다. 그렇기 때문에 개개인의 이 모든 목적론적 정립은 어떤 식으로든 전체과정 속으로, 즉 그것을 통해 각 구성체가 〔192〕 자기 자신을 총체성으로서 재생산하고 발전시키는 그런 전체과정 속으로 흘러들어간다. 따라서 그 결과가 어떻게 될지는 두 구성요소의 공동작용에 달려 있다. 한 개인의 반대는, 설사 그것이 실제의 목적론적 정립 속에서 표현된다 할지라도 일반적으로 사실상 아무런 효력도 발휘하지 못할 것이다. 하지만 혁명들의 역사는 개개인의 목적론적 정립의 집단적 출현이 혁명적 상황에서 주체적 요인으로 고양될 수 있으며 사회적 변화를 승리로 이끌 수 있다는 것을 우리에게 가르쳐 준다. 그도 그럴 것이 ─ 이 문제 또한 여기에서는 극히 일반적인 윤곽만 거론할 수 있을 뿐인데 ─ 바로 혁명적인 변혁에서, 즉 어떤 한 구성체에서 다른 구성체로 넘어가는, 폭발적으로 집약된 이행에서 사회발전의 주체적 요인과 객관적 요인의 관계가 극히 입체적으로 표현된다. 레닌은 다음과 같이 말하고 있다. "통상 혁명이 발발하기 위해서는 '하류층'이 옛날식으로 계속 살아갈 '의지를 더 이상 갖지 않는 것'으로는 불충분하다. '상류층'이 그럴 수 있는 '능력을 더 이상 갖지 않는 것' 또한 꼭 필요한 일이다."[114] 여기에서 주목할 만한 것은, 인간의 활동성이 "능력"과 "의욕"으로 분화되어 있다는 점이다. 계급적 이유에서 어떤 구성체를 지금 있는 그대로 계속 작동시키고자 하는 사람들에게는, 기존 사회가 그 사회의 재생산을 정말 촉진할 수 있는, 혹은 적어도 촉진하는 것처럼 보이는 선택적 결정들을 야기할 수 있으면 충분하다. 이는 물론 "영원히" 당연한 것은 아니다. 위기 상황들은 다름 아니라 이런 종류의 목적론적 정립이 객관적으로 점점 더 힘들어지는 데에서 객관적으로 표현된다. 객관적으로 극히 중요한 그와 같은 경향이 절대화되어서도 물론 안 된다. 레닌 자신이 이에 대해 경고한다. 즉, 코민테른 제2차 대회에서 한 연설에서 그는 "절대적으로 절망적인 상황이란 없다"[115]고 말한다. 그러나 그때그때의 지배계급들의 가능성 여지가 그와 같이 파국적으로 좁아지는 것은 경향으로서 지극히 중요한 계기다. 즉, 혁명적 변혁의

---

114) *Lenin Werke*, *Bd. XVIII*, Wien/Berlin 1929, p. 319.
115) *Lenin Werke*, *Bd. XXV*, 같은 곳, p. 420.

객관적 요인이 작동하기 시작했다는 것, 객관적인 혁명적 상황이 시작되었다는 것을 보여주는 하나의 징표다. 그러나 마르크스와 그의 중요한 계승자들은 의욕을 표현하는 주체적 요인이〔앞서 말한 객관적 요인의 작동과〕동시에 활성화되는 것만이 그때그때의 혁명을 실제로 승리로 이끌 수 있다는 것을 수많은 혁명적 상황의 예에서 입증하고 있다. 순수 주체적 요인들과 주체의 행동들에서 나와 사회적 객관성으로 종합되는 요인들이 이렇게 서로 얽히고설킴에 따라,〔193〕인간들은 자기 역사(인간 유의 역사)를 스스로 만들지만 결코 자신이 선택한 상황에서 그러는 것은 아니라는 마르크스의 근본적인 일반명제가 진정한 의미를 얻게 된다.

소외 문제

오늘날 이론적 관심의 중심에 있는 — 이는 결코 우연이 아닌데 — 소외 문제는 가장 일반적인 면만 보더라도 인간 유 특유의 존재방식인 사회적 존재의 가장 결정적인 특징을 조명하기에 적합하다. 나중에 한 장(章) 전체가 이 문제를 다루는 데 할애될 것이기 때문에116) 여기에서는 이 문제의 가장 일반적인 계기들만 다루면 된다. 무엇보다 중요한 것은, 이전의 존재형식들에서는 결코 있을 수 없는 존재운동들이다. 무기적 존재는 말할 필요도 없고 유기적 존재에서도 소

---

116) 옮긴이 : 《사회적 존재의 존재론을 위하여》 제 2부의 제 4장에서 "소외"를 다룬다.

외가 나타날 수 없다는 것은 분명하다. 개체발생적 재생산과 계통발생적 재생산 사이에 존재하는 그 모든 차이에도 불구하고, 개별표본에 있어 바로 그 유적 성질의 침묵이 소외의 가능성조차 존재상 배제한다. 마르크스가 밝힌 사회적 존재에서의 이 침묵의 극복은 가장 원시적인 단계들에서 실현될 수 있는데, 이때에는 그 단계들에 고유한 재생산 과정을 사회적 강압의 수단들을 써서 관철시키도록 사회적 존재에 의해 강제되는 일이 없다. 우리는 조금 전에 불가피한 이행에 대한 엥겔스의 서술을 소개했다. 그 서술에서 지금 중요한 것은 사회적으로 발생한 모든 반사회적 가능성이 인간들 속에서 터져나오는 것만이 아니다(이것은 사회화 과정의 불가피하고도 중요한 부수현상이다). 이와 더불어 궁극적으로 중요한 것은, 가장 원시적인 단계들의 협소한 자연적 구속성을 넘어서는, 그럼으로써 그 자연적 한계들을 돌파하는 사회적 발전이 자연 지배를 사회화한다는 것, 다시말해 가장 본래적인 의미에서의 사회적 존재를 실현한다는 것이며, 사회적 발전의 깊은 내적 모순성, 새로 생겨난 더 이상 침묵하지 않는 유적 성질의 모순성을 즉각 드러낼 수밖에 없다는 것이다.

그도 그럴 것이 더 이상 침묵하지 않는 유적 성질의 발전은 자신의 발전과정을 분열시킨다. 즉, 그 발전의 객관적 측면은 주체적 측면의 억압을 통해서만 실현될 수 있다. 단순 재생산 가능성을 넘어서는 노동(가장 넓은 의미에서의 잉여노동)의 증대는, 이 잉여노동의 과실을 (또 그렇기 때문에 그것을 산출하는 사회적 조건들도) 원래의 생산자들에게서 빼앗고 그럼으로써 그 과실이 노동하지 않는 소수의 소유물이 되는 노동방식을 생산자들에게 강요하는 그런 필연성을 사회적 수준에서 발전시킨다. 그리하여, 이어지는 인류의 전사(前史) 내내

〔194〕개별인간과 유의 관계는 극복할 수 없는 모순성의 상태에 빠졌다. 이 모순성의 상태에서 개개인과 유(따라서 또한 고유한 유적 성질)의 직접적 관계, 일반적·즉각적 관계는 불가능하게 되었다. 그렇게 생겨난 사회적 상황으로 인해 개개인은, 그가 잉여노동의 전유자에 속할 경우에는 객관적으로 극히 모순적인 이 유적 성질을 당연한 것으로 긍정하지 않을 수 없게 되며, 반대로 그가 몰수당하는 자에 속할 경우에는 이 유적 성질을 이러한 모순성을 이유로 유적 성질로 받아들이기를 거부하고 배척하지 않을 수 없다(두 가지 태도는 서로 다른 발전단계들에서 아주 상이한 이데올로기적 표현형식들을 얻는다. 그리고 자본주의에서야 비로소 문제를 얼추 적절하게 정식화하는 것이 객관적으로 가능하게 된다). 하지만 그런다고 해서, 더 이상 침묵하지 않지만 모순성 속에서 주로 그릇되게 표현될 수 있는 자기 자신의 유적 성질에 대한 인간의 이 근본적 관계에서 극복할 수 없고 해결할 수 없는 것처럼 보이는 객관적 모순성이 인간 자신의 고유한 소외의 성격을 띠게 되는 것을 막을 수는 없다. 소외는 사회 자체의 유적 성질과 사회구성원의 유적 성질 사이에서 객관적으로 발생했다. 그래서 소외가 또한 직접적으로 인간의 자기 자신으로부터의 소외(개개인의 자기 자신의 유적 성질로부터의 소외)로서 나타나는 것은 불가피하다.

　오랫동안 관례적으로(오늘날에도 편견으로서 출몰할 때가 종종 있는데) 소외를 오로지 부정적으로 특권을 지닌 자들한테서만 보고 그들에게만 있는 것으로 인정해왔다. 이것은 모든 사회적 현상을 판단하고 평가할 때 늘 유적 성질이 핵심적 관점이었던 마르크스의 생각이 아니다. 초기 저작인 《신성가족》에는 다음과 같이 적혀 있다. "유산 계급과 프롤레타리아 계급은 동일한 인간적 자기소외를 드러낸다. 그러나 전자의 계급은 이 자기소외 속에서 편안하고 자신이 인정된다고 느끼며 그 소외를 **자기 자신의 힘**으로 알거니와, 그 소외 속에서 인간적 실존의 **가상**을 갖는다. 후자의 계급은 그 소외 속에서 자신이 부정된다고 느끼며, 그 소외에서 자신의 무력함과 비인간적 실존의 현실을 본다."[117] 여기에서 중요한 것은, 마르크스가 두 경우에서 소외를 인간적 실존의 왜곡방식으로 여긴다는 점이다. 비록 그가 "인간적 실존의 **가상**"과 "비인간적 실존" 사이를 명확히 구분하고 있긴 하지만 분명한 것은, 이를 통해 그 자체에서나 그 이데올로기적·실천적 결과들에 있어서나 정반대되는 심히 모순적인 두 현상의 공통적인 사회적 뿌리가 부인되는 것이 아니라 오히려 강력하게 부각되었다는 점이다. 〔195〕 그도 그럴 것이, 사회·역사적 현상으로서의 소외는 마르크스가 강조한 대립성, 곧 소외로부터 부당하게 이익을 취하는 자의 반응과 소외의 희생자의 반응 사이의 대립성을 보여줄 뿐만 아니라, 정치·사회적 실천에서부터 이데올로기까지 주·객관적으로 아주 상이한 현상형식들을 제시할 수밖에 없는 — 잉여노동의 전유 및 사용의 상이한 방식의 결과들로서의 — 상이한 구성체들의 대립성도 보여준다는 바로 그 점에서 존재론적으로 중요하다. 그리고 비록 소외의 객관적 기반이 무조건 객관적으로 사회적인 것이라 할지라도, 우리가 소외를 무엇보다 객관적으로 사회적인 현상으로 평가해야 한다고 하더라도, 바로 그때 개인적인 분화, 다시 말해서 직접적인 실천으로 변하는 분화 및 개개인에 따라 더욱더 세분화될 이데올로기적 분화는 소외의 존재규정에서 결코

---

117) *MEGA I / 3*, p. 206. 〔《칼 맑스·프리드리히 엥겔스 저작 선집 1》, 103쪽〕

제거될 수 없다.

소외의 개인적 색조는 극복 불가능하게 소외에 고유한 것일 뿐만 아니라 그로부터 발원하는 차이성 속에서 사회적 현상 자체의 중요한 객관적 규정들을 시사한다. 그도 그럴 것이, 너무나 당연하게도 소외는 근본적으로 어디까지나 사회적 현상이며, 따라서 궁극적으로 사회적 도정에서만 극복될 수 있지만, 한 개인의 생활양식에 있어 언제나 그것은 고유한 개인적 현존재에서 이루어지는 소외의 극복 혹은 보존으로서의 인격 전개의 완성 혹은 실패의 중심문제로 놓여 있다. 여기에서 발생하는 문제들의 다양성은 이 자리에서는 당연하게도 아주 일반적으로 암시될 수 있을 뿐이다. 예컨대, 혁명적인 노동운동에서도 드물지 않게 볼 수 있는 다음과 같은 경우를 생각해 보라. 가령 선하고 분별력이 있으며 희생적인 한 남성투사가 노동에서의 소외를 통찰하고 이에 맞서 일관되게 싸우지만, 자기 부인과의 관계에서는 그녀를 옭아매고 있는 사슬을 뒤흔들 생각조차 하지 않는 등등의 경우 말이다. 소외의 궁극적인 사회적 극복은 그렇기 때문에 개개인이 자신들의 일상생활에서 행하는 생활행위들 속에서만 완성될 수 있다. 그렇다고 해서 사회성의 우선성이 변하는 것은 결코 아니다. 다만, 개개인의 차원에서 작용하는 소외 계기와 일반사회적 차원에서 작용하는 소외 계기가 여기에서도, 아니 바로 여기에서 서로 얼마나 복잡하게 얽혀 있는지가 드러날 뿐이다. 그 두 계기는 직접적인 표면에서는 — 상대적으로 — 자립적인 운동의 가상을 불러일으키는데, 바로 그럼으로써 그것들은 사회발전의 그때그때의 상태에 존재상 불가분하게 결부되어 있다.

소외의 사회적 구성요소와 개인적 구성요소는 독립적으로, 많은 경우 모순적으로 작동함에도 불구하고 이같이 불가분하게 통일되어 있는데, 이 통일성은 따라서 인간의 유적 성질의 발전이 지닌 고유성의 한 새로운 측면을 밝히는 데 적합하다. 〔196〕 한편으로, 객관적인 경제·사회적 발전에서의 인과연쇄는 자신의 고유한 실현의 불가피한 계기로서 소외를 생산한다. 그도 그럴 것이, 침묵하는 유적 성질이란 그때그때의 생물학적 개별존재에 있어 유와 표본 간의 전혀 분리될 수 없는, 그리고 바로 그렇기 때문에 의식적으로 만들어낼 수 없는 생물학적 통일성을 의미한다. 그 개별존재는 여하튼 고유한 유적 성질을 자생적으로 표현하는데, 그 유적 성질의 분리 불가능한 성격은 개체발생적·계통발생적 발전에 있어서도 — 변화들에도 불구하고 — 불가분한 통일성으로서 계속 새로이 생산된다. 이에 반해 주변 환경에 대한 능동적 적응은 자신의 행위에 대한 의식성을 불가피하게 산출하는데, 이 의식성이 개별표본과 유 사이의 분리와 구별, 나아가 대립성을 아직 빈번하게 산출하지 않았던(혹은 아주 약하게 산출하곤 했던) 때는 심히 미발전된 단계들에 국한된다. 왜냐하면, 노동에서 이루어지는 환경에 대한 능동적 적응은 그 과정 및 그 과정의 결과가 자기 자신에게 무엇을 의미하는지에 대한 의식이 개개인에서도 형성되지 않으면 수행될 수 없기 때문이다. 이와 동시에 동일한 그 과정은 객관적인 연관관계들을 현실들로 정립하는데, 이 현실들 속에서 유적 성질의 새로운 형식은 그 전제조건들과 결과들이 집합적 성질을 띠는 활동들의 결과로서 표현된다. 이러한 이중적 상황을 불가피하게 발생하는 상황으로 특징짓기 위해 우리는 이전에 거론했던 예를 증거로 끌어댈 수 있을 것이다. 이미 채집 시대에 열매를 따는 일과 열매의 소비 사이에 실재적인 시간적 중간단계(집으로 가져오기)가 삽입되는데, 그럼으로써 이미 이러한 통일성과 그 통일성의 모순성이 정립되어 있다. 집으로 가지고 옴으로써 비로소 이러한 활동은 사회적 활동(유에 복무하는 행위)이자 동시에 개인적 활동이 되는데, 이 활동은 — 현실화될 수 있기 위해서는 — 그것을 수행하는 사람들에게 의식적으로 생성되는 특정한 행동들을 요구한다. 개별구성원들 속에서 그렇게 발생하는 더 이상 침묵하지 않는 유적 성질은 그러한 요구들을 고유한 개인적 욕구로서 충족시키려 하는 그런 생각과 감정과 의사결정을 자동적으로 일깨울 수밖에 없다고 생각한다면, 그것은 순전히 목적론적 · 종교적인 관념일 것이다. 우리가 보았다시피, 이는 아주 초기의, 아직 심히 "자연적인" 단계들에서만, 즉 구성원들 사이에 욕구와 그 충족의 광범위한 동일성이 아직 존재하는, 따라서 더 이상 침묵하지 않는 유적 성질이 아직 광범위하게 "자연적으로" 관철되는 그런 단계들에서만 가능한 일이다.

우리가 보여주었다시피 마르크스와 엥겔스는 그런 종류의 사회성의 불가피한 해체를 분명히 밝혔다. 또 그들은 생산력들의 증가가 그러한 해체의 궁극적인 원인임을 설명했다. 우리가 이미 지적했듯이, [197] 경제 · 사회적으로 확립되고 강요된, 사회구성원들의 원칙적 불평등의 첫 번째 형식인 노예제의 기초는, 노예가 자기 자신의 재생산을 위해 필요한 것보다 이미 더 많은 것을 생산할 수 있고, 따라서 노예 소유주는 자신의 개인적 욕구충족을 위해 이 잉여노동을 멋대로 다루는 것이 사회적으로 가능하게 되는 데 있다. 그럼으로써 소외가 삶 속에 들어왔다. 로마인들이 말하는 도구(*instrumentum vocale*)로 여겼던 노예의 경우에는 바로 명백한 방식으로 그랬으며, 노예주의 경우에는 그 자신에게도 내재하는 사회적 존재의 필연적 요구들이 고유한 유적 성질과의 진정한 관계들을 파괴함으로써 그랬다. (마르크스가 "인간 유의 전사"라고 말하는) 계급사회들의 전체 역사는 그렇게 진행된다. 생산력들의 발전은 대개 장기간에 걸친 심각한 위기들 속에서 그러한 구성체들의 문제성이 드러나게 만드는데, 특히 유럽에서는 위기에 처한 해체과정들에서 경제·사회적으로 더 발전한 새로운 구성체들이 생겨나게 했다. 이 새로운 구성체들 속에서 인간의 자기 자신의 유적 성질로부터의 소외 문제는 더 높은 경제·사회적 단계들에서 거듭 새로이 생산되고 재생산된다.

프루동118) 을 논박하는 가운데 마르크스는 전체 역사란 "단지 인간 본성의 계속되는 변화일 뿐"119) 이라고 말한다. 그 일차적 동력은 물론 능동적 적응 자체이며, 그 도구는 노동 및 거기에서 배태된 그때그때의 목적론적 정립이다. 분명한 것은, 그럼으로써 점점 더 빨라지는 인간 자신의 변화 속도가 현실이 된다는 것이다(여기서 나는 앞에서 다루었던 사례, 곧 인간의 가능성 여지의 발전을 상기시킨다). 하지만 그 때문에 결코 잊어서는 안 될 것은, 모든 목적론적 정립의 전제조건들과 결과들은 — 정립 행위에서 직접적으로 개인적인 모티프가 지배적인지 유적인 모티프가 지배적인지와는 무관하게 — 인과적 성격을 지닌다는 점이다. 인간들의 그때그때의 성질에 대한

---

118) 옮긴이 : 프루동(Pierre-Joseph Proudhon, 1809~1865) 은 무정부주의 운동에 이론적 기초를 제공한 무정부주의 사회주의자다. 저작으로 《소유란 무엇인가?》가 유명하다.

119) Marx : *Elend der Philosophie*, 같은 곳, p. 133.

목적론적 정립들의 반작용과 관련하여 이 점이 의미하는 것은, 그렇게 육성되고 현실화되는 인간의 가능성의 여지는 환경에 대한 그때그때 필요한 능동적 적응의 실천적 요구들에 의해 근본적으로 규정되어 있으며, 이에 따라 하나의 발전방향, 즉 환경 극복의 강화, 한낱 자연적 원리들에 대한 사회적 원리들의 지배의 증대가 분명하게 가시화되는 그런 발전방향을 보여준다는 것이다.[120] 〔198〕그런 한에서 사회적 존재 특유의 면모들이 이러한 과정의 와중에 사회적 존재 자체 속에서 점점 더 분명하게 지배적으로 되어가는 그런 진보경향들에 관해 사회존재론의 차원에서 이야기할 수도 있다.

그렇지만 이러한 진보를, 오랫동안 일반적으로 그랬듯이 단순히 인간의 상향발전으로 파악해서는 결코 안 된다. 여기에서도 항상 염두에 두고 있어야만 하는 것은, 자생적으로 작용하는 주된 힘들은 인과적 성격을 지니며 그 보편성에서 하나의 방향을, 즉 그 총노선에서 생산력들을 높이고 사회성을 촉진하는, 하지만 모든 사회적 가치, 모든 인간적 가치 자체에 대해서는 전혀 무관심한 그런 방향을 지닌다는 점이다. 그리하여 그 주된 힘들은 한편으로는 인간적 힘들을 발전시켜 그 자체의 재생산 조건을 점점 더 합목적적으로 이끌어가도록 만드는 동시에 다른 한편으로는 억압과 잔혹성과 기만 따위를 자주 점점 더 강력하게 드러낸다. 시초의 사회는 인과적으로 뒤죽박죽인 활동가능성들로부터 그와 같이 벗어나게 되는 단초들조차 처리할 수 없었다. 사회는 그 단초들을 객관적으로 발전에 부합되게 주어진 길로 —

---

120) 물론 경제 · 사회적인 막다른 골목에 빠지지 않는 구성체들에서 특히 그렇다. 비록 경제 · 사회적인 막다른 골목에서도 발전 동학의 일정한 계기들이 완전히 결여되는 일은 결코 흔치 않지만 말이다.

강제적으로 ─ 돌리기 위한 제도들을 만들어내야만 했다. 그러나 그 러한 제도들의 사회적 필연성은 한층 더 근본적인 욕구들에서 유래함 으로써 불가피하게 되었다. 노동생산성의 발전은 잉여노동을 현실화 하고, 또 잉여노동의 산출에 참여하지 않았던 다른 사람들에 의한 잉 여노동의 사용을 현실화한다. 그럼으로써 모든 사회에서 삶의 직접적 인 이해관계는 적대적·모순적으로 되며, 그렇기 때문에 오직 폭력 〔강제력〕의 사용을 통해서만 조절가능하게 된다. 사회적 행위의 필연 성은 이로써 오늘날까지도 항상 유효한 그 최초의 형식을 획득한다. 그것은 ─ 개별 사회구성원의 관점에서 보면 ─ 마르크스의 말처럼 "몰락의 형벌에 처해지더라도" 행해지는 행위방식이다. 이것을 사회 적 존재의 한 가지 근본사실로 간주한다면, 따라서 어느 정도 발전한 모든 사회에서 불가결한 계기로서의 폭력을 변경될 수 없는 사태로 인 정한다면, 중요한 것은 이 문제도 사회성의 존재계기로 고찰하는 것 이며, 관념론적으로 평가하는 입장들을 기입함으로써 이 문제를 ─ 긍정적인 방향으로나 부정적인 방향으로 ─ 왜곡하지 않는 것이다.

동물존재의 생물학적 영역에서 벗어난 이래 우리가 내딛은 발걸 음, 즉 사회화, 인간 유의 통합 등등은 폭력 없이는 불가능했을 것이 라는 점을 망각한 채 폭력 일반에 대해 반대하는 입장을 취하는 것이 당연하게 여겨지고 또 널리 퍼져 있다. 그러나 다른 한편, 폭력을, 가장 잔혹한 형식의 폭력조차도, 가령 추상적인 도덕적 방식으로 "인 간적으로" 극복될 수 있을, 전(前) 인간적 상태에서 연유하는 단순한 유산으로 여겨서는 안 된다. 〔199〕 우리가 앞서 다른 맥락에서 암시 했다시피 사회적 존재의 어떠한 실천형식도, 따라서 사회적 존재의 자기재생산의 어떠한 계기도 (그것이 경제이든, 아니면 국가, 법 등등과 같은 상부구조이든) 폭력 없이는 생겨날 수도, 인간의 재생산을 위해 쓰일 수도 없을 것이라는 점을 항상 의식하고 있어야만 한다. 유의 침묵을 역사적으로 뒤로 하고 나타나는 유의 "언어"는 극히 다양한 형식의 폭력, 강제 등등 없이는 존립할 수가 없다. 전인간적인 침묵, 즉 극복 불가능하게 자생적으로, 순수 생물학적으로 작동하는 전인간적인 존재적 성질은 폭력이 적하(積荷)된 이 적대적 의식의 운동방식으로만 분명하게 표현될 수 있었고 지금도 그렇다는 것을 유의 역사가 보여준다. 침묵에서 벗어나기 — 의식은 이를 통해서야 비로소 한낱 생물학적 부수현상이길 그치는데 — 역시 하나의 인과적 과정이다. 그 불가역성 속에 전반적 방향은 있을 수 있지만 어떠한 목표도 있을 수 없는, 그렇기 때문에 여하한 계획부합성이나 목표지향성도 있을 수 없는 그런 인과적 과정인 것이다. 그 인과적 자생성이 — 전혀 새로운 존재수준에서 — 개별표본과 유의 새로운 관계들에 개체발생적으로나 계통발생적으로 어떻게 작용하는지가 인류의 자기발전 속에서 작용하고 있는 힘들을 규정한다.

물론 여기에서 이러한 발전을 대충이라도 약술해 보려 하는 것은 적절치 않다. 우리는 가장 중요한 몇 가지 문제복합체들만 논할 수밖에 없다. 무엇보다 먼저 확인되어야 할 것은, 유가 개별표본에 대해 완전히 새로운 관계들을 형성한다는 점이다. 침묵의 중지는 과정으로서, 자생적·역동적으로 결합된 운동들의 중지와 동일하다. 이미 사회적 존재의 가장 초기단계에 유는 극복되어야 하는, 따라서 독자적이고 유의 표본과는 분명히 구분되는 객관적 현실(제2의 자연)로서, 유의 표본과 마주해 있는 형태를 띤다. 유의 이러한 존재적 구체화는 유와 표본의 관계와 관련하여 아주 광범위한 결과들을 가진다. 맨 먼저 유는 그때그때 주어진 구체적인 개별형태들에서만 구현될 수 있을 뿐이지 그것들의 통일성으로서 구현될 수 없다. 실재의 실천에서 모든 개개인에겐 그가 바로 지금 살아가고 있는 그 사회가 직접적으로 유 자체와 동일시된다. 그들의 실천의 견지에서는 다른 사회들에 사는 이웃사람들은 전혀 같은 유에 속하지 않거나 또는 지극히 문제적인 방식으로 같은 유에 속한다(그리스인들의 야만인 개념 등등). 시초의 작은 종족들이 민족 등등으로 실제로 통합됨으로써 비로소 개개인이 사회적 실천에서 인간 유에 속하는 것으로 인정하지 않을 수 없는 것의 범위가 확장된다. 경제에 의해 강요된 이러한 통합은 — 세계시장에서 — 추상적으로 실천적인 방식으로 이미 인간 유의 통일을 낳았는데, 물론 이에 대한 인정은 — 특히 실재적인 사회적 활동들의 영역에서 — 〔200〕 아직 유적으로 지극히 문제적인 방식으로 나타난다고 말하지 않을 수 없다. 유가 작용하는 현실에 내재하는, 오직 물질적인 사회적 발전에 의해서만 극복될 수 있는 이러한 모순성은, 그때그때의 구체적 사회 속에서 유의 모든 개별표본의 삶과 관련하여 가장 중요한 유의 구체적 존재가 잉여노동의 생산과 전유로 인해 이러한 한계들 내에서도 극복 불가능하게 모순적으로 된다는 사실을 통해 더 강화된다. 잉여노동의 전유자들에겐 잉여노동을 전유함으로써 생겨난, 진정으로 인간적인 유적 성질로부터의 소외는, 생활의 "자연스러운" 기반이다. 이에 반해 잉여노동의 생산자들 — 이들이 대개 압도적 다수를 이루는데 — 에게 그 소외는 그들의 인간으로서의 존재를, 인간 유에의 실재적 소속성을 다소간 광범위하게 몰수하는 것이다. 그럼으로써 구체적으로 존재하는 유적 형식들이 지닌 모순성은 내부로도 확장되고 심화된다.

26

즉, 유적 형식들의 개별존재는 그것이 전체 유적 성질의 그때그때의 직접적인 구현임을 요구할 수 있을 뿐이라는 그 자신의 고유한 본질을 은폐할 뿐만 아니라, 이러한 성질 또한 내부로부터 보면 해결할 수 없게 모순적인 것으로 나타난다.

그런데도 사회적 존재, 객관적 존재에서 유적 성질이 이야기될 수 있다면, 이 유적 성질은 무엇보다도 인간들이 벌이는 경제적 활동의 이 실재적인 재생산 및 성장의 과정에서 구현체를 가진다. 이 경제는 〔유적 성질의〕 몇 가지 구현체를 보존하고 또 그것들을 오늘날에 이르기까지 발전 · 변화시켜, 전 인류의 ― 궁극적으로 ― 통일된 물질적 재생산 과정 속에서 이루어지는 인간 유의 객관적인 통일성을 낳기에 이른다. 그렇기 때문에 인류발전을 현실적으로 규정하고 있는 것은 힘들의 역동적 복합체에서 경제가 지니는 우선성이다. 경제의 일반적이고 순수한 존재상(上)의 우선성뿐만 아니라 구체적으로 인간과 연관된 우선성 말이다. 마르크스는 경제에 관해 다음과 같이 말함으로써 이를 아주 일찍이, 극히 정확하게 표현했다. 그의 말에 따르면, 경제는 "인간의 **본질적 힘들이 펼쳐진 책**이며, 감각적으로 앞에 놓여 있는 인간의 **심리**인데 … 지금까지는 인간의 **본질**과 연관해서가 아니라 늘 외적인 유용성과 관련해서만 파악되었다."[121]

사회적 존재의 유적 성질의 발전에 대해서는 이러한 근거 위에서만 오해의 여지없이 이야기될 수 있다. 왜냐하면 그 유적 성질의 근본적 형식들, 근본적 발전경향들은 오직 여기〔경제〕에서만 객관적으로 명백하게 작용하고 있는 것이 될 수 있기 때문이다. 그런데 마르크스를

---

121) *MEGA I*/3, p. 121.

따라 발전을 지배하는 경제의 이러한 역할을 인식하고 강조하면 할수록 그만큼 더 분명해지는 것은, 우리가 여기에서 다루었던 인간의 소외 또한 〔201〕 삶의 이 영역에서 가장 분명하고 가장 구체적으로 표현될 수밖에 없다는 점이다. 경제에서 작용하는 경향들에 대한 왜곡되지 않은 서술은 점점 더 완벽해지고 있는 인간과 인류의 재생산 과정 속에서 소외가 발생하는 것을 보여준다. 뿐만 아니라 그러한 서술은 인류를 진행과정 중에 있는 그 모순성 속에서 보여준다. 이러한 발전은 일회적인 단일한 소외양식을 창조하지 않았다. 오히려 그것은 내적 모순성의 그때그때의 전개를 통해 소외양식의 개별형식들을 부단히 파괴한다. 그런데 지금까지의 역사의 진행 속에서 그 발전은, 어떤 하나의 소외양식을 다른 — 경제·사회적 의미에서 더 상위에 있는, 더 사회적인 — 소외양식이 대체하고 이 후자의 소외양식 역시 나중에 새로운 소외를 산출하는 더욱 발전된 소외양식으로 교체되는 식으로만 개별 소외양식들을 변화시키거나 제거 혹은 파괴할 수 있었다.

그런데 마르크스에 근거하여 여기서 대략적으로 말한 경제적 재생산의 우선성을 일종의 자동장치(Automatismus)의 지배로 이해해서는 결코 안 된다. 122) 사회적으로 유의 계통발생적 변화를 일으키는 경제발전은 전체적 과정으로서, 그 과정에 내재하는 모든 모순성에도 불구하고 통일적인 사회적 사건으로서 불가역적으로 작동하게 되지만, 그 발생의 견지에서 보면 — 궁극적으로 — 개개인들이 수행하는 다수의 개별적인 목적론적 정립의 경제적 종합일 수밖에 없

---

122) 마르크스 학설에 대한 수많은 오해와 거부는, 사람들이 그 학설에는 어렵지 않게 반박할 수 있는 그와 같은 자동운동이 있다고 여기는 데에 기인한다.

다. 그렇기 때문에 그러한 본선(本線)을 뒷받침하는 모든 사회적 행위는 그때그때 달성된 유적 성질을 이러한 개별적 정립들에 맞서 옹호할 수밖에 없다. 더 정확하게 말하면, 그러한 사회적 행위는 이 개별적 정립들을 그때그때 지배적인 유적 성질의 방향으로 이끄는 기능을 한다. 여기에서도 세세하게 파고들 수는 없지만 그래도 말할 수 있는 것은, 상부구조와 이데올로기의 고정된 계기와 변동하는 계기 일체는 그 사회적 효력의 토대를 여기에서 가지며, 또 여기에서부터 개개인과 유의 의식적·실천적 수렴을 촉진하려 노력한다는 점이다. 그래서 마르크스는 이데올로기 문제를 인식론적으로 추상적으로가 아니라 사회존재론적으로 구체적으로 제기했던 것이다. 이데올로기에 대한 그의 규정에서는 옳으냐 그르냐의 딜레마가 아니라 경제에 의해 사회적 삶에서 야기된 갈등들을 의식하게 하고 싸워내는 그 기능이 발생적 기반을 이룬다. 그렇기 때문에, 습관·관습·전통 따위에서부터 한편으로는 국가와 법, 〔202〕 다른 한편으로는 (가장 넓은 의미에서의) 도덕과 세계관의 영역에 이르기까지 언제나 문제는 그때그때 존재하는 유적 성질과 관련하여 경제적으로 생겨난 모순들을 사회적 실천의 모티프로 전환하는 것이다. 지금까지 도달한 모든 단계의 유적 성질은 이미 서술한 바 있는 모순적 성격을 지닌다. 이 모순적 성격 때문에 갈등을 싸워내기 위한 그 의식화 행위는 언제나 폭넓은 등급에 걸쳐 있는 대립성 내에서 전개될 수밖에 없다. 즉, 그 행위의 범위는 그때그때의 유적 성질에 대한 무조건적인 지지에서부터 무조건적인 거부에 이르기까지 폭넓게 퍼져 있다. 실천적 측면에서 마찬가지로 확실한 것은, 그 유적 성질은 그와 같은 지지가 없다면 개개인의 갈등이 사회화되는 가운데에서 유지될 수 없을 것이며, 또 그와 같은 부정이 없다면 유적 성질의 상향 발전이란 불가능할 것이라는 점이다. 이때 이러한 발전에 특징적인 점은 그 속에서 부정의 계기가 상향발전을 위해 주도적인 역할을 한다는 것이다. 사회의 이른바 좋은 측면과 나쁜 측면을, 좋은 측면을 우위에 두는 가운데 절충적 방식으로 강조하는 프루동에 맞서 마르크스는 다음과 같이 말하고 있다. "투쟁을 야기함으로써 역사를 만드는 운동을 발생시키는 것은 바로 이 나쁜 측면이다."[123a]

따라서 더 이상 침묵하지 않는 유적 성질의 사회적 현실화를 위한 객관적인 길은 그때그때 지배적인 유적 성질의 형식들을 축출하는 과정이기도 하다. 마르크스가 자연적 한계들의 후퇴라고 부른 것은 이 과정의 내재적인 인과성 속에서도 부단히 강화되는 방식으로 이루어진다. 앞서 다른 맥락에서 우리는 생물학적 토대가 결코 완전히 극복될 수 없는 인간생활의 영역들(영양섭취, 섹슈얼리티)에서조차도 어떻게 점점 더 강력하고 깊숙이 사회적 모티프들이 관철되는지를 지적한 바 있다. 인간 스스로 개체성이 됨으로써, 사회 속에서 그의 위치를 규정했던 출생, 혈통 따위와 같은 삶의 (사회적) 우연성들이 객관적으로 퇴색하고 주체적으로 추월됨으로써, 이러한 변화의 승리는 ― 그 경향이 처음부터 지배적인 것이자 다른 영역들을 변화시키는 것으로서 나타나는, 삶의 직접적인 경제적 재생산에서뿐만 아니라 ― 삶의 전(全)영역에서 입증된다. 생물학적 침묵은 일반적·경향적으로 중단된다. 사회적 존재의 직접성에서 그것은 사회

123a) Marx: *Elend der Philosophie*, Dietz, Stuttgart, 1919, p. 105; *MEW*, 4, pp. 131~132.

적인 것이지만 소외된 것임과 동시에 소외시키는 것인 "언어"에 의해 교체된다. 마르크스가 이 시기를 인간 유의 전사(前史)로 특징지을 때 그는 이러한 모순성을 밝히고 있는 것이다.

〔203〕왜 한낱 전사인가? (가장 넓은 의미에서의) 능동적 적응의 복합체 전체가 노동생산물들에서 대상들을 만들어내며, 노동 수행의 과정에서 두 자연형식에 대해 하나의 새로운 존재형식을 대표하는 행동방식을 만들어낸다는 것은 분명하다. 만약 사회적 존재가 자연 존재의 단순한 고양이거나 복잡화라면, 사람들은 여기에서 형성되는 유적 성질의 발전을 원칙적으로 완결된 것으로 볼 수 있을 것이다. 하지만 토대를 이루는 사실들, 그리고 이것들에 의해 야기된 행위의 본질적 특징은 사회적 존재의 유 문제에서 완전히 새로운 상황을 만들어낸다. 유가 그 존재기반들에 따라서 자연에서처럼 단지 침묵하는(심지어 소리 없는) 유일 수밖에 없는 한, 그 유는 자생적으로 전개되는 존재의 자생적 내재성 속에서, 상황이 허락하는 정도만큼 자체적으로 완성될 수 있다. 더 정확하게 말하면, 어떤 단계에서든 그 유의 즉자존재는 결코 그 즉자존재 너머를 가리키지 않는, 그 유의 명백히 내재적인 실상(實相)이다. 지질학이, 그리고 유기적 자연에서 이루어지는 종(種)들의 발생이 이를 보여준다. [123b] 사회적 존재에서야 비로소, 사회적 존재의 객관적으로 부단한 발전에서야 비로소

[123 b] "지금 착수하는 연구가 달의 발전을 서술하는 것을 가능하게 한다면, 그 연구는 십중팔구 지구에서 우리의 지질학이 보여주는 것과는 전혀 다른 불가역적 과정을 보여줄 것이다. 하지만 이 즉자존재는 결코 자기 자신 너머를 가리키지 않을 것이며, 따라서 지구와 관련하여 지질학이 제시했던 것과 마찬가지로 불가역적 과정의 아무 문제없는 즉자존재를 보여줄 것이다."

존재 자체의 깊은 내적 문제성이 나타난다. 계통발생적 발전은 객관적으로 계속해서 유의 표본들을 유적 성질로부터 소외시키며, 또 소외의 각각의 구체적 형식을 소외된 것이기는 마찬가지인 다른 형식으로 교체할 수 있을 뿐이다. 그럼으로써 계통발생적 발전은 그 자체에 의해 야기된 개체발생적 발전의 과정에서 내적으로 모순적으로 나타나는데, 바로 이 점에서 바로 위에서 말한 내적 문제성이 가장 뚜렷이 표현된다. 이때, 지금까지 상술(詳述)했던 것과 연관하여 강조해야만 할 것이 있다. 소외 현상에서 문제는 무엇보다도 존재적인 것(*etwas Seinshaftes*)이라는 점이 그것이다. 일차적으로 소외는, 그 객관적 성질에 있어서나 개별적인 유적 표본들에 미치는 그 영향에 있어서나 사회적 존재 자체에 속한다. 그것이 빈번히 이데올로기 형태를 띠고 나타난다고 해서 이러한 근본성격에서 바뀌는 것은 아무 것도 없다. 그런데 사회적 존재에서 이데올로기란 경제·사회적으로 발생한 갈등들을 의식화하고 싸워낼 수 있도록 하는 일반적인 형태다. 그렇기 때문에 소외에 대한 이데올로기적 반응들의 이중적 형식을 다음과 같은 사실을 암시하는 것으로, 즉 그때그때의 유적 성질 자체 및 〔204〕 그것이 개별표본들의 존재에 미치는 영향에서 소외로 표현되는 갈등은 전체 문제복합체의 객관적 기반들에 내재하는 이중성을 가리킨다는 사실을 암시하는 것으로 보는 것은 결코 잘못된 게 아니다. 이 복합체의 구성요소들 중 가장 널리 퍼져 있는 구성요소이자 직접적인 사회적 존재에서 실천적으로 표현되는 구성요소에 관해서는 이미 언급한 바 있다. 즉, 유적 성질의 그때그때의 단계는 유의 개별표본들에서 직접 경제적으로 관철될 뿐만 아니라 상부구조와 이데올로기에서도 관철되는데, 후자에서는 직간접적인 강요에서부터 설득과 설복의 순수 이데올로기적 경향들에까지 이르는 폭넓은 등급을 보여준다. 하지만 이 복합체의 내용은, 그리고 아주 다양하게 정립되어 있는 그 내용의 목적은 언제나 사회적 발전의 그때그때의 상태이며, 따라서 사회적 발전이 포함하고 규정하는 유적 성질의 그때그때의 상태이다. 그러므로 내용이 유적 성질을 옹호할 때에는 유적 성질과 같이 정립된 소외도 유일하게 가능한 존재방식으로서 관철시키려 할 수밖에 없는 반면, 그것이 유적 성질에 대해 비판적, 개혁적이거나 나아가 혁명적으로 정향되어 있을 때에는, 그것을 교체하는 발전단계의 존재적 전제조건들이 다소간 의식적으로 그 속에서 지배한다. 여기에서도 우세할 수밖에 없는 것은, 교체를 통해 새로 나타나는 발전단계를, 그와 더불어 사회적 삶을 지배하게 될 새로운 소외는 고려하지 않고(대개는 그것을 알지도 못한 채) 필연적 진보로 지지하는 모티프들이다. 따라서 실재적 행위로 성숙한 모든 종류의 사회적 활동형식들만 고려할 때 즉각 말할 수 있는 것은, 상부구조의 행위수단들도 이데올로기의 의식형태들도 소외의 역사적 변천의 원환(圓環)을 부수고 나올 수 없다는 것이다. 따라서 그것들은 지극히 위태로울 때가 자주 있는 그 모든 모순성 속에서 다음과 같은 겉모습, 즉 소외들이 교체되어 나가는 연쇄가 마치 자연에서 유적 성질의 침묵이 그랬던 것처럼 사회적 존재에서 사회성의 궁극적 존재를 적합하게 표현하는, 존재적으로 불가피한 유적 성질의 형식인 것처럼 보이는 겉모습을 승인할 수밖에 없다.

하지만 이것은 단지 가상일 따름이다. 이러한 주술적 원환을 적어도 이데올로기의 차원에서나마 깨트리려 시도하는, 또 유적 성질이 개별 삶의 참된 구체적 성취로서 사회적으로 표현될 수 있고 "침묵"

의 극복이 유적 성질의 자생적으로 고유한, 극복할 수 없는 것처럼 보이는 모순성을 뒤로 할 수 있는 그런 유적 성질의 구상을 획득하려 노력하는, 인간 고유의 유적 성질에 대한 입장들이 재삼재사 생겨난다. 그리하여 이제, 그러한 목소리들이 처음부터 공공연하게 될 수 있었고 또 역사의 진행 중에 극히 다양한 형식을 취할 수 있었다는 것, 그리고 실천적으로 실현 불가능해 보이고 대개는 바로 사상적으로 손쉽게 반박될 수 있는 것처럼 보임에도 불구하고 결코 사회에서 사라질 수 없었다는 것이 지속적인 인류발전 전체의 특징이 된다. 〔205〕앞서 서술한 이데올로기들과의 대립은 첨예하다. 이러한 비판과 요구 등등에서, 소외를 필연적으로 생산하고 옹호하는, 지금까지 서술했던 유적 성질과는 대립적인 유적 성질이 나타나기 때문이다. 이 유적 성질이 앞서 서술했던 유적 성질과 대립적인 까닭은, 그것의 핵심적 문제가 바로 소외 자체를 극복하는 것이며, 또 계통발생적 경향과 개체발생적 경향이 수렴하는 성질을 띨 수 있는 그런 유적 성질을 포착하고 요구하는 것이기 때문이다.

그렇지만 두 경향 사이에 근본적으로 배타적인 대립성을 설정한다면 그것은 오류일 것이다. 여기에서도 우리가 이 복합체를 그 역사적 전개 속에서, 그것의 아주 다양한 역사적 변주들과 더불어 개략적으로조차도 다룰 수 없음은 물론이다. 하지만 극히 축소된 서술일지언정 간과할 수 없는 사실이 있는데, 사회성의 사회화는 소외(그리고 이에 맞선 직접적 투쟁)의 전혀 새로운 형식들을 산출함과 동시에 이 영역에서도 중요한 구별의 기초가 될 수 있다는 것이 그것이다. 이미 다른 맥락에서 우리는 원시적 단계에서 소외는 인간이 자기 자신의 활동의 산물을 즉각 초월적 힘들의 "선물"로 이해했던(프로메테우스와 불) 그런 표상복합체들 속에서 광범위하게 나타나곤 한다는 것을 지적한 바 있다. 이것은 주로 종교적인 소외 — 포이어바흐는 무엇보다 이것을 비판했는데 — 모두의 근저에 놓여 있는 현상이다.

　고유한 실존 자체, 고유한 운명 등등은 그리하여 이러한 초월성을 통해 소외된 존재방식을 얻는다. 스스로 수행한 선택적 결정들은 그 궁극적 본질에 있어 초월적 명령이나 금지령의 순종적 실행일 때에만 효과적으로 작용하는 것으로 인정됨으로써 그러한 선택적 결정들을 통한 인간의 자기운동은 가상으로 전락하고 만다. 그런 한에서 포이어바흐와 그에 앞선 계몽주의가 인간활동의 모든 초월적 정립을 소외 일반의 기본적인 현상방식으로 본 것은 전적으로 옳다. 이 기본적인 현상방식은 소외된 그때그때의 인간세계의 현상태(*Status quo*)에 대한 보수적인 이데올로기적 옹호에 어느 정도 자연스럽게 삽입된다. 아직 심히 "자연적으로" 제한된 사회성의 지배적 경향은 주로 "신적인" 기원에 대한, 적어도 신화적인 영웅적 기원에 대한 요구이기 때문이다. 의심이 생겨나면, 현재도 효력을 지니는 그러한 기원에 호소함으로써 그 의심은 반박된다(이 테두리 안에서 고도로 발달한 단계의 한 가지 산물을 거명하자면, 《바가바드기타》에서 이루어지고 있는 윤리적 회의에 대한 해결책124) 을 생각해 보라).

　〔206〕 그리스·로마의 폴리스는 결정적으로 새로운 모티프를 이 논제 속에 가지고 들어온다. 한편으로, 생활토대의 자연적 제한성의

---

124) 옮긴이 : 《바가바드기타》(*Bhaghawadghita*)는 힌두교의 주요 원본인 인도의 대서사시 《마하바라타》(*Mahabharata*)의 일부로서, 윤리적 회의에 빠진 아르주나(Arjuna)를 크리슈나(Krishna)가 올바른 길로 인도하는 내용을 담고 있다.

상당부분이 아직 건드려지지 않은 채 있긴 하지만 폴리스 시민, 특히 영웅적·민주주의적인 시기의 폴리스 시민은 지배적인 노예경제 때문만으로도 극복할 수 없게 소외된 삶의 기반을 뒷전으로 몰아낼 수 있는 것처럼 보이는 가치 있고 전범적인 행위의 한 영역을 창조한다. 그러한 유적 성질의 법칙들에 따른 삶은 소외를 극복할 수 있는 가능성의 환상을 불러일으킬 뿐만 아니라 그러한 개인적 **행동방식** 및 이에 대한 의식적인 이데올로기적 정초작업을 고무하는데, 이러한 이데올로기적 정초작업 속에서 인간이 자기 자신의 유적 성질과 맺는 관계들이 가시화된다. 이 관계들은 비록 오랫동안 그때그때의 당대에 실현될 수 없는 것이었으며 또 고유한 소외의 경제적 토대를 간과하는 것이긴 하지만, 더 이상 소외되지 않은 유적 성질의 중요한 규정들이 표현되는 인간적 행위방식들에 대한 지향성을 함유하고 있다. 테르모필레에서 전투를 수행한 300명의 스파르타인,[125] 신신나투스[126] 그리고 — 이미 그리스 폴리스가 위기에 처했던 시기에 있었던 — 소크라테스의 죽음 따위를 생각해 보라. 자신의 사회적 실존의 사회적 기반에 대한 그와 같은 태도는 종종 심지어 — 역사적·상대적으로 보자면 — 소외의 그때그때 지배적인 객관적 기반에 대한 현명한 고찰을 낳을 수도 있다. 마르크스는 《자본》에서 보다 고차적인

---

125) **옮긴이** : 기원전 480년 페르시아의 제 2차 침입에 맞서 스파르타의 왕 레오디나스는 300명의 스파르타 정예병을 이끌고 테르모필레 고개에서 페르시아 군대의 진격을 저지했다. 하지만 전투에 참가한 스파르타 정예병은 모두 전사했다.

126) **옮긴이** : 신신나투스(Lucius Quinctius Cincinnatus, BC 519~430) 는 로마의 집정관으로, 훌륭한 지도자의 상징, 공화주의적 미덕의 전범으로 여겨졌던 인물이다.

생산형식(기계)에 의해 노예노동이 중단되기를 희망했던 아리스토텔레스와 시인 안티파트로스의 견해를 인용한다. 이 문제에 대한 마르크스의 입장에서 극히 특징적인 것은, 그가 반어(反語)를 통해 유토피아적이라고 비판하는 대상은 그들이 아니라, 맹목에 사로잡혀 자기 당대에 이루어지는 착취의 증대에서 기계가 하는 역할을 오해하는 자본주의 시대의 경제학자들이라는 점이다. 그는 〔아리스토텔레스와 안티파트로스의 견해가 드러내는〕 그와 같은 소박한 유토피아주의가 경제발전의 더 높은 단계에서 생기는 변호론(*Apologetik*)보다 궁극적인 사회적 진리에 더 가깝다고 본 것이다. 127)

이때 마르크스가 발전의 실재적 필연성들에 대한 사상적 · 감정적 선취, 심지어는 활동들로 옮겨진 그 선취의 사회적 의의를 과대평가하는 것은 결코 아니다. 그는 언젠가 그러한 선취를 총괄하여 편협한 완성이라고 지칭했다. 물론 그때 그는 현대 세계의 이데올로기에서 볼 수 있는 만족의 모든 현상방식을 "천박한" 것이라고 부르기를 잊지 않는다. 128)

〔207〕 우리가 지금 다루는 문제에 대해 마르크스가 취하는 이러한 이중적 입장은, 그가 소외의 그때그때의 현행 형식들을 넘어서 더 고차적인 종류의 유적 성질(및 사회성)을 주시하는 그런 소외 비판들을, 실천적으로 실현 불가능한 것이긴 하지만 인간들의 진정한 이데올로기적 발전의 계기로서, 소외의 보다 철저한 극복의 단초로서 인

---

127) Marx: *Kapital I*, p. 373. 〔아리스토텔레스와 키케로 시대의 그리스 시인 안티파트로스(Antipatros)의 견해를 거론하는 대목은 《자본 I -1》, 551~552쪽 참조〕

128) Marx: *Rohentwurf*, pp. 387~388.

정했지 결코 무의미한 것으로 치부하고 배척하지 않았다는 것을 보여준다. 이 점은 기독교의 발전을 평가하는 대목에서 아주 분명하게 나타난다. 그가 종교 일반을 가장 급진적인 계몽주의자들보다 더 단호하게 거부했다는 것은 잘 알려져 있다. 하지만 이러한 사실은 우리 주장의 진정한 의미와 모순되지 않는다. 《신약》을 읽은 사람이라면 누구나 다 나사렛 예수가 몇 가지 결정적으로 중요한 문제에서 단지 사회적으로 내재하는 견해, 단지 그때그때 지배적인 소외를 비판하는 견해를 넘어선다는 것을 안다. 예수가 그 당시 지배적 세계의 모든 계율을 양심적으로 다 지키지만 자기 삶의 양식에 심각한 불만을 품고 있는 부유한 젊은이에게, 가진 재산을 재산 없는 사람들에게 나누어 주라고 충고할 때, 그는 질적으로 더 높은 종류의 유적 성질을 — 비록 순전히 개인적·윤리적으로이긴 하지만 — 분명하게 가리키고 있다. 물론 그와 같은 시도들은 기독교가 이후 로마제국의, 그 후에는 봉건적 구성체와 또 자본주의 구성체의 이데올로기적 지주(支柱)로 발전한 것을 막을 수 없었다. 하지만 기독교가 모든 종교와 공유하는 이 지배적 경향 때문에 우리가 기독교의 전체 발전과정에서 나타나는 새로운 계기들을 인식하지 못하는 일이 있어서는 안 된다. 노예경제의 위기, 폴리스의 해체 및 폴리스 시민윤리의 해체는 그 당시에 주어진 객관적인 사회적 발전단계에서 이미 개인성〔개체성〕의 최초의 형식을 낳을 수 있었다. 이것은 대부분의 사람들에서는 사회적으로 주어진 것에 대한 단순한 적응을 결과로 가졌지만, 스토아적·에피쿠로스적인 현자(賢者) 이상에서는 아타락시아를, 즉 자기 자신으로부터 총체적으로 소외된 사회 한가운데서 상황을 무시하고 개개인과 유의 진정한 관계를 실현하려고 노력했던 그런 생활방식의 규범을 낳았다. 매개들을 건너뛰고 약간 과장해서 말하자면, 일종의 숭고한 지혜인 이 귀족적 삶의 이상이 나사렛 예수에게서는 민주주의적인 일상적 요구가 된다고 말할 수 있을 것이다. 물론 그 요구는 애당초 결코 보편적으로 실현될 수 없는 것이었다. 하지만 이미 중세 초기의 이교도 운동들만 하더라도 아주 광범위하게 이러한 이상으로 정향되어 있었다는 것을 결코 잊어서는 안 된다. 급진적인 후스파 교도들129) 과 토마스 뮌처는 그러한 전통들에서 혁명의 모티프들을 형성해낸다. 이들의 추종자들은 이러한 이상에서 출발하여, 소외시키는 사회성을 혁명적으로 청산하고 〔208〕 소외와는 적대적인 사회성을 창출할 소명을 느꼈다. 물론 이 또한 실천적으로는 허사로 끝났다. 사물들의 그때그때의 현상태를 유토피아적으로 건너뛰는 실천으로 이끄는 것은, 그것이 어떤 종류의 것이든 현실에 부닥쳐 실패할 수밖에 없다. 그러나 이러한 경향들이 역사적으로 적절한 변화를 거친 이후 급진적인 크롬웰130) 추종자들에게나 좌파 자코뱅주의에서 여전히 상당한 역할을 했으며 일정한 이데올로기적 영향력을 오래도록 가졌다는 것을 인식하기란

---

129) 옮긴이 : "후스파 교도"는 체코 서부 보헤미아 지방의 종교개혁가인 후스 (Jan Huss, 1370~1415) 를 추종하는 사람들을 일컫는 말이다. 교황이나 사제가 아니라 성경을 유일한 권위로, 믿음을 구원의 조건으로 내세운 후스는 교황청에 의해 제명당했다가 결국 화형에 처해졌다. 그의 죽음에 반발하여 체코의 종교독립에 대한 요구가 거세졌고 대규모 농민전쟁이 전개되기도 했다.

130) 옮긴이 : 올리버 크롬웰(Oliver Cromwell, 1599~1658) 은 영국의 정치가이자 군인으로, 1642~1651년의 청교도 혁명에서 왕당파를 물리치고 공화국을 세우는 데 큰 공을 세웠다. 1653년에 초대 호국경(Lord Protector) 의 자리에 올라 1658년 병으로 죽을 때까지 전권을 행사했다.

어려운 일이 아니다.

　그러한 입장들이 실천적으로 허사로 끝난다는 사실은 모든 유토 피아주의에 대한 마르크스의 예리한 정치적 비판을 정당화한다. 상 부구조의 모든 진척은 경제적 기반에서 이루어지는 상응하는 변화 를, 새로운 것을 정초하는 변화를 전제로 한다는 것은 사회적 존재 의 본질에 속한다. 그 변동이 중요할수록 더욱더 그렇다. "자유의 나라"의 가능성들을 규정하면서 마르크스가 자유의 나라는 "그 토대 로서의 저 필연의 나라(경제 - 게오르크 루카치) 위에서만 꽃필 수 있 다"[131]고 한 것은 괜히 한 말이 아니다. 따라서 모든 이데올로기는 그것이 경제의 현존하는 발전가능성을 셈할 수 없다면, 경제의 발 전경향들 속에서 정신적으로 생겨나오는 것으로서의 성질을 지니고 있지 않다면 ― 그 이데올로기의 내용이 여러 가지 점에서 아주 분 명하게 진정한 유적 성질을 지향하고 있는 것이라 할지라도 ― 실질 적으로 실천적인 효과가 없는 이데올로기로 머물러 있을 수밖에 없 다. 그렇지만 이것이 그 이데올로기가 이러한 과정에서 전혀 영향 력 없이 있을 수밖에 없다는 것을 뜻하는 것은 아니다. 방금 우리는 그 자체는 조금 전에 말한 이유들 때문에 사회적으로 실패하게끔 되 어 있었지만 이데올로기들로서 주체적 요인을 진정한 혁명정신을 통해 진작시키는 힘이 되었던 그런 실재적·실천적인 경향들을 열 거했다. 더 이상 소외에 의해 지배받지 않는 삶에 대한, 따라서 어 떠한 소외도 생기게 하지 않는 유적 성질에 대한 인류의 동경, 인격

---

131) Marx: *Kapital* III / II, p. 355. 〔《자본 III-2》, 강신준 옮김, 길, 2010, 1095쪽〕

적으로도 알차고 진정한 만족을 가져오는 삶을 낳을 수 있는 과제들을 개개인에게 정해 주는 그런 유적 성질에 대한 인류의 동경은 인간들의 사고와 감정에서 어디까지나 근절될 수 없다. 인간활동의 실천적인 삶의 표현들에서 이러한 사고 및 감정복합체는 방금 말했던 이유들 때문에 순수하게 사회적 · 실천적으로 나타날 수도 전개될 수도 없었다. 그 때문에 인간들은 직접적으로 사회적 · 실천적인 효력이 발생하지는 않는 순수한 이데올로기의 영역에서 표현의 여지를 구하고 찾았다. 헤겔은 그 당시 이데올로기들의 이러한 세계를 객관적이고 절대적인 정신으로 특징지으려 시도했다. 〔209〕 그에게는 궁극적으로 소외와 대상성이 일치했으며, 따라서 소외의 지양은 그때까지 정신에 의해 "외화된" 세계를 동일한 주 · 객체로 다시 거두어들이는 것을 의미할 수밖에 없었다(따라서 본질적으로 논리를 통한 유토피아). 지금 이런 점은 완전히 제쳐 놓더라도, 헤겔은 종교를 절대정신에 귀속시킬 때 길을 잘못 든다. 종교에서 — 예컨대 나사렛 예수의 어떤 표현들에서, 그리고 마이스터 에크하르트나 아시시의 프란체스코[132] 같은 특정 유형의 그의 계승자들에서 — 그러한 경향이 작용할지도 모르지만, 전체적으로 볼 때 종교는 실천적으로 가령 법이나 국가와 극히 비슷한 과업들을 수행한다. 즉, 그때그때 현존하는 사회성(유적 성질)을 정당화하면서 보존하는 것이다. 그리고 이교도 운동들은 — 막 강조한 그 모든 차이에도 불구하

---

132) 옮긴이 : 아시시의 프란체스코(Francesco d'Assis, 1182~1226)는 프란체스코회의 창립자이자 가톨릭의 성인(축일 10월 4일)으로서 "신의 음유시인"으로 불리기도 한다. 주요작품으로는 《태양의 찬가》가 있다.

고 ― 그러한 사회성을 실천적·실질적으로 변화시키려는 시도들의 대열과 결합된다.

이와 달리 사회적 발전이 어느 정도 전개되었던 곳에서는 어디에서나, 그 사회적 발전은 강제장치가 될 가능성조차 없이 순수 이데올로기적으로만 작용하기에 적합한 이데올로기들을 발전시켰다(강제의 가능성과 필요는 헤겔의 객관정신을 특징짓는 것이다). 이것이 위대한 철학들, 중요한 문학들을 염두에 둔 말임은 분명하다. 여기에서는 물론 이 문제 또한 세세하게 펼칠 수 없다. 이 문제는 인간활동의 구체적 전개라는 문제복합체에 속한다. 다만 여기에 놓여 있는 존재론적 문제를 얼추 구체적으로 암시하기 위해서 다음과 같은 점만 지적해 두자. 즉, 유럽의 문화는 더 이상 소외되지 않은 진정한 유적 성질이 현재 실천적으로 실현 불가능함을 바로 실천적으로 실현 불가능한 것으로, 하지만 이와 동시에 올바르게 영위되는 인간의 삶을 위해 실현되어야만 하는 더 고차적인 과제로 제시하는 데 그 본질이 있었던 문학의 한 고유한 장르를 고안했으며, 이를 수천 년에 걸쳐 늘 새로이 생산해냈다. 우리가 염두에 두고 있는 것은 비극이라는 문학형식이다. 그것의 발전사적인 끈질김은 사실 자체가 보여준다. 그러나 비극의 위대한 작가들이 자신들의 사회적 사명에 대해 처음부터 상당히 분명하게 알고 있었다는 것은 언급해 둘 만하다. 소포클레스를 생각해 보라. 그의 작품에서 안티고네는 바로 필연적인 비극적 몰락 속에서 그러한 경향을 대표하는 인물이다. 그리고 그 비극적 전형이 모든 문제에서 그때그때 실제로 현존하는 유적 성질에 대한 가장 정직한 긍정과 원칙적이고 질적으로 어떻게 대조를 이루는지를 보여주기 위해서 작가는 안티고네 맞은편에 여동생 이

스메네를 세운다. 유적으로 더 가치 있고 올바른 행위와 필연적인 개인적 몰락의 뗄 수 없는 통일성은 셰익스피어의 작품에서 문학적으로 정확하게 정식화된다. 그의 햄릿은, 앞으로의 삶에서 자기에게 정해져 있는 행위의 여지를 내다본 후 다음과 같이 말한다.

〔210〕"시대는 혼란에 빠졌다. 원통하구나,
　　　　내 그걸 바로잡으려 태어났다니!"

이러한 의향이 여러 형식으로 수천 년 동안 어떻게 비극을 지배하고 있는지, 여기에서 제기된 중대한 사회적 문제가 문학뿐만 아니라 세르반테스에서 톨스토이까지, 렘브란트에서 베토벤 등등까지 예술 전체에 얼마나 깊이 영향을 끼쳤는지, 그리고 그 의향이 다름 아니라 사회적으로 가장 중요한 사상가들의 세계상에 어떻게 풍요롭게 작용했는지를 우리가 서술하려 시도한다면, 그것은 이러한 고찰의 테두리를 훌쩍 넘어서는 것이 되고 말 것이다. 여기에서 나는 마르크스에게는 그리스의 비극작가와 셰익스피어를 늘 반복해서 읽는 것이, 레닌에게는 푸슈킨과 톨스토이를 읽는 것이 정말로 중요했다는 사실만 지적해 두고자 한다.

마지막으로, 이 모든 것에 덧붙여 다음과 같은 점을 살짝 언급만 해 두겠다. 모든 유토피아주의와 그 기반에 대한 마르크스의 효과적인 논박의 내용, 즉 소외시키고 소외된 사회적 세계에서 빠져나오는 사회적 출구로서의 공산주의 곧 인류의 전사(前史)의 종언은 상응하는 경제적 기반위에서만 실현될 수 있다고 하는 것은 일반적으로 잘 알려져 있다. 우리가 대략적으로 말하는 것들이 이를 보완하는

가운데, 인류사에서 가장 위대한 이 변혁〔공산주의〕의 주체적 요인
도 유토피아적 성격을 갖지 않는다는 것을 보여주기를 바란다. 여기
에서 암시된 이데올로기적 계기들이 지금까지의 실천적인 사회적
삶에서 소수만을 움직였다는 사실에 이론(異論)을 제기할 사람은
아무도 없을 것이다. 그러나 내가 감히 주장하고자 하는 것은, 이러
한 이데올로기복합체 전체의 인간적 영향력은 "사회학적 학식(學
識)"이 그렇다고 알기를 원했던 것보다 언제나 훨씬 더 컸다는 것이
다. 그리고 위대한 혁명적 시대들은 변혁의 주체적 요인이 된 다수
의 사람들 속에서 그렇게 정향된 감정이 순식간에 확산되는 것을 재
삼재사 보여준다. 그러한 도약들은 역사적 사실이다. 광범위하게
퍼진 관습이 사회적으로 거의 완전히 사라질 수 있는 것(식인 풍습)
과 꼭 마찬가지로, 또 특권화된 것이자 특권을 부여하는 것인 지식
이 일반적인 사회적 소유물로 발전할 수 있는 것(쓰기와 읽기)과 꼭
마찬가지로 역사적 사실인 것이다. 자본주의 사회를 사회주의적으
로 변혁할 때, 그리고 진정으로 실현된 사회주의에서 공산주의로 실
제로 이행할 때, 지금까지의 발전과정에 있어 이데올로기적으로
"위"나 "아래"에 어떤 식으로든 현존했던 이 대단히 오랜 이데올로기
적 모티프들, 곧 진정한 유적 성질에 대한 인간적 동경이 주체적 요
인의 이데올로기적 형성에서 결정적으로 중요한 역할을 하기에 적
격일 것이라는 예측에는 따라서 여하한 유토피아주의도 내포되어
있지 않다.

마르크스의 존재론적 범주관과 관련하여:
대상성, 일반성-개별성, 존재와 의식, 역사성과
역사적 발전 등의 문제를 중심으로

원래 계획했던 것보다 더 장황해지긴 했지만 이 모든 것을 통해 그러한 존재론이 지닌 문제들의 가장 일반적인 면만이라도 밝혀졌기를 바란다. 〔211〕 그리하여 이 새롭고도 오랜 혹은 오랜 것이면서도 새로운 방법의 가장 추상적인 윤곽만이라도 분명하게 알게 되고 그럼으로써 이성적으로 논의될 수 있게 되었기를 바란다. 이 서설은 그 이상의 것을 추구하지도 않았다. 이제 끝으로 이러한 사유과정의 실질적 핵심을 요약해야 한다면, 마르크스가 범주들의 존재론적 성질을 두고 밝힌 것을 반복하는 것으로써 시작해야만 한다.

무엇보다 "범주는 현존재 형식, 실존규정"이며, 그것도 어떤 근원적인 실재적 발생을 가질 수 없는 그런 것이다. 마르크스가 보기에 존재는 곧 대상적 존재이며, 대상성은 각 존재의, 따라서 각 범주적 공속성의 구체적이고 실재적인 근원형식이다. 이것이 사고 속에 옮겨지면 그것을 우리는 대상성의 일반성으로, 특정한 대상적 존재의 일반성으로 표현하곤 하는 것이다. 이때 이 일반성을 사고가 존재에 덧붙인 것으로, 사고하는 의식을 통해 존재가 재형식화된 것으로 잘못 생각할 위험이 처음부터 있다. 하지만 마르크스 범주관의 심원한 깊이는 일반성이 개별성과 꼭 마찬가지로 일차적으로 하나의 존재규정이라는 바로 그 점에 기인한다. 일반성은 개별성과 마찬가지로 존재 자체 속에서 대상성의 규정으로서 현존하고 작용한다. 오직 그렇기 때문에 일반성은 — 의식에 의해 재생산되어 — 사고에서 생산적 계기가 될 수 있다. 마르크스가 이 문제를 이런 식으로 설정했다면, 나는 그를 좇아, 일상생활과 인간 실천의 공유재산인 과학에서 이루어지는 그 문제의 철저한 적용을 파악하고자 한다.

그런데 더 구체적으로 보자면, 이러한 대상성들이란 무엇인가? 일차적이고 파기 불가능한 그 성격을 말했는데, 그럼으로써 우리는 그것들에 대해 먼저 부정적인 것을 말한 것처럼 보인다. 즉, 그것들은 사고의 산물이 아니며, 또 그것들의 존재는 그것들이 생각되는지 안 되는지, 생각된다면 어떻게 생각되는지와는 무관하다. 의식은 사회적 존재의 특정한 존재방식의 산물이며 그 존재방식에서 극히 중요한 기능을 수행해야만 한다. 그러나 존재의 훨씬 더 큰 부분, 곧 우리가 자연이라 부르는 것은 이러한 규정, 관계, 과정 등등을 지각하고 이로부터 추론하는 의식이 도대체 있는지 여부와는 전혀 무관하게 존재하며, 운동하고 작동한다. 그렇기 때문에 우리가 일관되게 존재 자체로부터 출발한다면 이러한 규정도 부정적인 것이 아니다. 부정성의 가상은 존재와 의식의 대조에서 비로소 (그것도 의식의 입장에서) 발생하는데, 의식 그 자체는 한 특정한, 특수한 존재방식의 한 가지 중요한 운동성분에 다름 아니다. 따라서, 의식은 사회적 존재 특유의 대상성을 규정하는 기능인 인간들의 목적론적 정립으로 인해 사회적 존재에서 아주 중요한 역할을 한다는 사실로부터, 〔212〕 무기적·유기적 자연과 사회적 존재에서 대상성, 진행과정 등등은 자연히 의식에 대한 모종의 의존적 존재관계 속에 있을 것이라는 결론이 나오는 것은 결코 아니다. 노동 그리고 이로부터 (다름 아닌 노동의 성공적 수행을 위해) 인간의 의식으로서, 사회적 활동으로서 발생하는 모든 것은 자연적 대상성에 대한 최대한 적합한 인식을 필요로 한다는 것은 사회적 존재의 기본적인 사실이다. 그러나 그와 같은 사회적 활동을 통해 자연 자체에서 이루어지는 모든 ― 많은 경우 본질적인 ― 변화들은, 자연적 대상성들 및 자연적 진행과정들은 그것들이 사고된 것과는 존재적으로 무관하다고 하는 존재론적인 근본사실에서 아무것도 바꿀 수 없다. 사회적 존재에서야 비로소 자기규정 일반으로서 생겨날 수 있는 범주적 관계들을 자연에 투사하는 모든 사고는, 존재론적 의미에서 존재에 대한 일종의 변조를 저지르는 것이자 (자신의 정신적 "고향"을 마찬가지로 사회적 존재에서만 가질 수 있는) 일종의 신화를 생산하는 것이지, 자연에 대한 객관적인 인식을 생산하지는 않는다. 동일한 것이, 필요한 변경을 거쳐서 (mutatis mutandis), 존재로서의 사회적 존재에도 해당된다.

우리가 보았다시피 자연과 사회의 선명한 대립은 의식의 문제와 의식이 그때그때의 존재에서 하는 역할이 관심의 중심을 이룰 때에만, 다름 아니라 사회적 존재의 특수성에 대한 인식이 배타적 출발점이자 이에 상응하는 관심의 목표일 때에만 발생한다. 이 문제의 존재적 중요성으로 인해, 이 문제에서 생겨나는 올바른 인식들은 사회가 자연과 맺는 관계의 특정한 측면, 특정한 양상들을 실로 핍진하게 밝힐 수 있다. 물론 밝힐 수 있는 것은 단지 어떤 ― 중요하긴 하지만 ― 측면일 뿐이지 관계의 역동적 총체성은 결코 아니다. 만약 우리가 존재에 대한 이러한 사상적 파악에 정말로 가까이 다가가고자 한다면, 이와 밀접히 연관되어 있는 마르크스의 또 다른 확언에 의지해야 한다. 이 확언 또한 이미 다른 맥락에서 거론한 바 있다. 그 확언이 본질적으로 의미하는 것은, 전체 존재 곧 자연과 사회는 하나의 역사적 과정으로 파악되어야 하며, 그렇게 확립된 역사성이 모든 존재의 본질을 이룬다는 것이다. 마르크스 생전에는—특히, 초기저작인《독일 이데올로기》에서 그것이 정식화되었을 때에는—그 확언이 아직 설득력 있는 과학적 토대를 얻을 수 없었다. 그래서 마르크스와 엥겔스는 다윈의 발견을 이러한 근본구상을 보완하는 하나의 중요한 확증으로 환영했으며, 또 "자연변증법"의 문제들과 씨름했을 때 엥겔스는 [213] 자연인식에서 그쪽을 가리키는[역사성을 시사하는] 단초들을 그러한 세계상의 구축(構築)을 위해 이용하려 했다. 우리가 지금까지 한 설명들을 통해, 여기에서 실로 일차적으로 중요한 것은 우리 세계에 있는 완고한 가상의 극복, 즉 대상들의 대상성을 규정하는 근원형식으로서의 대상들의 "사물성"의 극복이라는 것이 이미 밝혀졌다. 구체적인 과학적 실천에서 마르크스는 존재에 대한 이러한 표상복합체에 항상 맞서 싸웠다. 마르크스는 우리가 통상 "사물적"인 것으로 이해하는 수많은 것들이 어떻게 올바로 파악되고 과정으로서 입증되는지를 재삼재사 보여주었다. 우리의 자연인식에서 이러한 고찰방식은 플랑크와 그의 학설의 계승자들이 "사물성"의 이론적 "아성"(牙城)인 원자를 의심의 여지가 없는 방식으로 과정으로서 파악할 수 있었을 때 결정적으로 출현했다. 비록 오랫동안 일반적으로 인정받지는 못했지만 이러한 방향전환의 빛 속에서 드러났던 것은, 자연인식에서 과학적으로 파악되는 것 중 압도적 다수는 대상들의 "사물적 성격"을, 즉 정반대의 것으로 설정된 "힘들"을 통해 작동되었던 그 "사물적 성격"을 기반으로 하지 않는다는 것, 그리고 우리가 자연을 이미 사상적으로 적절하게 파악하기 시작했던 곳에서는 어디서든 오히려 과정적 복합체들의 불가역적 과정들이라는 근본현상이 존재한다는 것이다. 이러한 대상성 형식 및 운동형식은 원자의 내부에서부터 천문학에까지 걸쳐 있다. 즉, 그 "구성부분들" 역시 대개는 복합체들인 복합체들이 마르크스가 그 당시 염두에 두고 있었던 저 대상성을 실제로 형성한다. 그렇다면 불가역적 과정들은, 그 불가역성이 의식에 의해 파악되고 — 상황에 따라서는 — 심지어 부분적으로 영향을 받는지(물론 그렇다고 일반적인 불가역성이 파기될 수는 없다) 여부를 완전히 제쳐 놓는다면, 역사의 진행들과 다를 바 없다. 이러한 의미에서, 세계인식의 확장과 심화의 마지막 단계들이 역사성(곧 과정들의 불가역성)의 우주적 보편성에 관한 청년 마르크스의 확언을 확증했다고 할 수 있다.

이제는 정당성을 인정받은 마르크스의 세계구상의 이러한 보편성은 사회와 자연의 관계에서 지극히 중요한 중점이동을 낳는다. 엥겔스의 서술에서도 여러 차례 특히 중요한 것처럼 보였고, 그 서술의 뒤를 잇는 다른 이들의 서술에서는 더욱더 자주 다른 그 어떤 것보다도 중요한 것처럼 보였던 것이 있다. 무엇보다도 자연과 사회 양자에 똑같이 정당하게 적용될 수 있을 하나의 통일적인 변증법적 방법이 있다는 것이 그것이다. 이에 반해 마르크스의 진정한 구상에 따르면, 있는 것은 하나의 — 궁극적으로, 오직 궁극적으로만 — 통일적인 역사적 과정이다. 이 과정은 이미 무기적 자연에서 불가역적 변화과정으로 나타난다. 비교적 큰 복합체들(태양계와 이보다 훨씬 더 큰 "단위들")에서부터 개별 행성들의 역사적 발전을 거쳐 〔214〕 과정적인 원자와 그 구성요소들에 이르기까지 그러한데, 이때 "위"로도 "아래"로도 확정할 수 있는 한계는 존재하지 않는다. 지구에서 유기체의 생명을 가능하게 만들었던 저 다행스러운 우연들로 인해 존재의 한 새로운 형식이 생겨났는데, 이 존재가 시작된 조건들에 관해 우리는 이미 어렴풋이 인식하기 시작했으며, 그 존재의 역사는 다윈 이래 점점 더 자세히 알려지게 되었다. 다른 성질을 띤 일련의 우연들은 유기적 자연에서 사회적 존재가 생겨나는 것을 가능하게 만들었다. 따라서 우리가 마르크스와 같이 우리 자신의 사회적 존재방식의 역사를 불가역적 과정으로 이해하고자 할 때, 사람들이 자연변증법이라 부르곤 하는 모든 것은 그 과정의 전사(前史)로서 나타난다. 이때 한 존재형식에서 다른 존재형식으로의 이행에서 작용하는 우연성에 대한 이러한 이중적 강조는 무엇보다도, 각각의 특정한 존재형식의 개별적인 불가역적 과정들 내에서와 마찬가지로 이러한 역사적 발전과정, 이러한 이행들 속에서도 목적론적인 "힘들"이란 어불성설이라는 것을 보여주기 위한 것이다. 따라서 전사(前史)가 의미하는 것은 단지 (이 "단지"는 물론 실재적 규정들의 무한한 다양성을 포괄한다) 다음과 같은 정도에 지나지 않는다. 즉, 상대적으로 더 복잡한 존재형식은 더 단순한 존재형식으로부터만, 후자를 기반으로 해서만 발전할 수 있다는 정도 말이다. 물론 그렇다고 해서 선행 존재영역들의 규정들이 공동 결정하는 것으로서의 의미를 완전히 상실하는 것은 결코 아니다. 일반적으로 발전의 과정들은 이전의 존재방식에서 생겨난 존재규정들이 더 복잡한 새로운 존재형식의 자기재생산을 주도원리로 지닌 질서에 종속되는 경향을 보여준다. 마르크스는 올바르게도, 사회적 존재에 있어 자연적 한계들의 후퇴 경향에 관해 이야기한다. 그 후퇴의 정도에 대해서는, 그리고 그 후퇴가 완전하게 이루어지기란 불가능하다는 것에 대해서는 이미 여러 차례 말한 바 있다. 예컨대, 자본주의 사회가 봉건사회보다 더 순수한 사회적 존재방식들에 근거한다는 것을, 따라서 사회에서 생물학적 계기는 발전을 통해 축소될 수 있지만 결코 제거될 수는 없다는 것을 부인할 사람은 아무도 없을 것이다.

개별적 존재형식들이 서로 엇물려 진행되는 이러한 역사적 발전을 올바로 이해한다면, 각 존재양식의 그때그때의 재생산 과정에서 이루어지는 개별 존재형식들의 실재적인 역동적 상호작용을 올바로 이해한다면, 질적 변화들도 그 발생과 관련하여 여러 측면에서 해명할 수 있을 것이다. 가령 — 유기적 자연의 영역을 보자면 — 〔식물세계에 비해〕 더 발전한 동물세계의 단계들에서는 물리·화학적 과정들이 새로운 재생산 과정의 실질적 동력이 되려면 생물학적 변형을 겪어야만 하는 반면, 〔식물세계에서는〕 어떻게 물리·화학적 과정들의 직접적 작용이 식물들의 재생산 과정을 규정하는지를 생각해 보라. 시각, 청각, 후각 따위는 복잡한 성질을 띤 유기체들의 재생산 과정에서 없어서는 안 되는 실질적인 전제조건이다. 〔215〕 그렇기 때문에 그것들은 사회와 그 구성원들의 능동적 적응을 위한 존재기반 중 하나이기도 하다. 물론 이 경우에는 그것들이 의식적으로 수행되는 목적론적 정립에서 기능해야만 한다는 것이 중요한 질적 변화들을 생산하는 역할을 한다. 이때 주목할 만한 것은, 이러한 변형형식들의 생물학적 기초들은 극복될 수 없지만, 시각, 청각, 후각 따위가 사회적인 것으로 전환됨으로써(자연적 한계들의 후퇴) 경향적으로 한편으로는 그것들의 성능이 증대하고, 다른 한편으로는 그것들의 한낱 생물학적인 요소들이 뒷전으로 밀려난다는 점이다. 엥겔스가 정확하게 말하듯이, "독수리는 사람보다 훨씬 더 멀리 본다. 하지만 사람의 눈은 독수리의 눈보다 사물들에서 더 많은 것을 본다."133)

---

133) *Anti-Dühring*, *MEGA*, p. 697.

이러한 변형, 이러한 기능전환은 생물학적으로 최고의 청각형식 (절대음감) 이 특수한 청각예술 곧 음악에 대한 인간의 재능과는 아무 관계도 없다고 하는 잘 알려진 사실에서 아마도 더욱 분명하게 드러날 것이다. 절대음감이 있다고 해서 그것을 지닌 사람의 음악적 재능에서 뭔가가 생기는 것은 아니다. 다른 한편, 절대음감이 없는 중요한 음악가들이 있다. 절대음감의 소유가 음악가에게 중요한 도움이 될 수도 있을 것이다. 하지만 그렇다고 해서 원칙적인 불필요성의 이론적 의의가 감소되는 것은 전혀 아니다. 음악적 재능은, 가령 풍경이나 사람의 말씨의 특색 따위가 더 이상 생물학적 범주가 아니라 어디까지나 사회적 범주인 것과 마찬가지로 어디까지나 사회적 능력이다.

이러한 종류의 존재론적 문제들은, 보다 복잡한 존재형식에 삽입되는 보다 단순한 존재형식의 요소들이 이렇게 조정될 때 내적 변형을 겪는지, 아니면 새로운 연관관계의 요소들로서 단지 기능전환만 겪을 뿐인지에 대한 정확한 과학적 연구 없이도 제기될 수 있을뿐더러 더 나아가 충분히 대답될 수도 있다. 새로운 존재연관 속에 있는 그 요소들의 새로운 현존재는 두 경우에 동일한 모습을 이룬다. 물론 존재론적인 고찰방식에 입각해서 보면, 특정한 경우에 두 가능성 중 어느 것이 현실적인가 하는 것은 비본질적이지 않은 것처럼 보인다. 그도 그럴 것이 그 가능성의 확정은, 기초를 이루는 보다 단순한 존재가 보다 복잡한 새로운 존재복합체의 불가결하지만 종속적인 구성요소가 될 때 전자의 존재가 어떠한 존재변화를 겪을 수밖에 없는지를 구체적으로 밝혀 줄 수 있을 것이기 때문이다. 그 사실들 자체는 구체적인 역사과정들에서 아주 빈번히, 아주 눈에 띄게 나타나므로, 그 일반적 운명은 모든 계기들을 정확히 세세하게 드러내지 않더라도 명확하게 가시화될 수 있다. 비교적 단순한 예를 들자면, 가축의 사육을 생각해 보라. 〔216〕 가축의 사육은 석기시대부터 시작되었는데, 그 순수 생물학적인 경로 중 광범위한 부분이 아직 다 연구되지 않았다. 언젠가 인간의 사회적 활동을 두고 마르크스는 "그들은 그것을 모르지만 행한다"고 말한 적이 있다. 가축 사육에서도 인간들은 진정한 과학성의 의미에서는 알지 못했지만 진정한 변화원리를 자신들의 활동 속에서 실천적으로 실현했다. 즉, 그들은 동물들의 생활상황을 자신들이 설정한 사회적 목표에 부합되게 근본적으로 바꾸고 변형했으며, 새로 설정한 목표에 걸맞게 상대적으로 빨리 철저하게 바뀐 표본들을 짝짓기에서 우대했다. 그리하여 "기원"과는 근본적으로 다른 새로운 유들이 생겨났다. 이것들은 더 나아가 사회적 욕구에서 발원하는 사회적 목표설정에 따라서 아주 폭넓게 분화되었다. 영국의 경주마에서 짐 나르는 말까지, 사냥개에서 애완견까지 극히 다채로운 풍부한 등급들이 생겨났다. 여기에서 발생한 유형들이 생물학적인 측면에서 종차(種差)를 구현한다는 것은 의심하기 어려울 것이다. 하지만 분화의 구체적 동력은 환경의 변화, 생활조건의 변화였다. 다윈은 이러한 존재로부터 올바로 추론된 모티프에서 출발해 종(種)들의 발생에 대한 과학적 연구를 위한 방법을 발전시킬 수 있게 되었다.

여기에서 독특한 한 특수사례에서 역사적 존재의 저 실재적 동역학, 즉 한 존재방식 속에 통합된 존재양식들의 상호작용을 통해 현실적인 변화들을 이루어내는 그런 동역학이 드러난다. 전체과정들에 대한 인식은, 그 과정들의 유효한 동력들을, 작용하고 있는 그 본질에 따라 드러낼 수 있을 그러한 개별 연구들의 종합으로부터만 획득될 수 있을 것이다. 이런 점에서 보자면, 자연과학은 고도로 발전했음에도 불구하고 사회적 존재의 실질적인 전사(前史), 인간 유의 전사와 관련하여 수행한 것이 아직 별로 없다. 개별 자료들은 물론 엄청나게 많다. 하지만 그 자료들을 그때그때 무비판적으로 따로 떼어 놓거나 혹은 일반화함으로써 그 자료들이 이러한 인식을 위해 아무런 가치도 없는 것이 되고 말 때가 많다. 자기 자신의 명백한 실패가 아주 분명하게 드러나는 곳(베트남)에서도 그 실패를 파악할 능력이 없는 현대 자본주의의 조작된 세계는, 조작된 정신적 모험이 현대적 조작의 "혁명적·과학적인"(많은 경우 심히 유사과학적인) 도식에 철저히 순응할 때 더욱더 그 모험의 결과들에 개의치 않는다. 유전자 조작을 통해 인간을 현대 기술의 필요에 맞추자는, 고위 "당국"134) 에 의해서도 표명되었던 그 제안은 이를 잘 보여준다. 히틀러에 따르면 그것은 바람직한 사회상태에 걸맞게 강제로 인간을 "생물학적으로" 변형하는 제 2의 시도135) 다. 〔217〕 히틀러의 "생물학"은 진정한 생물학과는 아무런 공통점도 없었다. 유전자 조작이 어떤 개별과학적 성과를 달성했을지도 모른다. 하지만 인간의 생물학적 특성이 인류에 의해 창조된 사회적 상황에 적응하는 것을 이런 식으로 관리하려 들

---

134) 옮긴이 : "고위 '당국'"은 "hoh〔e〕 'Autoritäten'"을 옮긴 말이다. 직역하면 "높은 '권위들'"이라는 종교적 표현이 되는데, "제 3 제국"에서 히틀러를 지칭할 때에 "높은 '권위'"라는 수식어를 붙이곤 한 사례가 있는 것으로 봐서 히틀러를 위시한 "제 3 제국"의 고위 권력자들을 가리키는 말로 보인다.
135) 옮긴이 : "제 2의 시도"란, 하나님이 인간을 창조한 "첫 번째 시도"에 이어 이루어지는, 인간을 보다 완전하게 개조하는 "두 번째 시도"라는 뜻이다.

경우, 실제로 문제는 전체적 인간(*der ganze Mensch*) 136) 의 적용인데 추상적으로 고안된 부분적 조작이 원칙적으로 그럴 능력이 있는지 극히 불확실하다는 점을 간과하는 한편, 인간의 (적응을 포함한) 현실적 활동들은 무엇보다 전(全)사회적으로 조건지어져 있기 때문에 추상적인 "순수" 생물학적인 개입을 통해서 대개는 방해받고 극히 드물게만 촉진될 수 있다는 점을 간과한다. 유전자 조작을 실천적으로 규정하는 목적론적 정립은 진정한 사회적 문제들을 부주의하게 지나칠 수밖에 없는 것이다.

존재 이해에서 경험 및 일상적 사고가 지니는 의의와 한계

우리가 그러한 — 아주 그로테스크한 — 특수사례를 부정적인 예로 들었던 이유는 딱 하나다. 그 출발점, 그 방법론의 약점들이 왜 그러한 문제들은 사회적 존재의 총체성에서 출발할 때에만 올바르게 설정될 수 있는지를 보여줄 뿐만 아니라, 그 비판자들 대부분도 사회적 존재의 전체적으로 작동하는 존재연관이 아니라 그것의 고립된 부분적 계기들만을 고려함으로써 유사한 오류에 빠지기 때문이다. 137)

---

136) 옮긴이 : 루카치의 초기 미학과 후기 미학에서 주요하게 등장하는 개념이다. 감성, 감정, 지성, 의지 등이 같이 전체적으로 어울려 작동하고 있는, 일상생활을 하는 보통의 인간을 일컬어 "전체적 인간"이라 한다. 일상생활에서의 이 "전체적 인간"은 예술작품의 창작 내지 수용 과정에서 동질적 매체를 통해 "인간적 전체"(*der Mensch ganz*)로 전환되는 체험을 한다고 한다.

그렇기 때문에 우리는 이 사례를 단지 예로서만 다루었다. 예로서 그것은 징후적이며, 무의미하지 않다. 그것은 과학들의 방법론(그리고 이 방법론에 근거를 두고 이루어지는 시도들)을 존재론적 연관관계 속에서 관찰하고 비판적으로 살펴보는 것이 얼마나 중요한 일인지를 보여주기 때문이다. 과학들에서 나타나는 추상적인(탈인간연관화하는) 이성의 진보가 한층 더 존재론적으로 정향된, 일상생활의 한갓 경험적 지성(Verstand)에 비해 아무리 위대하다 하더라도, 여기에서 우리는 방법론상 자립적으로 된 과학적 "이성", 고유한 방법론적 전제조건들을 무비판적으로 현실로 받아들이는 그 과학적 "이성"이, 다름 아니라 지성에 의해 통제되지 않은 순수한 인식방식으로서 이미 과거에 공상적이고 아무 근거도 없는 구성물로 끝나고 만 경우가 자주 있었다는 사실을 상기해야만 한다. 지상계와 천상계로의 세계의 분할, 피타고라스학파의 "천구(天球)의 화음" 따위를 생각해 보라. 방법론에서 한갓된 경험(그리고 이와 더불어 한갓된 "지성")의 배제는 오늘날에도 과학적 "이성"을 과거에 빈번히 그랬던 것과 유사한 ― 물론 시대에 걸맞게 채색된 ― "모험들"로, 공허한 구성물의 창조로 이끌 수 있다는 것을 상기시키는 것은 비판적인 견지에서 적절한 일이다. 〔218〕현대인들은 과거의 오류를 더 발전한 기술을 통해, 시의적절한 구성물들을 통해 오래전에 극복했다고 착각하고 있다.

그런데 그러한 예들은 ― 비록 탈선으로서뿐 아니라 무엇보다 그 탈선에 대한 존재론적 비판으로서도 그것들의 방법론상 의의가 과소평가되어서는 안 되지만 ― 어디까지나 단순한 예에 지나지 않는다.

---

137) Vgl. *Menschenzüchtung*, herausg. F. Wagner, 1969.

그리고 문제설정과 문제해결의 새로운 관점들을 다루는 이 서론적 고찰은 그 다양한 전형적 현상방식들을 구체적으로 비판하기는커녕 그 언저리를 암시하는 것조차도 과제로 삼을 수 없다. 우리의 실천적 활동과 이에 대한 이론적 정초 시도와 관련해 존재론적 출발점이 갖는 의의에 대한 인식은, 그것이 두 계기를 실로 비판적으로 고찰하고 그것들의 그때그때의 관계를 구체적으로 연구하게 하는 것이 되려면 여기에서보다 훨씬 더 상세하게 이루어져야만 한다. 그럴 때에 성립하는 보편성은 그러한 고찰의 테두리 안에서 잘하면 아주 일반적으로 정식화될 수 있지만 개별적인 경우들에서 출발해서는 — 그것들이 아무리 특징적인 것이라 하더라도 — 일반화될 수 없다. 그렇기 때문에 조작에 — 조야한 조작뿐 아니라 세련된 조작에도 — 맞서는 존재론적인 방법 비판은 두 조작 속에서 작용하는 인간 경험에 대한 과소평가를 단지 일반적으로 겨냥하고 있을 뿐이다. 오늘날 인간 경험에 대한 과소평가는 더욱더 심해져서, 인공두뇌학에 기초한 기계가 사고를 통한 경험의 활용을 배제하기 시작할 뿐만 아니라 또한 보다 완전한 사고모델로서, 통상적인 경험적 사고와 대립되고 인간 사고에 비해 모범이 되는 완성체로 찬미되기에 이르렀다. 이것이 "지성"에 대한 규정이자 비판으로서 뜻하는 것은, 모든 직접적인 "한갓된" 경험은 지성에서 남김없이 제거되어야 한다는 것이다(의료진단을, 의사와 환자 간의 직접적인 경험적 관계를, 따라서 내과 의학의 본질을 순수하게 "인공두뇌학화" 하려는 제안들을 생각해 보라). 그러한 문제복합체들을 판단할 때, 물론 수학적 방법을 통한 객관화가 한갓된 경험에 비해 엄청난 진보를 의미한다는 것이 간과되어서는 안 된다. 그렇지만 무비판적 과장은 이러한 진보성을 쉽게 무화(無化) 시킬 수 있다. 그것도, 그러한 과장이 거기에서 파생된 조작의 "기술·혁명적 진보"의 이름으로, 파기될 수 없는 존재범주들을 제거하려 착수하는 곳에서는 어디에서나 말이다.

따라서 그러한 논점들에서 직접적으로 중요한 것은, 우리의 세계상을 완성하는 데 있어 경험의 의의가 어떻게 평가되는가 하는 문제이다. 지배적인 방향들은 경험의 의의를 축소하는 쪽으로, 아니, 세계상의 구성을 돕는 요소들의 대열에서 가능하면 경험을 완전히 배제하는 쪽으로 향해 있다는 것을 우리는 보았다. 〔219〕세계에서 방향을 잡는 기관(器官), 사유를 통한 세계 지배의 기관이 전적으로 경험이었던 원시 상태는 정당하게 추월되었다는 것을, 계속해서 점점 더 경험이 배제되어 나간 것은 어떤 점에서는 분명히 위대한 진보를 의미했다는 것을 우리는 누차에 걸쳐 밝혔다. 그러나 우리가 보았다시피 이러한 진보는 명확한 한계를 지닌 것이다. 다른 사람이 아니라 바로 헤겔이, 인식내용들의 엄격한 논리화에도 불구하고, 바로 이 논리화의 근저에 세계인식의 존재론적 욕구가 놓여 있었기 때문에, 경험에도 인식체계에서 그에 걸맞은 위치를 보장하려 부단히 애썼던 것은 우연이 아니다. 현실을 적절하게 인식하는 과제를 철학에 할당하고 있는 《엔치클로페디》의 서설에서 그는 다음과 같이 말하고 있다. "이러한 내용의 가장 가까운 의식을 우리는 **경험**이라 부른다. 세계에 대한 감성적 고찰만 하더라도, 내·외적 현존재의 폭넓은 영역 중 단지 **현상**에 불과한 것, 일시적이고 무의미한 것과 그 자체에 있어 참으로 **현실**이라는 이름을 얻을 가치가 있는 것을 구별한다. 철학은 이 동일한 내실에 대한 다른 의식화와는 단지 형식적으로만 구별되기 때문에, 철학이 현실 및 경험과 일치하는 것은 필연적이다."138) 이러한 견해에 따라 그는 베이컨의 저작에서 다음과 같은 점을, 즉 베이컨이 "철학을 이 세상의 일들 속으로, 인간들의 집 속으로 데려왔다"는 점을 칭찬하면서 강조했다. 이어서 그는 이러한 자신의 견해를 다음과 같이 정초한다. "그리고 이런 한에서 개념으로, 절대적 개념으로 이루어지는 인식은 그러한 인식에 비해 고귀하게 행동할 수 있다. 그러나 내용의 개별특수성이 형성되는 것은 이념에 있어 필연적이다. 본질적인 한 측면은 개념이다. 하지만 마찬가지로 본질적인 것은 개념 그 자체의 유한성이다."139) 물론 여기에서는 아주 거창한 의도를 지닌 그의 견해들의 방법론적 약점 중 하나도 드러난다. 그도 그럴 것이 헤겔은 여기에서 ― 그의 방법의 궁극적 근거에서 ― 자기 이전과 자기 이후에 경험(경험주의)의 옹호자와 반대자가 그랬던 것과 마찬가지로 이원론적이다. 현실의 진정한 구성형식들, 철학의 진정한 대상들은 일반성, 무한성, 이념성 등등인 반면, 경험은 개별특수성만을, 유한성만을 포착할 수 있다고 말하기 때문이다. 헤겔은 후자도 철학의 한 내용이라고 생각하는데, 이 점은 어떤 식으로든지 어디에서나 가치를 지니는 헤겔의 예리한 지성을 보여준다. 그러나 그럼으로써 그는 순전한 이성성을 외적으로 보완할 수 있을 뿐이지 현실의 궁극적인 변증법적 통일성을 포착할 수는 없다.

〔220〕 우리는 헤겔이 행한 현실의 관념론적 논리화에 내재하는 추상적이고 존재를 왜곡하는 경향에 맞서 마르크스가 어떻게 싸우는

---

138) Hegel: *Enzyklopädie* § 6.
139) *Hegel Werke*, *Bd. 19*, Stuttgart, 1928, p. 282.

지를 거듭해서 보여주었다. 그런데 그는 결코 그것으로 만족하지 않고, 《경제학-철학 수고》에서 우리의 당면 문제에 대해서도 말하기 시작한다. 그는 헤겔의 저작에서 현실의 전유는 궁극적으로 순수사고에서만 일어난다는 점, 즉 그것은 "**사유와 사유의 운동들**로서의 이러한 대상들의" 전유라는 점에서 출발한다. 마르크스는 우리가 방금 다루었던 헤겔의 사고경향 역시 알고 있으며 또 이를 비판한다. 그렇기 때문에 그는 다음과 같이 덧붙인다. "그 때문에 이미 《정신현상학》 속에는 — 외양은 철저하게 부정적이고 비판적임에도 불구하고, 실제로 그 속에는 이후의 발전을 종종 폭넓게 선취하는 비판이 내포되어 있음에도 불구하고 — 헤겔의 후기 저작들의 무비판적인 실증주의 및 마찬가지로 무비판적인 관념론 — 현존하는 경험들의 이러한 철학적 해소와 복구 — 이 잠재적으로, 즉 맹아로서, 잠재력으로서, 하나의 비밀로서 존재한다."140) 따라서 마르크스를 헤겔 변증법을 비판적으로 극복한 사람으로 제대로 평가하고자 한다면, 여기에서 단지 — 마르크스주의자들 대부분이 말하곤 하듯이 — 헤겔의 관념론을 유물론적으로 "바로 세움"만 이야기되고 있는 것이 아니라, 이와 동시에, 이와 불가분하게, 헤겔의 "무비판적인 실증주의"에 대한 비판도 논해지고 있음을 보아야만 한다.

여기에서 비판은, 진행과정 중에 있는 존재 자체 속에서 결정의 근거를 찾으려 하지는 않고 존재에 대해 본질적인, 사태 그 자체와 관련된 결정을 내리려고 하는 헤겔의 (비록 그의 저작에서 표 나게 드러나진 않을지라도) 논리주의적이고 인식론적이며 추상적으로 방법론적인

---

140) *MEGA I/3*, p. 155. 〔《경제학-철학 수고》, 190쪽〕

등등의 시도들에 대한 존재론적인 비판을 의미한다. 범주는 일차적으로 사유 속에서 이루어진 추상물이 아니라 현존재 형식, 실존규정이라는, 벌써 여러 차례 거론된 마르크스의 확언은, 근본문제에 대한 우리의 인식의 이 단계에서 이미, 인간의 사회·역사적 활동에 대한 마찬가지로 근본적인 또 다른 규정, 곧 "그들은 그것을 모르지만 행한다"는 규정과 유기적으로 결합될 수 있다. 범주들의 실재적 영향은 범주들의 진정한 본질에 대해 어렴풋이 아는 것보다도 훨씬 더 오랜 것임을 우리는 앞에서 나왔던 개별적 맥락들 속에서 이미 누차에 걸쳐 밝힌 바 있다. 인간들은 삶 속에서 행위한다. 그럼으로써 그들의 목표설정과 그것을 실현하기 위해 그들이 내딛은 길은 그때그때 존재하고 생성되는 대상성 규정들의 테두리 안에서만 이루어질 수 있다. 기본적으로 실재적 실천은 (마르크스가 사회적으로 작용하는 필연성을 우회적으로 표현한 것처럼 "몰락의 형벌에 처해지더라도") 〔221〕 주어진 대상성 규정들과의 지속적인 실천적 대결을, 따라서 의식적인, 왕왕 사유를 통해 명료화된 대결을, 더욱이 특정한 사회·역사적 상황에서는 이론적인 대결을 전제로 한다. 사람들이 이를 의식하든 그렇지 않든 간에 (압도적 다수의 경우 의식하지 않는데), 이는 또한 인간의 사회적 삶에서 이루어지는 가장 넓은 의미에서의 활동에 대한 범주들의 작용을 의미한다. 이전의 개별적 고찰들에서 우리는 가령 유와 유의 표본 간의 범주적 관계에 대한 실천적으로 올바른 특정 반응이 어떻게 동물들의 생활에서조차도 불가피하게 주어져 있는지를 보여주었다. 그리고 바로 직전의 고찰에서 우리는, 이러한 범주복합체들에 대한 그와 같은 직접적인 적극적 고려가 가축 사육의 일상적 수준에서 실천적으로 올바른 행위를, 심지어는 이에 대한 사유상의 표현까지도 낳을 수 있었다는 것을 보여주었다. 이러한 예들을 더 드는 것은 어려운 일이 아니다. 이러한 예들은 인간이 자기 환경의 대상적 성질과 벌이는, 또 그렇기 때문에 그 범주적 성질과 벌이는 실천적인, 그 때문에 많은 경우에 또한 이론적이기도 한 대결을 불가피한 것으로 보여준다. 그 예들은 또한, 인간활동의 실천적 성공이 특정한 구체적인 대상적·범주적 관계들에 대한 존재상 상대적으로 올바른 평가에 달려 있는 수많은 경우에서, 실천 자체가 일정한 일반화를 실시하도록 유인(誘因)한다는 것을 입증한다. 물론 일정한 한계 내에서만 그렇다. 그때그때 주어진 경우에서 실천을 위해 필수불가결한 존재정황들에 대한 직접적 파악이 실천적으로 설정된 목표 및 그 수단들의 실현을 위해 더 이상 충분치 않게 되는 순간, 인간은 (재차 몰락의 형벌에 처해지더라도) 일상적 사고의 한계들을 넘어서야만 한다. 따라서 인간의 실천과 이로부터 생겨나는 이론에 있어 일상적 사고 (극히 세련된 형태를 띤 것이라 할지라도) 의 전일적 지배에 그대로 멈춰서 있기란 불가능한 일이었다. 일상적 사고는 이미 먼 옛날에 그것을 훨씬 넘어서는 실천 형식들에 의해, 현실에 대한 탈인간연관적인 사상적 처리(수학, 기하학 등등)의 투입에 의해 완전히 혹은 부분적으로 뒷전으로 밀려났다. 생산력들의 발전, 계속 늘어나는 분업, 사회적 삶의 증대하는 사회화 등등은 모두 다 일상적 실천의 한갓 직접적인 경험영역들을 점점 더 축소시키는 방향으로 작용한다.

새로운 종류의 실천이 야기하는 이론적 일반화들(과학 그리고 논리학과 인식론 등등) 에서는 〔222〕매우 의미심장한, 그렇지만 모든 진보가 그렇듯이 — 궁극적으로 — 상대적인 이러한 진보가 하나의 절대적 진보로 나타난다. 그러한 절대화는 사람들이 새로운 인식수단들의 효과적인 작동을 다음과 같은 식으로, 즉 그것들의 — 방법론상의 — 전제조건, 수단, 처리방식 등등에서야 비로소 존재 일반에 대한 지배가, "따라서" 존재 일반에 대한 적합한 인식이 참되게 표현될 수 있다(피타고라스주의)는 식으로 해석한 데에서 직접적으로 생겨난다. 현실 처리에 대한 평가에서 나타나는 이러한 존재론상의 위치이동은 바로 인식과정 자체에, 즉 존재 자체와의 관계에서 현실 처리의[141] 방법들과 요소들을 과장되게 평가한 데에 기인하는 것처럼 보인다. 하지만 그와 같은 한낱 인식방법론상의 "오류"는, 그러한 현실 처리의 방법들과 요소들이 부단히 재등장하며 많은 경우 극히 오랫동안 효력을 유지하는 것을 설명하기에 충분치 못할 것이다.

사회와 관련해 말하자면 대개 문제는, 존재가 무엇인지를 묻는 인식과정에만 직접적으로 관련되는 그러한 결정들의 배후에는 흔히 그때그때의 사회와 관련해 의미심장한 이데올로기적 결정들도 있다는 점이다. 마르크스의 이데올로기 규정을 우리는 이미 여러 차례 설명했다. 지금 우리가 우리의 현안을 위해 모든 이데올로기의 본질적 규정, 즉 이데올로기의 도움으로 우리는 사회적 갈등을 의식하게 되고 싸워내게 된다는 그 규정에 의지하게 되면, 존재에 대한 과학적 의식이란 무엇이며 사회적 발전과정에서 그 의식에는 어떤 역할이 돌아가는가 하는 문제복합체는 많은 경우 이데올로기의 존재기반들에서 생겨나며 또 이데올로기 없이는 요령부득인 것으로 남을

---

141) 옮긴이: "현실 처리의"로 옮긴 부분은 원문에는 "⋯ der Wirklichkeit" (p. 222)로 되어 있다(이럴 경우 "현실의 방법들과 요소들"로 옮겨야 한다). 우리는 "⋯ der Bewältigung der Wirklichkeit"를 잘못 적은 것으로 보고 옮겼다.

수밖에 없을 것이라는 점을 인식하기 위해 너무 자세히 근거를 댈 필요가 없어진다. 무엇보다도, 중요한 과학적 혁신 가운데 사회적으로 그와 같은 기능을 갖지 않는 혁신은 거의 없다. 과학성의 내재적 발전론자들이 제시하곤 하는 것과는 달리, 과학성은 단지 고유한 내적 논리에 따라 이 문제에서 저 문제로 한 걸음 한 걸음씩 발전하는 것이 결코 아니기 때문이다. 따라서 무엇보다도 물질적 생산에, 사회와 자연의 신진대사에 크고 또 계속 증대하는 의미가 부여된다. 이때, 맨 처음에 직접적 경험이 차지했던 독점적 지위는 점점 더 강력히 제한된다. 오늘날에는 많은 이들이 직접적 경험을 이 영역에서 완전히 제거하려고 한다. 이러한 사실만으로도 독자적·내재적인 발전과 관련된 모든 환상이 지양된다. 여기에서 생겨나는 욕구들과 과제들은 일차적으로 경제발전의 지배적 경향들에서 발원하며 과학발전의 주요경로를 규정한다. 그렇게 그때그때의 사회들에서 경제의 성장력들에 대한 일차적 종속이 발생한다.

〔223〕 그러나 어떠한 사회도 그 사회를 위해 필요한 사회구성원들의 사회적이고 개인적인 활동을 (국가와 법과 같은 상부구조의 권력수단에서부터 전통, 습관, 도덕 따위를 통한, 주로 이데올로기적인 영향에까지 이르는) 극히 다양한 수단을 통해 조절하고 지도하지 않고서는 실지로 재생산될 수 없을 것이다. 그렇기 때문에, 존재의 그때그때 중요한 존재성을 사유를 통해 처리하려는 사상적 시도들의 사회적으로 중요한 주요경향들은, 이데올로기적 입장의 이러한 조절체계와 밀접하게 연관되어 있을 수밖에 없다. 물론 이러한 조절체계는 이미 형식상으로 일종의 선택적 성격을 지닌다. 왜냐하면 그러한 사회적 복합체들이 최소한 공동 결정하는 모든 결정은 무엇보다도 인간활동의

선택적 결정을 위한 기초를 이루기 때문이다. 물론 그 선택들은 이데올로기적으로 결정하는 인간들에게 실천적으로 (따라서 이론적으로도) 던져져 있는 그들 사회의 계급적 갈등이 얼마나 첨예하냐에 따라 빈번히 적대적인 대립들로 고조된다. 기존의 것에 대한 옹호 또는 공격 사이의 대립, 막 존재하게 된 유적 성질에 대한 찬성 혹은 반대의 입장은 필연적으로 이데올로기적 적대들을 낳는데, 이 적대들은 현실적 존재로 여겨야 하는 것에 대한 해석과 두 측면에서 밀접하게 결부되어 있다. 이때 직접적 경험뿐만 아니라 — 다소간 — 합리적으로 생성된 과학적 방법들도 자주 존재에 대한 이해에서 심각한 왜곡을 초래할 수 있다.

여기에서는 사회적 존재와 그에 선행한 모든 존재 사이의 아주 중요한 한 가지 차이가 무엇보다 우선적으로 고려된다. 유기체들의 의식이 유기체의 재생산의 결과에 그 어떤 영향을 행사할 수 있자마자 "오류"의 가능성이, 다시 말해 객관적으로, 즉자적으로 존재해 있는 것과 그렇게 존재해 있기 때문에 작용하고 있는 것에 대한 잘못된 평가의 가능성이 — 객관적으로, 물론 반드시 의식적 형식을 띠지는 않고 — 나타난다. 그러나 침묵하는 유들의 개체발생적·계통발생적인 생물학적 단순재생산이 문제인 한, 객관적인 측면에서는 존재의 특정한 — 분명히 지각 가능한 — 개별복합체들에 대한 올바른 적응이냐 잘못된 적응이냐에 관해서만 논할 수 있으며, 주관적인 측면에서는 재생산 과정에서 그것들에 대한 성공적인 직접적 적응이냐 실패한 직접적 적응이냐에 관해서만 논할 수 있다. 따라서 그 "오류"는 직접적인 재생산 과정에 문제가 생기도록 만들 수 있을 뿐인데, 물론 상황에 따라서는 이를 통해 유의 계속적인 재생산을 불가능하게 만들 수도 있다.

모든 목적론적 정립에 내재하는 선택적 결정을 통해 환경에 능동적으로 적응하는 것은, 그렇게 수행된 사회적 존재의 재생산 과정에서 〔224〕 근본적이고 질적으로 다른 상황들을 만들어낸다. 우리가 자주 인용했던 인간의 사회적 활동에 대한 특성 묘사, 즉 "그들은 그것을 모르지만 행한다"는 말은, 보다 자세히 고찰하면 다음과 같은 것을 의미한다. 즉, 행위하는 인간들은 그들 활동의 대상이나 수단이 (또는 양자가) 형성하는 것의 원인과 결과는 물론이고 그 본질도 그것의 참 존재에 부합하게 알 수는 없지만, 해당 활동과 관련하여 무엇보다 중요한, 그 존재복합체의 그러한 계기들을 ― 그때그때의 구체적인 사회적 상황에 걸맞게 ― 그들 실천의 의식적 계기로 끌어올릴 수 있게 된다는 것을 의미하는 것이다. 이때 결정적으로 새로운 점은, 현재 주어진 존재가 (가장 넓은 의미에서의) 실천과 관련하여 직접적으로 문제가 되는 한, 이제부터 그것은 무조건, 몰락의 형벌에 처해지더라도, 이론적으로 올바르게 처리되어야만 한다는 것이 아니다. 결정적으로 새로운 점은, 전체 존재에서 절단한 그 부분이 실천의 "세계상" 속에 끼워 넣어진다는 점뿐이다. 이 "세계상"의 존재적 진리성(Seinswahrheit)은 사실 객관적으로 극히 문제적일 수 있지만, 이 "세계상"의 그릇된 반영들은 사회의 재생산 과정이 실천적으로 수행될 때 작동하는 의식 속에서, 그것도 존재로서, 실제로 인식되고 지배된 고차적인 존재로서 정말이지 빈번하게 나타날 수 있다. 그리하여 사회적 존재 속에는 전혀 존재하지 않는, 그렇지만 그 표상들이 사회적 활동을 실천적으로 이끌고 규정하는 그런 어떤 것이 존재의 계기로서 중요한 역할을 할 수 있다. 이 역설적 상황을 마르크스는 이미 문필활동을 시작할 때 아주 분명하게 인식했다. 박사학위 논문 중에 신의 현존이 아주 단호하게 반박되는 바로 그 대목에는 그의 사유 진행의 유기적 구성요소로서 다음과 같은 구절이 적혀 있다. "고대의 몰록142) 은 지배하지 않았던가? 델포이의 아폴로는 그리스인들의 삶에서 현실적인 힘이 아니었던가?"143)

다름 아닌 존재론적으로 이렇게 극히 역설적인 상황이 생겨나는데, 그러나 바로 그렇기 때문에 이 상황은 실천을 야기하는 목적론적 정립들에서 일정한 역할을 하는 의식활동과 그 대상들의 존재적 성격을 올바로 규정하기에 적합하다. 이때 문제는 이전의 존재형식들에서는 그 어떤 유사한 것도 찾을 수 없는 전혀 새롭고 독특한 대상성으로서, 이 대상성이 바로 사회적 존재의 영역에 있는 대상(따라서 존재와 그 범주들)의 특유성을 규정한다. 따라서 마르크스가 그의 주저(主著)인《자본》의 도입부 고찰에서 상품과 같은 근본적인 대상성 형식의 발생과 본질을 분석하고, 마찬가지로 도입부에서 "유령적 대상성"144) 에 관해 이야기하고 있다면, 이 또한 우연이 아니다. 〔225〕 "유령적"이라는 표현은 속류 유물론에 대한 반어적 비판을 내포하고 있다. 그도 그럴 것이 마르크스가 상품체계의 실재적 기능을 분석하는 가운데 드러내는 범주적 관계들은 한편으로는 자연법칙과 유사하

---

142) 옮긴이 : 몰록(Moloch) 은 "몰렉" 또는 "몰로흐"라고도 한다. 페니키아인들의 불의 신으로 소의 모습을 하고 있다. 페니키아인들은 이 신에게 아이를 태워 제물로 바쳤다고 한다.

143) *MEGA I/1, Erster Halbband*, p. 80. 〔《데모크리토스와 에피쿠로스 자연철학의 차이》, 151쪽〕

144) Marx: *Kapital I*, p. 4: *MEW*, p. 52.

게 불가항력적으로 관철되지만, 다른 한편, 직접적으로 보면 한갓 관념적 추상물들처럼 보인다. 구체적 노동의 시간과 뚜렷이 대조되는 사회적 필요노동시간 같은 범주들은, 마치 직접적인 구체적 노동에서 관념적으로 도출된, 한낱 관념적인 추상물처럼 보인다. 하지만 실은 그러한 범주들이 경제적 실재들이다. 그것들의 직접적인 (경우에 따라서는 실질적으로 매개된) 현존재, 그것들의 실제적 효력이 모든 사회구성원의 풍부한 노동을 실제로 결정한다. 따라서 인간은 전체적으로나 부분적으로 인식된, 경우에 따라서는 단지 예감되었을 뿐인 물질적 자연법칙성에 반응하듯이, 그것들에도 실제로 반응하지 않을 수 없다. "유령적 대상성"은 그렇기 때문에 유발자로서뿐 아니라 또한 결과로서, 사회에서 살아가는 모든 인간의 실천에는(그렇기 때문에 또한 사고에는) 구체적 노동 자체의 물질적 현실과 마찬가지로 존재해 있는 그 무엇이다. 사회적 존재에서 사용가치와 교환가치는, 따로따로 볼 때 각각의 대상성이 어떤 성질을 지니는지와는 무관하게, 변증법적으로 규정된 실재적 공동실존(*Koexistenz*)을 가진다.

총체성과 그 핵심동인으로서의 역사성

그런데 우리가 지금까지 한 고찰은 사회적 존재의 존재론의 관점에서 보면 여전히 단절적인 추상적 고찰이다. 그도 그럴 것이, 한편으로 사회구성원은 실천에서, 그리고 이 실천의 토대를 세우고 실천을 이끌어가는 사고에서, 흔치 않은 예외적 경우에만 단순한 개별성으로서 작용하는 대상성과 맞서 있을 뿐, 오히려 더 많이 맞서 있는 것은 그 대상성의 실재적인, 실제로 진행과정 중에 있는 복합체들이다. 이 점은 사회구성원이 예컨대 핵심적으로 중요한 상품문제와 맺는 관계(그것이 어떤 성질의 것이든 간에)에서 특히 분명하게 볼 수 있다. 다른 한편 ― 이는 우리가 다른 맥락에서 이미 다룬 문제복합체인데 ― 직접적이고 정상적인, 삶을 영위하는 데 있어 실천적·이론적으로 본질적인 맞서기는, 복합적 통일체로서의 개별 사회구성원이 자신에게 작용하는 모든 사회적 존재의 총체성과 맞서는 것이다. 개개의 사회구성원이 그 속에서 (몰락의 형벌에 처해지더라도) 살아가고 작용할 수밖에 없는 그 모든 사회적 존재의 총체성과 말이다. 앞에서 이 문제복합체를 다루었을 때 우리는, 우리가 인간적 개체성이라 부르는 것(한갓 자연적인 개별성에서 개체성으로의 인간의 변화)은 두 가지 총체성의 그와 같은 상호작용의 결과일 수밖에 없다는 것을 보여주려 했다. 〔226〕 총체성으로서의 사회의 작용은 구체적으로 서로 연결되어 있으며 통일체로서 효력을 발휘하는데, 이러한 작용으로 말미암아 개개의 사회구성원에게 ― 사회가 사회화될수록 더욱더, 그것도 외연적으로뿐 아니라 또한 내포적으로도 ― 필수불가결하게 되는 것은, 자신의 사회적 환경에 대한 자신의 능동적·수동적 반응들을 가능한 한 통일적인 행위방식 및 사고방식으로 형성하는 것, 다시 말해 무엇보다 자신의 실천 속에서 하나의 개체성이 되는 것이다. 사람들이 일상생활의 직접성과 비교적 큰 정신적 거리를 두면서 "세계관"이라 부르곤 하는 것은, 그 사회적 발생에 따라서 보면 이러한 경향이 더 발전한 것에 불과하다. 이러한 경향은 어느 정도 발전된 ― 물론 실재적 전망, 귀결, 통일성 따위가 서로 몹시 다른 단계들에 있는 ― 사회에서는 모든 사회구성원에게서 적어도 생활방식

의 경향으로서 확인될 수 있다. 세든 사람이 방세를 낼 것인지 여부
는 그 사람의 세계관에 달려 있다는 말을 언젠가 실용적인 측면에서
한 적이 있는데, 그 말은 단순히 재치 있는 표현 이상의 말이다. 물론
이 경우에는 인간들의 일상생활에서 객관적으로 주어진, 개인에게
불가피한 대상성 형식들을 그의 가장 깊은 삶의 욕구들과 통합하려
는 시도로서 생겨나는, 세계관의 그런 맹아들만이 문제일 수 있다.
그러나 일반화하는 사상적 종합의 최고형식으로서의 세계관은, 그
속에서는 인간의 사회적 실천과의 이러한 재연관이 ─ 물론 사상성
의 보다 높은 수준에서 ─ 다시 능동적 요소로서 작동한다는 바로 그
점에서, 단지 교과서적인 추상적 "철학"과 구별된다.

　그럼으로써 비로소, 다름 아니라 가장 중요한 사상가들의 가장 철
저한 추상들에서 한 시대의 경제·사회적 상태의 근본적 모순들이
표현된다. 이 점을 마르크스는 바로 상품과 가치 문제들에 대한 고
찰에서, 이 문제복합체에 대해 아리스토텔레스가 표명한 입장을 분
석하는 가운데 분명하게 표현했다. 〔마르크스에 따르면〕 그 위대한
사상가〔아리스토텔레스〕는 상품교환의 사상적 추상화를 아주 명료하
게 수행했다. 즉, "**동질성이 없는** 교환은 있을 수 없으며, 동질성 또
한 **양적인 비교가능성 없이는** 있을 수 없다"[145] 고 말하고 있는 것이다.
그런데 이러한 사회적 현상의 정확한 ─ 세계관적·철학적인 ─ 기
반을 밝혀냄으로써 아리스토텔레스는 자기 당대의 실재적인 경제·

---

145) **옮긴이** : 여기서 "동질성"으로 옮긴 단어는 "Gleichheit"이며 "양적인 비교
　　　가능성"으로 옮긴 단어는 "Kommensurabilität"이다. 전자는 "동일성"으
　　　로, 후자는 "통약가능성"으로 옮기는 것이 보통이나, 여기서는 국역본
　　　《자본 I -1》의 강신준 번역(118쪽)을 그대로 따랐다.

사회적 상태와 해결할 수 없는 대립관계 속에 빠지고 만다. 마르크스는 그 대립관계를 다음과 같이 제시한다.

"그러나 그는 여기에서 갑자기 멈춘 채 가치형식에 대한 더 이상의 분석을 포기한다. '그렇지만 이처럼 서로 다른 물건들이 양적으로 비교될 수 있다는 것', 즉 질적으로 동일하다는 것은 '사실상 불가능'하며 이렇게 사물들을 서로 등치시키는 것은 사물의 참된 본성과는 무관한 것으로 단지 '실용적인 필요에 따른 임시방편'에 불과하다는 것이다. 〔227〕 이처럼 아리스토텔레스는 자신이 더 이상 분석을 진척시키지 못한 이유가 가치 개념의 결여에 있음을 스스로 실토하고 있다. 이 동질의 것이란 무엇인가? 즉, 침대의 가치 표현에서 집이 침대에 대해서 공통의 실체로 표시하고 있는 것은 무엇인가? 아리스토텔레스는 그런 것이 '사실상 존재하지 않는다'고 말한다. 왜 그랬을까? 집이 침대에 대해서 어떤 동질적인 것을 표시하는 것은 침대나 집 양자 모두에 공통으로 들어 있는 동질적인 어떤 것을 표시하는 한에서이다. 그리고 이 동질적인 것은 바로 인간노동이다.

그러나 상품가치의 형식에서는 모든 노동이 동질의 인간노동으로, 따라서 동일한 것으로 표현되어 있다는 것을 아리스토텔레스는 가치형식 그 자체로부터 읽어낼 수 없었다. 그것은 그리스 사회가 노예노동에 토대를 두고 있었고, 따라서 인간과 인간노동력의 비동질성을 그것의 본질적 기초로 삼고 있었기 때문이다."146)

---

146) Marx: *Kapital I*, p. 26; *MEW*, 23, p. 73 이하. 〔이 구절도 강신준의 번역(118~119쪽)을 거의 그대로 따랐다. 다만 마지막 문장에서 강신준이 "ihrer Arbeitskräfte"를 "인간노동"으로 잘못 옮긴 것을 "인간노동력"으로 바로잡았다〕

피상적으로 언뜻 보면 여기에서 문제는 인식론적 문제, 곧 동질성〔동일성〕과 양적인 비교가능성〔통약가능성〕의 문제인 것처럼 보인다. 그러나 이는 착각이다. 실제로 논했고 또 논하고 있는 문제는, 서로 완전히 낯선 대상들과 과정들이 양적인 비교가능성의 존재상황에 들어올 수 있는지, 또 어떤 상황에서 그럴 수 있는지 하는 사회존재론적인 문제다. 아리스토텔레스가 올바르게 주목하고 정식화했던 구체적인 문제는, 자연존재(그리고 사회적 존재의 미발달 단계)에서는 상상도 할 수 없는 양적인 비교가능성이, 모든 것을 동질적으로 만드는 사회적 필요노동시간에서 구현되는 것과 같은 "유령적 대상성들"의 사회적 효력에 의해 유효하게 되며 또 존재가능성으로서 인정될 수밖에 없다는 사실이다. 이것은 아리스토텔레스가 자신의 이론과 실천을 발전시켰던 저 사회적 존재(노예경제)에 대한 인식에서는 불가능한 일이었다. 이 경우에 있어 그의 존재인식이 지니는 존재상 극복할 수 없는 한계 — 마르크스의 분석이 분명하게 밝히는 것이 이것인데 — 는 다음과 같은 점을, 즉 그 당시의 현재적 존재에 토대를 둔 것이기 때문에 직접적으로는 전적으로 정당한 지적 무능이, 존재상 올바른 지향성을 지닌 그의 시도를 어떻게 헛된 것으로, 궁극적으로 실패한 것으로 만들었는가 하는 점을 보여준다.

마르크스의 이 분석은 풍부한 후속 결과를 낳는 의의를 지니는데, 이를 통해 우리가 보게 되는 것은 다음과 같다. 즉, 작용하는 구성요소들의 단순한 — 그 총체성에 비하면 어디까지나 정태적인 — 사상적 확장은, 마르크스에 의해 원리적으로 인식된 근본규정인 과정들의 불가역성(따라서 과정들의 역사성) 규정을 (경계설정의 의미에서 이해된 총체성을 포함하는) 모든 총체성의 핵심적 동인으로 고려하지 않는다면, 〔228〕 뿐만 아니라 각 총체성(구성체 등등)에 대한 논증에서 그 동인에 핵심적인 의의를 인정해 주지 않는다면, 설사 그러한 구성요소들이 사회적으로 규정된 그것들의 총체성으로까지 종합된다 하더라도 궁극적으로 비생산적인 것일 수밖에 없다. 따라서 가장 폭넓은 의미에서 이해된 인간 실천을 통한 환경의 실천적·이론적 처리가 간과해서는 안 되는 근본적인 사태가 있다. 모든 대상성은 생산물이자 생산자로서 역사적이라는 것, 그리고 그때그때 주어진 것으로서 있는 그 존재방식은 대상성의 과정적 형식의 한 계기일 수밖에 없으며, 따라서 현재란 과거가 미래로 넘어감일 수밖에 없다는 것이 그것이다. 정말이지 그러한 처리가 그때그때 현재적 존재를 올바로 파악할 수 있기 위해서는 역사성의 관점을 가능한 한 중심에 두려고 해야만 한다.

물론 이때 대상들과 그 대상성 형식들에 접근하는 이러한 방식만 하더라도 이미 역사적 과정 자체의 결과일 수밖에 없다는 것을 결코 잊어서는 안 된다. 그것은 실천과 그 이론화에 있어 오직 점차적으로, 생산력의 경제적 발전, 자연적 한계들의 후퇴, 사회성의 통합과 사회화 등등에 따라서 한 걸음 한 걸음씩 형성될 수 있었다. 소외의 최초의 원시적 형식들은, 천천히 모순적으로 침묵에서 빠져나오는 인류가 자기 자신이 행한 것과 성취한 것들을 초월적 힘 덕분으로 돌리고 초월적 힘의 선물로 여기는 데에 존립한다. 그러한 소외의 형식들을 자연과 사회의 추상적·일반적인 필연성에 대한 사상적 찬미로 교체하는 것 또한 궁극적으로는 그렇게 소외된 상태를 다른 종류의 소외로 대체하는 것이다. 사고에서 사물화된 근본적 세계관(사물들과, 이와 무관하게 작용하면서 이를 움직이는 "힘들")을 파괴하지도 않고, 또 인간들에게 그들의 삶 자체, 곧 유의 삶 및 그 속에 있는 개개인의 삶은 하나의 거대하고 복잡한, 그리고 궁극적으로 불가역적인, 따라서 역사적인 과정임에 틀림없다는 자기인식을 강요하지도 않으면서 말이다. 헤겔은 그와 같은 관점을 형성하는 웅대한 시도에 착수했는데, 물론 우리가 누차에 걸쳐 밝힐 수 있었다시피 아직은 관념론적·논리주의적으로 왜곡된 형식으로 그렇게 했다. 마르크스에 와서야 비로소 역사는 모든 존재의 모든 것을 정초하는 근본형식으로서, 점점 더 현실에 객관적으로 부합하는 의미를 획득한다. 그의 새로운 존재론적 방법을 통해서야 비로소 존재의 전(全) 과정을 역사로 파악하는 것이 가능하게 될 뿐만 아니라 또, 과거에는 세부과정들을 포착하기 위한 그 모든 중요한 전진에도 불구하고 그와 같은 전체적 관점이 객관적으로 역사적인 그 성격에 걸맞게 전개될 수도 관철될 수도 없었던 까닭을 파악하는 것이 가능하게 된다.

이러한 장애들이 오늘날에는 이미 과거에 속한다고 생각한다면 그것은 극히 환상적인 생각일 것이다. 〔229〕 모든 존재의, 따라서 또한 무엇보다 사회적 존재의 최상위의 범주이자 역동적 중심을 이루는 존재론적 범주로서의 역사성이라는 새로운 구상은, 오늘날 마르크스주의를 신봉하는 사람들의 존재관조차도 아직 사상적으로 지배하지 못하고 있다. 이 문제를 곧바로 피상적인 직접성의 차원에서나마 설명하기 위해서라도, 이 근본적으로 새로운 "역사주의"는 이전의 역사관들과는 공통점이 거의 없다는 것이 지적되어야 한다. 물론 역사과정 자체뿐만 아니라 개별복합체에서의 과정들의 불가역성을 사상적으로 설명하려 한 다수의 시도도 역사과정의 인식가능성을 위해 아주 많은 기여를 하긴 했다. 147) 물론 이때 대개는 실재로 이루어지고 있는 불가역적 과정을 드러냄으로써만 그렇게 했을 뿐이며, 대부분의 경우에 연구자들 스스로 이로부터 모든 존재의 총체성과 연관된 일반적인 결론을 추출하지는 않았다. 이 일을 처음 한 사람이 청년 마르크스였는데, 우리가 볼 수 있었다시피 마르크스의 학설을 신봉했던 사람들 대다수에게서조차도 궁극적으로는 이렇다 할 성과를 거두지 못했다.

이러한 실패에는 지금까지의 발전에 깊이 뿌리내리고 있는 이유들이 있다. 무엇보다 우선적인 이유는, 과학으로서의 역사[역사학]를 추진하려는, 과학적으로 공공연하게 된 직접적 시도가, 핵심문제에 다만 접근이라도 하려 한 시도보다 훨씬 더 결정적으로 그 핵심문제에서 벗어났던 데 있는 듯하다. 역사는 근대에 들어와서야 비로소 의식적으로 과학이 되었다. 그 이전에는 그 의도에서도, 아주 많은 경우 그 구체적 방법에서도 그랬던 적이 거의 없었다. 바로 이 과학-되기는 역사로 하여금 방법론상 보편성을 점점 더 의식적으로 포기하게 만들었다. 여기에는 물론 근본적인 이데올로기적 이유들이 있다. 모든 사회의 지배계급에게는, 바로 지금 있는 사회형식을 최종적인 것으로, 더 이상 진척시킬 필요가 없는 것으로 제시하는 것이 언제나 당연한 일이었다. 물론 상이한 시대에 나타나는 상이한 그와 같은 노선은, 우리가 알고 있는 시점보다 훨씬 더 오래된 것으

---

147) 지질학의 수많은 성과, 다윈과 그의 위대한 선구자들 및 품격 있는 후계자들이 유기적 자연의 전체상에서 이루었던 혁명적 전환, 다수의 인종학적 연구 등등을 생각해 보라. 플랑크 이후의 현대 원자물리학이, 비록 스스로를 무기적 자연에 대한 역사적 고찰로 여기지는 않지만, 역사성을 중심적인 존재범주로 과학적으로 구축하는 데 가장 중요한 한 걸음을 내딛었다는 것은 정말이지 의심할 여지가 없다.

로 보이는 메네니우스 아그리파의 우화148)에서부터 프랑스 혁명 이후의 낭만주의적 "역사주의"까지에 걸쳐 확인될 수 있는데, 이 노선은 혁명이란 그 본질에 있어서 "비역사적", 아니 "반역사적"이라는 주장에서 궁극적으로 이데올로기적 정점에 이른다. 그리하여 존재에서 역사적인 것은 사회적으로 아무런 마찰 없는 "유기적" 진화로 환원되었다.〔230〕19세기의 역사학은 이러한 경향을 여러 측면에서 계속 일구어 나갔다. 랑케149)에서 리케르트150)까지 그리고 리케르트를 넘어서 역사학은 형식적 측면에서는 점점 더 "정밀"과학으로서의 지향성을 지닌 개별과학으로 되는 경향이 있으며, 그 진정한 내실에 따라서 보면 현실적인 역사적 과정을(방법론적으로 극히 제한된 의미에서의 과정조차도) 바로 지금 있는 것을 보존하는 이데올로기적 지주(支柱)로 만드는 이데올로기적 요소가 되는 경향이 있다.

---

148) 옮긴이 : 이에 관해서는 앞에서 소개한 바 있다.

149) 옮긴이 : 랑케(Leopold von Ranke, 1795~1886)는 객관적 역사서술을 주장하고 엄정한 사료 비판 방법을 확립함으로써 독일 근대 역사학의 기초를 세운 인물로 평가받는다. 그는 프로테스탄티즘과 낭만주의 사상에 근거하여 "모든 시대는 직접 신에게로 이어진다"라고 주장하면서 가톨릭적·계몽주의적·헤겔적 역사관에 반대하는 역사주의적 입장을 내세웠다.

150) 옮긴이 : 신(新) 칸트주의의 서남독일학파(바덴학파)의 대표자 중 한 사람인 — 앞에서 이미 소개했던 — 하인리히 리케르트를 말하는 듯하다.

자본주의에서의 소외와
착취형식의 변화, 그리고 이에 맞선
이론적 · 실천적 저항들의 의의와 한계

마르크스가 제시한 역사성의 보편성은 (물론 사실들을 규명하는 특정한 테크닉들을 별도로 한다면) 이러한 부류의 경향들과는 아무런 공통점도 없다. 따라서 그것은 오로지 그러한 경향들의 대립물로서 과학적, 이데올로기적으로 관철될 수 있다. 이로써 주된 난점이 분명해진다. 어떤 이론은 적어도 그때그때 주요한 사회계층들 중 한 계층이 그 이론을, 자기 당대에 있어 필수불가결한 것으로 보이는 문제들을 자기식으로 의식하고 싸워내기 위한 방도로 여길 때에만, 따라서 그 이론이 당대에 작용하는 이데올로기도 될 때에만 사회적으로 관철될 수 있다. 코페르니쿠스와 갈릴레이, 데카르트와 스피노자, 마지막으로는 다윈의 경우가 그랬다. 물론 각 경우에서 그러한 작용의 폭과 깊이는, 존재의 참된 성질의 새로 발견된 측면에 의해 사회적 삶의 어떤 문제복합체가 건드려지느냐에 따라 서로 극히 다르다([그 이론이] 인간의 실천적 활동으로 전환한 데 따른 결과들은, 경우에 따라서 아래로는 일상생활 속에서까지, 위로는 세계관에서까지 감지될 수 있다).

그러나 실천과 그 실천을 뒷받침하는 과학을 신뢰하고 삶에 대한 자신들의 일반적 입장을 견지하는 부류의 사람들이 마르크스의 원리는 진지하게 숙고조차 하지 않는 것이 현재의 상황이다. 물론 이러한 단언이 오늘날에는 더 이상 전적으로 정확한 것은 아니다. 한편으로, 얼마 전에 공공연하게 시작된 조작경제의 위기가 "탈이데올로기화된" 이데올로기와 "영원"할 것으로 보였든 조작경제의 전일적 지배의 결속을 약간 뒤흔들어 놓았기 때문이다. 물론 오늘날에도 조작경제를 역사의 종언(즉 최후의 정점)으로 여기는 명망 높은 이론가들이 있다. 다른 한편으로, 조작체계의 보편성에 맞서는 반대파는 마르크스주의에 대한 모종의 공감, 마르크스주의 학설에 대한 모종의 접근이 막 생겨나고 있는 곳에서도 아직 마르크스주의의 진정한 존재관과의 접속은 모색도 하지 않고 있다. 여기는 이 극히 대조적인 대립, 이 전적인 소원성(疏遠性)의 근저에 객관적으로 놓여 있는, 현실과 그 현실의 사상적 처리에 대한 저 입장들의 — 전적으로 가능한 — 목록을 암시나마 할 자리도 아니다. 이와 달리 사회적으로 결정적인 계기는 — 그것이 어떻게 평가되든 — 일반적으로 잘 알려져 있다.〔231〕비록 그것이 의식적으로 포착되고 공공연하게 표현되는 경우는 극히 드물지만 말이다. 사회에서 일하는 인간들의 모든 활동을 개별특수성이 무제한 지배하는 수준으로 하락시키는 것이 전반적으로 지배적인 경향이다. 그러한 경향은 당연히 자본주의에서는 언제나 있었다. 물론 아주 모순적인 방식으로 말이다. 인간의 행위에서 순수 경제·사회적 모티프들의 적나라하고 절대화된 우위, 그리고 고유한 유적 성질에 대한 개인의 우연적 관계는, 직접적이고 전적으로 인간존재의 개별특수성에서 발원하는 그런 모티프들에 내적으로도 우위를 부여하는 방향으로 자생적으로 작용한다고 하는, 우리가 이미 다루었던 근본상황은 처음부터 명백하다. 물론 이와 동시에 알아야 할 것은, 이러한 모티프가 처음에는 자연적 한계들을 뒤로 밀어내는 것을 촉진하는 원리로서, 또 보다 단순하고 "자연에 보다 많이 구속되어 있으며" "보다 전통적인" 선행사회들에서 적지 않은 역할을 했던 편협한 완성을 해체하는 것으로서

78

작동하였다는 사실이다. 이러한 의미에서, 그 모티프 속에는 보다 고차적이고 보다 순수하게 사회적인 양상을 띤 즉자적인 유적 성질(*Gattungsmäßigkeit an sich*)을 인간의 삶에 도입하는 경향들 또한 작용하고 있기 때문에, 초기 자본주의의 수많은 모순들이 이해 가능하게 된다. 물론 종교적이고 "자연에 붙들려 있는" 구성부분들을 사회적으로 광범위하게 씻어냈던 대혁명들의, 그중 특히 프랑스 혁명의 공민 이상(*Citoyenideal*)은 존재상 실질적인 의미에서 오직 혁명적 이행과정 속에 그 토대를 두고 있다. 즉, 자본주의 사회 자체의 사회적 존재에 그 토대를 둔 것이 아니라 봉건제에 맞선 혁명적인 파괴 노력 속에 그 토대를 두고 있는 것이다. 1848년의 혁명적 위기를 다루는 역사적인 저작들에서 이러한 상황을 그 모든 결과와 더불어 상세히 분석하고 있는 마르크스는, 1789년 이래 대혁명에서 볼 수 있는 공민의 대약진에 관해 다음과 같이 말하고 있다. "그러나 부르주아 사회가 영웅적인 것은 아니지만, 그것이 세상에 나오기 위해서는 영웅주의, 희생, 공포, 내전 그리고 민족들 간의 전투가 필요했다." 그래서 존재상(上)으로는 그와 근본적으로 다른 고대적 공민주의(*Citoyentum*) 이데올로기들이 재수용되었다. 혁명적 이데올로기들이 거기에서 찾아냈던 것은 "이상과 예술형식, 곧 자기기만책이었는데, 이것이 그들에게 필요했던 것은 부르주아적 한계를 가지는 자신들의 투쟁 내용을 스스로에게 감추고 자신들의 열정을 위대한 역사적 비극의 높이에 올려 두기 위해서였다."151)

---

151) Marx: *Achtzehnter Brumaire*, Wien/Berlin, 1927, p. 22. 〔《칼 맑스/프리드리히 엥겔스 저작선집 2》, 최인호 외 옮김, 김세균 감수, 박종철출판사 2007(9쇄), 288~289쪽〕

여기에서 문제는 뭔가 근본적으로 새로운 것이라는 것을, 이를 통해 자본주의 사회는 〔232〕인간의 유적 삶의 문제들을 실질적으로 재설정하도록 작동한다는 것을 마르크스는 이미 1840년대에 분명하게 인식했다. "유대인 문제"("*Judenfrage*")에는 다음과 같이 적혀있다. "완성된 정치적 국가란 그 본질에 따라서 보면 인간의 물질적 삶과는 **대립**되는 인간의 **유적 삶**이다." 앞서 다른 맥락에서 우리는 침묵하는 유적 성질의 중단(이는 새로운 "언어"의 표현을 위한 사회적 투쟁들이기도 한데)에 따라 인간들이 서로 접근했던 발전과정을 서술한 바 있다. 마르크스가 여기서 제시하는 대립은, 그 도정에서 새롭고도 중요한 한 국면이다. 이때 생겨나는 모순들은 사회적 환경을 대하는 인간적 태도들이 확연히 갈라지는 결과까지 낳는 이러한 대립을 적극적이고 실재적으로 드러낸다. 마르크스는 다음과 같이 말한다. "이러한 이기주의적 삶의 모든 전제조건은 **부르주아 사회**에서는 국가영역 **바깥**에, 하지만 부르주아 사회의 특성으로서 존속한다. 정치적 국가가 진실로 달성된 곳에서 인간은 사고에서, 의식에서, 뿐만 아니라 또한 **현실**에서, **삶**에서 천상과 지상의 이중적 삶을 영위한다. 즉, 스스로를 **공동체**로 여기는 **정치적 공동체**에서의 삶과, **사인**(私人)으로서 활동하며 다른 사람들을 수단으로 여기고 스스로를 수단으로 가치절하하며 낯선 힘들의 노리갯감이 되는 **부르주아 사회**에서의 삶을 영위하는 것이다. 정치적 국가와 부르주아 사회의 관계는 천상과 지상의 관계와 마찬가지로 유심론적이다."[152] 종교와의 유사성을 이렇게 넌지시 암시하는 것은 이데올로기 비판의 측

---

152) *MEGA I/1, Erster Halbband*, p. 584.

면에서 정당하다. 나사렛 예수가 발전한 봉건주의에서 하는 역할은 로베스피에르153) 와 생쥐스트154) 가 1848년에 한 역할과 많은 측면에서 유사하다. 비록 자본주의의 더욱 순수하게 발전된 사회성이 이러한 유사성을 은폐하기에 적합한 아주 중요한 차이들도 동시에 창조했지만 말이다. 18세기 말 대전환기의 혁명적 입법자들이 헌법에서 유적 성질의 관념론적 대표자 곧 공민을, 이 사회의 유물론을 대표하는 부르주아지에 예속시켰을 때, 그들은 자신들의 일반적인 이론적 이상과는 모순되게, 그러나 자본주의의 사회적 존재와는 조화를 이루는 가운데 존재상 일관성 있게 행동한 것이었다. 물론 이런 일이 분파투쟁 없이 벌어진 건 아니었다. 〔233〕 그러나 자유주의(이러한 물질적 패권의 인정과 관철) 와 민주주의(대혁명들의 전통과 유대를 맺으려는 시도) 의 경쟁은 자본주의적 존재의 경제발전에 따라서 자유주의의 승리로 끝날 수밖에 없었다. 한때 반(反) 봉건을 지향했던 모든 개혁(보통선거권, 언론의 자유 등등) 이 자본의 무한정한 지배의 도구로 변신하는 것으로 끝날 수밖에 없었던 것이다. 자본주의의 이러한 성질은 인간의 보편적 소외를 동반할 수밖에 없었다. 이 문제를 다루면서 우리는, 다만 계급적 상황에 따라 상반되는 감정적 강세를 띠긴 하지만 소외도 보편적인 것이 될 수밖에 없었다는 점을 강조한 바 있다.

---

153) 옮긴이 : 로베스피에르(Maximilien de Robespierre, 1758~1794) 는 프랑스의 법률가 및 정치가다. 프랑스 혁명 당시 자코뱅당의 지도자로서 1793~1794년에 혁명운동의 선두에 섰다.

154) 옮긴이 : 생쥐스트(Louis de Saint-Just, 1767~1794) 는 프랑스의 정치가다. 프랑스 혁명 당시 자코뱅당의 지도자였다.

그 당시에도 강조했다시피, 소외도 점점 더 순수하게 사회적인 특징들을 띠게 된다. 자본가계급에 있어 소외는 그들의 경제가 순수하게 전개될수록 부단히 강화될 수밖에 없다는 것은 자명하다. 생활의 계기 전체로 확장되는, 공민적 관념론에 대한 유물론적 부르주아지의 지배가 강력하게 관철될수록 소외는 더욱더 강화될 수밖에 없다. 그러나 반대쪽에서 이루어지는 소외에 맞선 투쟁도 본질적인 변화를 겪을 수밖에 없었다. 그 변화의 내용들과 형식들도 자본주의의 경제 발전에 의해 조건지어져 있다. 마르크스는 이러한 역사적 과정을 정확하게 추적했다. 그는 본원적 축적의 잔혹한 방식들에서 자본주의 경제질서가 어떻게 발생했는지를 보여주었다. 그는 거기에서 생겨나는 정상상태의 특성을 다음과 같이 반어적으로 묘사하는 것으로 자신의 정확한 역사적 서술을 끝마친다. "일들의 통상적 진행을 위해 노동자는 '생산의 자연법칙들'에 내맡겨진 채 있을 수 있다."155) 그러나 이 정상적 발전은 착취의 형식들 속에 그리고 이에 매개된 일반적인 인간적 소외 속에, 피착취자 쪽에 다소간 의식적인 혁명적 저항력을 불러일으키기에 충분한 요소들을 포함하고 있다(그 저항력은 다 알다시피 19세기의 노동운동들에서도 나타났다). 긴 노동시간, 비인간적으로 낮은 노임이 오직 근본적인 혁명만이 출구를 보여줄 수 있는 그런 상황을 어떻게 창조하는지는 이미 청년 마르크스의 글에서 분명하게 볼 수 있다. 그 혁명이 직접 경제적으로 규정된 존재에 근본적으로 근거를 두고 있다는 것은, 그렇기 때문에 운동을 위한 방향을 보여준다. 즉, 물질적으로 어느 정도 인간다운 삶을 위한 투

---

155) Marx: *Kapital I*, p. 703.

쟁에서 어떻게 사회 전체의 총체적 변혁이 유기적으로 생장할 수 있는지를 보여주는 것이다. 지난 세기 중·후반의 혁명적 노동운동을 이데올로기적으로 규정했던 물질적·이데올로기적 근본상황이 그랬다는 것은 의심할 여지가 없다.

〔234〕 그런데 마르크스는 자본주의 경제의 경제적인, 존재상 결정적인 구성과 운동방향에서 본질적인 변화 하나를 더 확인할 수 있었다. 절대적 잉여가치 — 이것의 발생은 본원적 축적의 종결을 분석하는 데에서 설명되었는데 — 의 착취형식에서 상대적 잉여가치를 매개로 한 착취형식으로 결정적인 착취형식이 이행한 것이 그것이다. 마르크스는 상대적 잉여가치의 본질을 집약함과 동시에 그 본질을 강조하면서 다음과 같이 적고 있다. 즉, 절대적 잉여가치와는 달리 잉여가치가 높아지기 위해 노동시간이 늘어날 필요가 없고, 오히려 노동자의 자기재생산을 위해 필요한 노동은 "노임의 등가물이 적은 시간에 생산되도록 하는 방법들을 통해" 축소되어야 한다. 따라서 노동시간을 늘리는 대신 노동의 기술적 공정〔工程〕과 사회적 편성이 철저하게 개조된다. 이는 자본주의 생산의 새로운 한 시기를 낳는다. "노동에 대한 자본의 실질적 포섭이 형식적 포섭을 대체한다."[156] 이를 통해 — 물론 부르주아지의 계급적 이해관계에 부합되게 — 인간의 사회적 재생산의 사회성이 강화되는 것은 분명하다. 이와 동시에 분명해지는 것은, 자본주의적 착취에 대한 혁명적 반응의 직접성이 이로 인해 약화된다는 것이다. 착취의 과정에서 일어난 범주변화의 효과인 이러한 변화는 다양한 수정주의 운동들에도 반

---

156) *Ibid.*, p. 474.

영된다. 이 수정주의 운동들에 따라서 사회의 혁명적 변혁은 마르크스주의의 유기적 구성부분이 아니라 오히려 이질적인(베른슈타인에 따르면 한낱 블랑키주의적인, 157) 즉 공민적인) 첨가물이 된다. 낡은 경제학적 논증을 고수하면서 수정주의를 반박하려는 시도는 일종의 절충주의로 끝나고 마는데, 이 절충주의는 마르크스주의에 존재하는 혁명에 이상주의적·유토피아적이고 임의로 조작 가능하며, 따라서 실천적으로 무력한 "공민"적 성격을 부여했다.

레닌의 중요한 이론적 업적은 프롤레타리아트의, 그리고 그들이 당하는 착취와 소외의 사회적 존재를 간과하고 있는 이 그릇된 딜레마를 거부한 것이다. 하지만 그것은 아직 경제적 상황 자체의 변화에 대한 새롭고 깊이 있는 분석을 포함하지는 못했다. 나중에 제국주의 경제에서 그러한 변화를 찾아낼 생각을 했을 때 그는 대단히 올바르게도 같은 시기에 로자 룩셈부르크158) 가 그랬듯이 경제적으로 변한 상황의 가장 중요한 현상방식 중 하나를 주시했다. 그렇지만 두 사람 다 비판적인 분석에서 경제적인 근본범주들에 다다르지는 못했다. 〔235〕 로자 룩셈부르크는 프롤레타리아트의 자생적인

---

157) 옮긴이 : "블랑키주의"는 프랑스의 혁명가 루이-오귀스트 블랑키(Louis-Auguste Blanqui, 1805~1881)의 중심적 정치원리를 가리킨다. 블랑키는 소수의 음모적 활동을 통한 폭력적 권력탈취와 혁명적 독재의 필요성을 주장했다.

158) 옮긴이 : 로자 룩셈부르크(Rosa Luxemburg, 1871~1919)는 폴란드 태생의 혁명가다. 일생 동안 폴란드, 독일, 러시아 등을 무대로 혁명 활동에 매진했다. 레닌과 논쟁을 벌인 적이 있으며, 독일공산당의 전신인 스파르타쿠스단을 조직했다. 주요저서로는《자본축적론》,《사회개량이냐 혁명이냐》등이 있다.

혁명적 실천을, 정상적으로 작동하는 자본주의에서 그들이 기회주의적으로 조정되어 있는 상태와 대립시킨다. 그럼으로써 그녀는 객관적으로 혁명적인 상황이나 적어도 혁명적인 가능성을 도모하는 상황에서 주체적 요인의 자생적 · 자동적인 "필연적" 출현이라는 구상에 도달한다. 이에 비해 레닌의 분석은 더 비판적이다. 10월혁명 전야에 지노비예프[159]를 공격하면서 그는, 기존의 자본주의 체제에 대한 주체적 요인의 자생적인 격렬한 거부도 선택적 성격을 가질 수밖에 없으며, 따라서 자생적으로 심지어는 바로 반동적인 것으로 급변할 수 있다는 것을 보여준다.[160] 그의 글에서 이 정당한 비판은 자본주의에서 인간이 지닌 일반적 행위가능성에 대한 정확하고도 깊이 있는 분석과 결부되어 있다. (개별특수적 상태로 있는) 인간들의 한낱 자생적인 거부는, 비록 그것이 대중들을 사로잡는다 할지라도 결코 자본주의의 틀을 필연적 · 자생적으로 붕괴시킬 수 없다는 인식과 결부되어 있는 것이다. 《무엇을 할 것인가?》(*Was tun?*)에서 레닌은 그가 "노동조합주의"라고 부른 자생성과 사회혁명주의자들의 개인적 테러를 같은 단계에 있는 것으로 설정하는데,[161] 이러한 그의 이데올로기 비판은 순수한 자생성을 띤 현재의 행동들에

---

159) 옮긴이 : 지노비예프(Grigorii Evseevich Zinovyev, 1883~1936)는 러시아 혁명가다. 1905년 혁명 이후 레닌의 보좌관으로 활동했으나 10월혁명 준비 과정에서는 시기상조론을 내세워 무장봉기에 반대함으로써 레닌과 대립하기도 했다. 레닌 사후 스탈린, 카메네프와 함께 트로이카 지도체제를 형성하여 당의 주류가 되었지만 스탈린에게 패함으로써 1927년 당에서 제명되었다. 1936년 모스크바 재판에서 처형되었다.

160) *Lenin Werke, Bd. XXI*, 같은 곳, pp. 437~438.

161) *Ibid.*, *Bd. IV / 2*, p. 212.

대해서도 포괄적으로 유효하다. 개별특수적 인간들의 정상적 행위
방식을 특징짓는 단순한 자생성에 이렇게 머물러 있는 데에서 빠져
나오는 출로를 레닌은 역시나 올바르게도 그러한 자생성의 이데올
로기적 극복에서 찾는다. 이때 이 이데올로기적 극복은, 개별특수
성 및 그에 따른 행동적, 이론적 결과들 모두를 극복하는 것은 인간
들에게 "외부로부터" 가져와지는 의식 곧 정치적 계급의식일 수밖에
없다는 데에 근거하여 이루어진다. 그는 그렇게 생겨나는 것을 다
음과 같이 기술한다. "계급적 정치의식은 **단지 외부로부터만**, 즉 경
제투쟁의 바깥으로부터만, 노동자와 고용주 사이의 관계 영역 바깥
으로부터만 노동자에게 가져와질 수 있다. 이런 앎이 창출될 수 있
는 유일한 영역은 **모든** 계급 및 계층이 국가 및 정부와 맺는 관계들
의 영역, 전체 계급들 간의 상호관계들의 영역이다."162) 이로써 이
시대의 마르크스주의의 그릇된 "과학화"를 극복하기 위한 극히 중요
한 한 걸음이 내딛어졌다. 마르크스에게 경제는 언제나 인간 삶의
결정적(범주적) 형식들을 위한, 이것들의 역사적 발전 — 이 역사적
발전의 가장 일반적인 표현은 더 이상 침묵하지 않는 유적 성질의
그때그때의 전개로서 실질적으로 구체화되는데 — 을 위한 물질적
기반이었다. 〔236〕 그런데 그의 뒤를 이은 사람들은 인간 존재의 이
보편적 토대에서 이와는 유리된 "특수과학"을 만들어냈다. 그럼으
로써 그들이 그 부분적 연관관계들 속에서 발견할 수 있었던 것이라
고는 한낱 개별특수적 인간들이 수행하는 활동과의 관계들뿐이었
다. 그리하여 그 관계들의 가장 총체적인 종합조차도 이러한 개별

---

162) *Ibid.*, pp. 216~217.

특수성을 넘어설 수 없었다. 이러한 기반 위에서 일관된 방식으로, 인간 삶의 엄밀하게 경제적이지 않은 모든 표현만이 이처럼 인위적으로 고립된 경제의 맞은편에, 그 경제에 기계적으로 의존하는 (혹은 관념론적으로 자립화된) 상부구조로서 세워졌다. 그럼으로써 경제 자체는, 토대와 상부구조의 "특수과학적" 관계가 관념론적으로 "타당하게" 정식화되었든 기계적·유물론적으로 "합법칙적으로" 정식화되었든, 인간의 유적 성질 및 그 역사적 운동방식과의 모든 내적 결속을 상실할 수밖에 없었다. 더 이상 자생적이지 않은, "외부로부터" 가져와지는 프롤레타리아트의 계급의식에 관한 레닌의 학설은, 따라서 마르크스주의의 갱신을 위한, 존재 위에 정초된 경제의 진정한 총체성과 세계사적 역동성을 복원하기 위한 위대한 이론적 전진으로서 유일한 것이다.

마르크스를 실로 혁명적으로 당대에 불러오는 레닌의 이 과감한 구상이 지니는 단 하나의 중요한 — 그 당시에는 눈에 띄지 않았고, 그 때문에 잘못 비판된 — 약점은, 그 구상이 전적으로, 절대적으로 이데올로기의 변혁에만 집중되어 있으며, 따라서 이데올로기를 변혁 대상인 자본주의 경제를 바꾸는 쪽으로 향하게 하는 데에서는 충분히 구체적이지 않다는 점이다. 물론 이때 숨겨서는 안 될 것이 또 있는데, 우리가 바로 앞에서 거론했으며 마르크스 자신이 근본적인 것으로 여겼던 변화, 즉 노동자에 대한 착취에서 상대적 잉여가치가 지배하는 경향에 따라 생겨난 자본주의 경제의 변화에서 마르크스가 혁명운동을 위한 뚜렷한 결론을 끌어낸 적은 결코 없었다는 것이 그것이다. 163) 레닌의 경우에도 〔237〕 그가 했던 아주 중요한 구분, 곧 노동조합주의적 의식과 정치적 계급의식 사이의 구분이 자본주의의 사회적 존재에서 생긴 변화로 야기됐고 이 변화와 특별히 연관된 것인지, 아니면 발전의 모든 단계에 같은 방식으로 적용되는 것인지에 관해서는 암시조차 없다. 그렇게 그는 두 가지 태도의 ― 유의미한 ― 이데올로기적 대조에 머물러 있었던 것이다. 그러나 이것은 이후의 발전에서 치명적인 결과를 가져왔다. 스탈린과 그의 추종자들에게 이데올로기적 일반성은 얼마간 중요한 모든 문제에서 레닌적 이데올로기와 철저히 대립되었던 그들 자신의 정치적 이데올로기를 레닌적 이데올로기를 적절하게 계승·발전시킨 것으로 제시할 가능성을 제공하는 것처럼 보였기 때문이다. 이를 통해 이데올로기적 일반성은 사회주의·관료주의적으로 조작된 "공민주의"의 도구가 되었다. 마르크스가 발견했고 레닌이 구체화했던 부르주아적 이원론의 극복은 그 "공민주의"에서 사회주의적으로 형식상 통합되었으며 그럼으로써 당대의 실천을 위해서는 무력하게 되었다. 이데올로기적 일반성이 갱신되어야 한다면, 레닌이 놓쳤던 것을 만회해야만 한다. 즉, 여기에서 ― 바로 여기에서 ― 마침내 부르주아지와

---

163) 이와 연관된 마르크스의 상론(詳論)이 지닌 중요성을 거듭 언급하면서 이러한 변화는 현대 자본주의에 대한 실로 근본적인 이해를 위한 경제학적 열쇠라고 주장하거나 그러한 이해를 위한 하나의 열쇠일 뿐이라고 주장해서는 결코 안 된다. 이는 근거가 확실한 개별적 연구들을 통해서만 확증되거나 부정될 수 있는 일이다. 마르크스는 극히 중요한 이러한 분화가 자기 당대에 관철되기 시작했다고 이야기했을 뿐이다(우리가 마르크스에 대한 해석을 시도함으로써 하고 있는 일도 이것이다). 현대 자본주의의 경제적 정초에서 그러한 분화가 중요하거나 부수적인 역할을 얼마만큼이나 하는지, 그것이 과도기적 범주로서 중요한지 아니면 무시될 수 있는 것인지에 관해서는, 오늘날의 경제세계에 대한 개별적 연구들만이 결정할 수 있다. 이러한 평가들은 이 문제에서 구체적으로 입장을 취하라고 요구하지 않는다.

공민의 이원성에 대한 극복을 실현하는 경제적 기반 및 그 발전경향을 제시해야 하며, 그 가운데 무엇보다도, 더 이상 필연적으로 소외되지 않은 새로운 유적 성질로 정향된 유적 성질에 대한 순전히 개별특수적인 인간성의 지배를 실현하는 그런 경제적 기반 및 그 발전경향도 제시해야만 한다.

이 일은 그러한 경향들이 실현될 수 있고 또 실현되어야 하는 그런 구성체들의 경제에 대한 과학적으로 정확한 포괄적 지식을 전제로 하는바, 이 점은 아무리 반복해서 말해도 충분치 않다. 지금까지의 설명들은 우리로 하여금 — 이것은 필자가 최소한 희망하는 것인데 — 과학성을 어떻게 이해해야 하는지에 대해 좀더 정확하게 숙고할 수 있게 했다. 우리가 이 문제에서도 마르크스의 방법에 의거한다면, 과학과 철학 사이를 가로지르는, 그때까지 자주 세워졌던 만리장성을 허문 것이 그 방법의 가장 획기적인 성과로 보인다. 물론이것이, 궁극적으로는 공속적이지만 목표설정 및 방법에서 직접적으로 아주 상이한, 심지어는 왕왕 대립적인 것으로까지 첨예화되는 두 영역의 고유성을 기계적으로 동질화하는 시도를 의미하는 것은 결코 아니었다. 이와 달리 그것은 과학과 철학이 각자의 진정한 인식기능을 진정한 방식으로 수행하기 위해서는 상이하면서도 서로 궁극적으로 보완하는, 인류의 이론적 · 실천적인 활동이 되어야만 한다는 통찰을 뜻한다.

범주, 역사성 등에 대한
마르크스의 관점과 부르주아적 사고의 대립

이로써 우리는 범주들과 존재의 관계에서 마르크스와 부르주아적 사고의 대립이 가시화되는 지점에 또다시 오게 됐다. 우리가 누차에 걸쳐 밝혔다시피 마르크스에게 범주란 "현존재 형식, 실존규정"이다. [238] 다시 말해서 범주란 우리가 아주 일반적으로 존재라고 부르곤 하는 저 거대한 불가역적 과정의 부분이자 계기이며 그 과정을 움직이는 것이자 그 과정에 의해 움직여지는 것이다. 따라서 범주는 인간들의 직접적인 일상생활에서(아니, 우리가 보았다시피, 자신의 환경을 어떤 식으로든 지각할 수 있고 또 지각된 것에 어떤 식으로든 반응할 수 있는 모든 존재에게 있어) 행위의 객체로서, 그리고 그 활동에 실질적으로 영향을 미치는 객관적인 존재방식으로서, 때로는 부수적인 역할을, 또 때로는 지극히 중요한 역할을 하는데, 이는 우리가 이미 앞에서 밝혔다시피 존재 자체의 한 사실이다.

이때 그러한 작용이 어떻게 파악되는지, 얼마만큼이나 정확하게 파악되는지 등등이 그 결과들에서 지극히 중요할 때가 많은 것은 사실이지만, 그러나 그 작용은 어떤 경우에서든 존재적 사실로서 인정되어야만 한다.

부르주아적 사고방식은 오래전부터 다른 길들을 걷는다. [그것에 따르면] 사고규정들로서 상상된 모든 범주를 인식할 수 있게 돕도록 특별히 만들어졌거나 인간 정신에 본질적으로 내재하는 — 부르주아적 사고방식의 의미에서의 — 특정한 철학적 방법들(논리학, 인식론, 의미론 등등)이 있다. 따라서 경험과 대면하고 있는, 다시 말해 범주들 그 자체가 가시화될 수도 포착될 수도 없는 소여형식과 대면하고 있는 개별과학들은 "경험적으로", 다시 말해 범주들에 대한 고려 없이 작업을 하거나, 아니면 동시대의 철학이나 과거의 철학에서 범주들을 끌어와 그것들을 개별과학들이 수행하는 현실 파악을 종합하는 데 "적용"함으로써 "비판적으로" 작업한다. 후자의 경우, 마치 현실은 이미 인정된 특정한 범주들이 갖는 타당성의 테두리 안에서만 과학적으로 정확하게 파악될 수 있는 것처럼 보이는 현실상이 생겨난다. 물론 그럼에도 불구하고, 개별과학들과 철학을 서로 인위적으로 격리하고 실제로 상호배타적으로 대립시키는 이러한 구상에서도(이 구상의 본질에도 불구하고) 범주들의 존재적 성격의 결과들이 — 물론 단지 실천적으로만 — 관철된다. 철학들이 자주 개별과학들의 성과들과 순수 방법론적으로 의도된 내적 혁신들을 범주론의 변경을 위한 기반으로 여기고 그것들을 철학체계 속에 집어넣지 않을 수 없다는 점에서 특히 그렇다. 오늘날에도 효력을 지니는 철학적 범주규정들 중 상당 부분은 — 비록 많은 경우 존재 자체의 실재 구조, 실재 운동방식과 아무런 관계도 없을지라도 — 그러한 원천에서 유래한다고 말해도 과언은 아닐 것이다. 물론 일반적으로 개별과학들에서는 현실적 존재에 대한 감(感), 그때그때 연구되는 영역의 진정한 역동성에 대한 감이 사라진다. 외적, 형식적 구조형식들이 점점 더 발전하여 현실적인〔진정한〕현존방식들을 대체하기에 이르며, 〔239〕마찬가지로 그러한 영향하에 있지만 결정적인 문제에서는 자본주의의 조작의도에 의해 주도되는 철학은 현실적인 존재에 대한 인정과 분석에서 점점 더 멀어진다. 칸트는 아직 — 비록 인식 불가능한 것이긴 하지만 — 즉자적 존재를 인정했다. 그런데 신칸트주의에서는, 그리고 실증주의 및 신실증주의에서는 더욱더, 존재 일반을 인식 영역에서 제거하는 일에 주력한다. 과학과 철학의 존재기반을 결여한 이러한 "객관성"은 다름 아니라 인간활동을 "탈이데올로기화" 하기 위해, 다시 말해 ("정보"의 보편적 전능함을 이용하여) 단순한 조작 대상으로 바꾸기 위해 창조된 것이다.

　너무나 당연하게도, 개별과학들과 철학의 그러한 협력에서는 역사 역시 다른 분과학문들에 아무런 영향을 미치지 않는 하나의 개별과학〔특수과학〕이 될 수밖에 없었다. 역사성 자체는 보다 좁은 의미에서의 사회적 존재에, 그중에서도 비교적 발전된 단계들에만 국한된다. "선사시대의"(*prähistorisch*) 라는 표현만 하더라도 이러한 경향을 보여준다. 그것은 과거 중에서 본래적으로 역사적인 것의 영역을 한정한다. 역사성의 "시작"을 배제하는 이러한 한정에 〔역사의〕 종언에 맞추어져 있는 한정이 조응한다. 당연하게도 직접적인 존재적 차원에서는 모든 인간에게 자신들의 현재가 극복 불가능하게 주어져 있는 것으로 현상한다. 이러한 표상이 단지 현재의 직접성에만 머물러 있는 것인 한, 그것이 반드시 현실을 간과하란 법은 없다. 아니, 그것은 미래에 대해 억지로 꾸며낸 구체적 언명들에 대한 비판적 판단포기로서 왕왕 인식상 유용하게 될 수도 있다. 그러나 현재를 변화 불가능한 소여로 경화시키면, 역사성은 단지 과거에 한정될 수밖에 없으며 현재는 그 본질에 있어 더 이상 발전하지 않는 것으로 파악될 수밖에 없다. 이미 1847년에 마르크스는, 봉건제가 자본주의로 바뀌는 것을 역사적으로 추적하고자 했지만 그것을 넘어서 역사적 발전을 위한 여지는 보지 않았던 프루동에 맞서 다음과 같이 적었다. "그러므로 어떤 역사가 있었다. 하지만 더 이상 역사는 없다."[164] 여기에는 물론 무엇보다 이데올로기적인 이유가 있다. 즉, 계급적 이데올로그들은 모두 다 자신들에게 모든 문제가 해결된 것으로 보이는 사회상태를 "역사의 종언"으로 파악하려는 성향을 지니고 있다. 그 추상적인 원리에 있어 보수적 · 낭만주의적인 이데올로기와 진보에 열광하는 이데올로기는 그렇기 때문에 이러한 방법론적 해결시도에서 서로 만날 수 있다. 그러므로 이른바 역사철학자들 중 압도적 다수가 〔240〕 자신들이 행한 고찰의 대미를 "역사의 종언"을 통해 사상적으로 장식하려 하는 것은 확실히 우연이 아니다(우리 시대에는 슈펭글러165)에서 겔렌166)까지 이르는 아주 다양한 사상적 구성물들에서 이것을 볼 수 있다).

그런데 역사가 다른 수많은 개별과학 가운데 하나로 전락하는 것은 훨씬 더 광범위하게 영향을 미치는 결과를 가진다. 역사적인 것의 전체 범위만 인위적으로 제한되는 것이 아니다. 각각의 역사적 단계의 존재적 총체성 또한 그렇게 제한된 여러 개별과학 사이에서 "전문영역에 따라" 분할될 수밖에 없다. 다시 말해, 사회 · 역사적인 것의 실존하는 총체성은 모든 면에서 정확하게 분리된 "전공영역"으로 쪼개질 수밖에 없는 것이다. 167) 그리하여 현실에 접근하는 데 있

---

164) Marx: *Elend der Philosophie*, 같은 곳, p. 104.
165) 옮긴이: 슈펭글러(Oswald Spengler, 1880~1936)는 독일의 역사가, 문화철학자이다. 《서구의 몰락》(제 1권 1918년, 제 2권 1922년)으로 유명하다.
166) 옮긴이: 아르놀트 겔렌(Arnold Gehlen, 1904~1976)은 독일의 사회심리학자, 철학자이다. 철학적 인간학의 대표자로 손꼽힌다. 《인간: 그 본성과 세계에서의 위치》, 《인간학적 탐구》 등이 우리말로 소개되어 있다.
167) 이러한 말들이 결코 전문적 연구에 반대해서 하는 말이 아니라는 것을 분명히 강조해 두도록 하자. 전문적 연구는 물론 모든 과학의 현실적, 실질적 진보를 위해 필수불가결하다. 그런데 전문적 연구 그 자체는 결코 대학(아카데미)에서나 그밖에 관습적으로 재단(裁斷)된 특수분야로의 방법론적 한

어 보편적인 관점인 역사성은 과학에 대한 영향력을 점점 더 상실했다. "전문적 분화"의 요구, 그러한 분화에 따라 한정된 "정밀성"의 요구 따위로 인해 개별과학들은 점점 더, 전체과정의 부분계기들마저도 존재에 부합되게 올바로 파악할 수 없게 되었다. 그런데 그렇게 생겨나는, 전공영역밖에 모르는 행태(가짜 문제들을 "정밀하게" 다루기)는, 개별과학들이 보편적인 자본주의적 조작에 포섭되는 것을 용이하게 하고 촉진한다. 그렇기 때문에 이러한 경향은 공식적·아카데미적인 과학적 실천에서도 지배적이게 되었다.

이에 반해 마르크스적 의미에서의 역사성이란 존재에 대한, 물론 특히 사회적 존재에 대한 모든 과학적 처리를 파악할 자격이 있는, 뿐만 아니라 무엇보다 인간들의 활동에 적절히 영향을 미치고 그것을 조종할 자격이 있는 하나의 보편적 원리다. 이 역사성의 근저에는 다음과 같은 통찰이, 즉 한편으로 모든 것은 — 물질적·"사물적"으로 주어진 것도 — 그 참된 존재에 따라서 보면 복합체들의 불가역적 과정이며, 다른 한편으로 그러한 과정들은 다른 과정들과 "정확히" 나눌 수 있는 고립된 존재를 결코 소유할 수 없다는 통찰이, 그리고 그것들 사이에는 늘 내포적이거나 외연적인, 보다 강력하거나 보다 약한 상호영향관계가 있어서 그 존재의 진정한 성질은 그것들이 존재적으로 종합되는 전체과정들과의 연관 속에서만, 진행과정

정을 수반하지 않는다. 마르크스의 모든 저작을 채우고 있는 전문적 연구나, 편지 따위에서 표명되고 있는 그의 방법론적 발언들이 보여주고 있는 것은, 문제는 작업방식, 즉 대상들에 대한 접근방식이지, 형식적인 주제연구, 즉 부르주아적인 (그리고 종종 마르크스주의적이라 자칭하는) 연구들의 방법을 전반적으로 규정하고 있는 그런 주제연구가 아니라는 것이다.

중에 있는 총체성으로서의 전체 사회 속에서만 보다 적절한 방식으로 파악될 수 있다는 통찰이 놓여 있다. 〔241〕 여기에서 또다시 강조해 둘 것은, 마르크스에게 총체성이란 항상 총체성들로 구성된 총체성(*eine Totalität aus Totalitäten*)이라는 점이다. 우리가 충분히 근거 있는 인식적 이유들 때문에 보다 포괄적인 총체성들에 대한 탐구를 의식적으로 포기하고 그 총체성들 가운데 어떤 특정 의미의 한 총체성에 멈춰 서 있을 때가 자주 있는데, 총체성은 총체성들로 구성된 총체성이기 때문에 그렇게 멈춰 서 있는 것(이는 많은 경우 인식상 불가피한 일인데)은 모두 다 어디까지나 상대적인 것일 수밖에 없다. 예컨대 사회적 존재의 발전은 고유한 동역학에 따라 이루어져왔으며, 그래서 그것은 인류의 진정한 총체성을 향한 운동으로서 파악될 수 있을 뿐이다. 우주적 연관관계, 즉 우리 행성의 운명이 인간 유의 운명에 미치는 영향이 (태양계의 운명이 우리 행성의 운명에 미치는 영향과 마찬가지로) 여기에 존재적으로 결부되어 작용하고 있지만, 그러나 그 영향이 실질적 효력을 발하기까지에는 엄청난 시간간격이 있기 때문에 인간 유를 이론적으로 다룰 때 그와 같은 영향은 구체적으로 무시해도 별 탈이 없다.

역사성 · 실천 · 사후적 인식

그렇게 생성되었고 또 지금 생성 중에 있는 인간 유의 존재과정에 있어서 통일적이자 동시에 이원적으로 ― 작용하고 있는 총체성으로서 ― 분리된 두 개의 범주가 결정적인 역할을 한다. 〈포이어바흐-테제〉에서 마르크스는, 이 문제를 추상화를 통해 파악된 인간적 본질의 문제로 철학적으로 해독(解讀)하고자 했던 포이어바흐를 비판하면서 다음과 같이 말한다. "그러나 인간의 본질은 각각의 개체 속에 내재하는 추상물이 아니다. 인간의 본질은 그 현실에 있어서 사회적 관계들의 앙상블이다."168) 이 앙상블의 기초는 일차적인 존재성에 있어 경제적 과정 자체이다. 노동에서 발생하는 이 경제적 과정은 그렇게 생겨나는 사회적 존재의 핵심적 존재규정으로서, 모든 발전노선을 일차적으로 규정한다. 그렇게 산출된 각 경제구성체는 다름 아니라 그때그때의 사회적 관계들의 앙상블로서, 그 경제적 성질과 분리될 수 없다. 뿐만 아니라 그것은 바로 그 경제적 성질의 구현체로서, 사회적 관계들의 실재적인 앙상블로서, 인간의 더 이상 침묵하지 않는 유적 성질이라는 인간적 본질의 형태이자 그것의 더 이상 추상되지 않은 존재이기도 하다. 앞에서 우리가 아직 의식적인 것이라고 할 수 없는 수준에 범주적 관계들과 과정들이 가하는 본원적 작용이라고 넌지시 이야기했던 것이 여기에서 그 최고의 존재형식 속에서, 즉 가장 발전한 의식을 작동시키고 그 의식에 가장 구체적인 내실을 부여하는 존재형식 속에서 나타난다. 인간 유의 발전, 객관적인 과정으로

---

168) *MEGA I／5*, p. 535.〔《경제학-철학 수고》, 186쪽〕

서의 그 역사는 그 이중성 속에서 모든 활동의 유발자이자 동시에 객체가 되는 이러한 이원적·통일적인 토대와 이중적으로 연관된 가운데 진행된다.〔242〕따라서 그렇게 행위하는 인간들의 의식 속에서 생겨나는 범주적 관계들은 역동적·동시적으로 실상(實相)의 원인이자 결과이다. 다시 말해, 인간들 자신의 인간적 활동들의 세계가 바로 그렇게 변화되는 것의 원인이자 결과이다. 따라서 마르크스가 실천을 모든 사회적 존재와 생성의 실재적 기초로 볼 때 그는 모든 인간적·사회적인 실존의 극복 불가능하게 주어진 존재상황에서 사상적 결론들을 도출하고 있는 것일 따름이다. 그는 포이어바흐에 대한 비판적 테제에서 "모든 사회적 삶은 본질적으로 실천적"이라고 말한다. 그런데 그는 이 실천은 이러한 존재의 모든 역동성의 원동력일 뿐만 아니라 동시에 그 존재에 대한 진정하고 올바른 사상적 파악가능성의 열쇠이기도 하다는 말을 덧붙이기를 잊지 않는다. "이론을 신비주의로 이끌어가는 모든 신비는, 인간의 실천에서 그리고 이 실천에 대한 개념적 파악에서 그 합리적인 해결책을 찾는다."[169]

모든 존재의, 또 그렇기 때문에 이에 대한 모든 올바른 의식의 토대로서의 역사성에 대한 마르크스의 테제를 우리는 누차에 걸쳐 획기적인 것이라고, 원리적으로 새로운 것을 창조하는 것이라고 밝혔다. 이 마르크스의 테제는 모든 존재자의 근원적 대상성의 필연적 결과인 범주들의 존재 부합성 및 실천(곧, 사회적 존재의 본원적 기반인 선택적 결정들에 토대를 둔 목적론적 정립들)과 불가분하게 공속적인 것으로서 이해될 때야 비로소 그 구체적인 형태를 얻는다. 역사성의 이 최고도로

---

169) *Ibid.*〔《경제학-철학 수고》, 189쪽〕

전개된 구체적·범주적인 형식은 회고적 인식을 위해 보다 단순한 선행 존재형식들의 불가역적(역사적) 운동에도 빛을 비춘다. 마르크스는 부르주아 사회 및 그 선행자들과 관련하여 이러한 "사후적"(事後的, post festum) 인식가능성을 상세히 논하는데, 이러한 상론(詳論)들에서 그는 그러한 인식방식은 필연적으로 모든 존재방식과 관련된 일반적 타당성을 가진다는 것을 명백히 암시하고 있다. 그는 다음과 같이 말한다. "부르주아 사회는 가장 발전되고 가장 다양한 역사적 생산조직이다. 따라서 그 사회가 지닌 관계들을 표현하는 범주들, 그 사회의 편성에 대한 이해는 모든 몰락한 사회형식들의 편성과 생산관계들에 대한 통찰을 동시에 보장한다. 부르주아 사회는 이 몰락한 사회형식들의 잔해와 요소들로 구축(構築)되며, 또 부르주아 사회 안에서 그 사회형식들 중 일부 아직 극복되지 않은 잔재들은 계속 존속하고, 단순한 암시들은 완성된 의미들로 발전되었다. 인간의 해부에는 원숭이의 해부를 위한 하나의 열쇠가 있다. 이에 반해 하급 동물종에서 보이는 보다 고차적인 것들에 관한 암시는, 고차적인 것 자체가 이미 알려져 있을 때에만 이해될 수 있다."170) 〔243〕 이로써 지금까지의 역사진행에 대한 인식을 위한 방법이 일반적으로 주어져 있다. 그것은 엄격하게 과학적인 방법으로서, 실재 과정들은 인과적 성격을 지닌다는 것, 또 이 영역에서는 ─ 그 실재적 연속들이 물론 마찬가지로 인과적 성격을 지니는 인간 실천의 목적론적 정립은 당연히 제외하고 ─ 객관적인 목적론도, 초월성(여하한 성질의 것이든)에서 생겨나는 힘들도 어불성설이라는 것을 존재론적 토대로 삼고 있다. 모든 존

---

170) *Rohentwurf*, pp. 25~26. 〔《정치경제학 비판 요강 I》, 76쪽〕

재를 구성하는 전체과정들에서 인과적 원리의 예외 없는 지배는 사후적 인식(*eine Post-festum-Erkenntnis*) 외에 다른 것은 허용하지 않는다. 즉, 진행된 과정들을 뒤돌아보는, 따라서 과정들의 이미 파기할 수 없는 사실적 결과들에 입각한 과학적·역사적인 취급만을 허용하는 것이다. 이렇게 존재과정 전체의 역사성의 결과로 이러한 탐구의 정확한 과학성에 대한 방법론적 요구가 생겨난다.

실천과 의식의 관계 및 그 역사

그렇기 때문에 이것은 또한 마르크스주의의 엄격한 과학성의 방법론적 토대이기도 하다. 이러한 과학성은 철학적 고찰방식으로 이행할 수 있고 또 이행해야만 하는데, 이 점은 무엇보다도 범주들의 존재적 객관성에서 비롯되는 일이다. 과학과 철학의 분리, 심지어 배타적인 대립은 여기에서 가정된 이원성, 즉 "관념적인" 범주들과 이들에 의해 — 실제로 혹은 명목상으로 — 조형(造形)된 존재 간의 이원성에서 생긴다. 그것이 분명한 의식을 통해서 이루어지든 혼란스러운 허위의식을 통해서 이루어지든 간에 말이다. 이러한 입장에서 보자면, 범주들을 파기될 수 없는 그 근원적 대상성 속에서 파악하는 것이 아니라 그 인식의 직접적인 현상방식을 무비판적으로 따르면서 곧바로 사고의 산물로 여기는 견해들이, 이러한 직접성을 어떤 초월적 힘의 선물로 간주하는가 아니면 (다른 것에서 도출될 수 없는) 인간 의식에 필연적으로 귀속되는 정신적 역능(*Potenz*)으로 간주하는가 하는 것은 방법론적 결과들에 있어서는 이러나저러나 아무 상관도 없는 일이다. 왜냐하면, 두 경우에 있어 대상들 및 그 대상적 관계들의 범주적 성질이 의식 속에서 생겨나는 것은, 직접적인 사고행위를 물질적 현실과는 이질적으로 마주해 있는 "정신적" 역능으로 여기는 데에서 비롯되는 일이기 때문이다. 이렇게 되면 이제 그 "정신적" 역능은 직접 자체적으로 대상들의 범주적 규정들의 윤곽을 그려야 한다.

여기에서 우리가 대면하고 있는 것은 마르크스가 숙고했던 "인간 조건"(conditio humana)의 두 측면이다. 한 측면 곧 존재의 측면에는 활동, 즉 인간들을 인간들로 만드는 것이자 그들의 통합된 실천의 내적 변증법에서 〔244〕인간세계가 생겨나게 하는 것으로서의 실천이 있고, 다른 한 측면에는 그러한 실천의 객체들(사회적 실천에 의해 이미 가공된 대상성들로 있거나 아직 건드려지지 않은 자연적 사실들의 대상성들로 있는)의, 사회적으로 매개된 채 그때그때 주어져 있는 대상성들이 있다. 실천 곧 인간적 활동은 두 "세계"의 상호작용 속에서 완성된다. 환경에 대한 새로운 능동적 적응의 필수불가결한 전제조건으로서 언제나 상대적인 의식성은 실천에서 발원한다. 의식이란 그 존재적 발생에 따라서 보자면 이 새로운 존재과정의 필수불가결한 정초적 계기에 다름 아니다. 따라서 이러한 의식성이 오랜 시간 동안 자기 자신에 대해 어떠한 의식성도 갖지 않았다는 사실로 놀라서는 안 된다. 그와 같은 의식성은 대개 비교적 발전된 단계에서만 발생하고 작동할 수 있었다. 보다 정확히 말하면, 노동의 발전과 더불어, 그리고 분업의 발생, 실천의 매개 가능한 방식들 — 이는 한 사회적 집단에서 노동의 발전을 실제로 가능하게 만들었던 것인데 — 의 발생과 더불어, 자연히 이 의식성의 범위는 점점 더 확장되며 또 엄격한 의미의 노동에만 매여 있던 상태에서 점점 더 벗어나는데, 물론 그렇다고 해서 그렇게 생겨나는 실천의 목적론적 정립들에서 노동과의 연관을 약화시키려 하지는 않으며 또 약화시킬 수도 없다.

　그러한 의식성의 내실은 그것의 발생 속에 있는데, 물론 이때는 고유한 행위에 대한 의식성은 없다. 그 의식성의 내실은 무엇보다 고유한 실천의 객체가 지닌 범주적 성질로, 즉 능동적 적응에 필수적인 대상들과 과정들의 범주적 성질로 지향되어 있다. 이미 생물학적인 (수동적) 적응과정에서 필수적이었던 그 적응방식들이 여기에서도 ― 현존재의 규정으로서의 범주의 성격으로 인해 ― 계속되는데, 물론 비교할 수 없을 정도로 더 발전되어가는 가운데 계속된다. 여기에서 이루어졌던 도약은 사실들 자체를 통해 정확하게 증명될 수 있다. 즉, 대상들, 그 결합들, 그 과정들 등등으로의 자생적 정향(定向), 생물학적 생명력을 위해 중요한 것들에의 자생적 적응은, 주·객체 양 측면에서 목적론적 정립으로, 그 목적론적 정립의 실천적 전제조건들로의 다소간 의식적인 선행적 정향으로 변전하는데, 바로 이것이 도약이다. 이때, 제대로 작동하는 실천의 전제조건으로서 범주들로의 정향이 강화된다는 것은 이미 언어의 성질에서 아주 분명하게 추론할 수 있다. 언어는 잘 작동하는 노동의 필수조건에 속하며, 또 그렇기 때문에 인간이 인간으로서 동물영역에서 빠져나오는 모든 곳에서 생겨난다. 개별 언어들이 서로 아무리 다르게 발전했다 하더라도, 동물의 신호교환에 비해 도약인 그것들에 공통적인 것이 하나 있다. 〔245〕 즉, 그것들의 요소들 곧 단어들은 동물세계가 수동적인 적응을 하면서 서로 소통할 때 사용하는 저 정식화되지 않은, 정식화할 수 없는 신호와는 달리, 무엇보다 어떤 위험의 구체적인 지금·여기에 묶여 있지 않다. 오히려 그것들은 그러한 위험이 그 당시 전반적으로 인식될 수 있었던 한, 위험 대상들의, 언제나 이미 일반적인 것으로서 생각된 유적 성질을 표현한다. 즉, 자연발생적으로 그것들은 그것들이 반응하는 사실들에서 맨 먼저 직접적으로 지각될 수 있는, 그 사실들의 범주적 본질로 정향되어 있다. 그렇기 때문에 단어들 일반에서는 오직 유만이, 범주적인 것으로의 경향만이 언어적으로 직접 표현될 수 있다. 가장 원시적인 언어에서도 이미 그러한데, 언어의 발전은 이미 "선사" 시대에도 범주적·유적인 것으로의 이러한 경향을, 다시 말해 단어들의 이러한 추상적 성질을 더 강화시키는 방향으로 진행된다. 그런데 도약을 올바르게 보기 위해서, 다시 말해 도약을 "기적"으로, "무"(無)에서 "유"(有)로의 도약으로 보지 않기 위해서 말해 두어야 할 것이 있는데, 동물의 신호-"언어"도 단지 개별적인 것만 표현하는 것이 아니라 유적인 것도 늘 표현한다는 것이 그것이다. 도약을 통해 생겨난 보다 고차적인 추상화는, 그렇게 생겨나는 대상 및 과정과 관련된 신호들을 통일적인 표현복합체로 종합하고, 개별 신호들을 대략적인 "표상" 수준에서 개념에 근접한 수준으로 끌어올리는 일을 — 물론 최초로 — 가능하게 만든다. 실천의 개인적 형식들과 더불어, 또한 이를 인간의 공동생활 속에서 표현하려는 욕구와 더불어 이미 개체성들이 개별적인 것들로부터 생겨나는 사회의 보다 높은 발전단계들에서는 언어의 이러한 추상성이 자주 의식되며 심지어는 언어 비판의 대상이 될 수도 있다. 우리는 이와 관련하여 쉴러171)의 경구시 〈언어〉("*Die Sprache*")만 보도록 하자. 거기에는 다음과 같이 적혀 있다.

---

171) 옮긴이 : 쉴러(Friedrich von Schiller, 1759~1805)는 괴테와 함께 독일문학의 고전주의를 일군 극작가이자 시인이다. 《빌헬름 텔》, 《군도》(群盜), 《간계와 사랑》 등의 작품을 남겼다.

"왜 생생한 정신은 정신에게 나타날 수 없을까?

영혼이 **말을 하면**, 아! 이미

　　　더 이상 **영혼은** 말하지 않는다네."

　근대에 결코 홀로 외롭게 있지 않는 이 발언을, 실천에 의해 강요된 언어의 필연적인 추상성 (유와의 연관성) 에 대한, 비록 역사적으로 많이 그릇된 반응이긴 하지만 정서적으로 솔직한 반응으로서만 인용해 둔다. 그도 그럴 것이, 따로 고찰된 언어만이 아니라 바로 인간 실천의 총체성이 다음과 같은 것 (이는 쉴러도 자기 자신의 활동으로부터 알 수밖에 없었던 것인데) 을, 즉 문학적 언어표현에서는 처음부터 삶의 구체성에 더 가까이 가려는 경향이 추구되었는데, 물론 그렇다고 해서 유적 성질의 표현을 포기할 필요도 포기할 수도 없었다는 것을, 그리고 문학의 이러한 발전은 매개물로서의 특수성 (*Besonderheit*) 을 향한 특유의 지향을 낳았다는 것을 보여준다.

　〔246〕 이 문제는 내가 쓴 미학 관련 글들에서 상세하게 다루었기 때문에 여기에서는 이 정도만 말해도 될 것이다. 인간들의 일상생활을, 언어뿐만 아니라 점차 과학도 생겨 나오는 인간들의 의식적인 준비 및 실행과 결합하는 것은 실천이다. 그런데 존재의 범주적 성질로 향한 인간들의 불가피한 정향을 철학 쪽으로 밀고 나감과 동시에 통제하는 것도 마찬가지로 실천이다. 과학과 철학이 그 직접적인 인식대상의 측면에서 아무리 다르더라도, 따라서 양자가 서로 몹시 비판적으로, 심지어는 대립적으로 대치해 있을 수 있다 하더라도, 양자는 궁극적으로 하나의 공통된 인식목표를 지닌다. 점점 더 고차적으로 되는, 점점 더 사회적으로 되는 사회성의 맥락에서 실천의 길들을

구명(究明)하는 것, 다시 말해 인간활동의 방향을 점점 더 명확하게 총체성들의 범주적 성질 쪽으로, 존재의 총체성의 범주적 성질 쪽으로 향하게 하는 것이 그것이다. 여기에서 — 보통 — 과학은 직접적인 존재소여에서 범주적 일반화로 가는 길을 추구하며, 철학은 — 마찬가지로 대다수의 경우에 — 범주들에서 출발하여 그때그때의 존재(그리고 그 발전방향)에 대한 개념적 파악으로 가는 길을 추구한다. 이러한 점이 사실 구체적인 경우들에서는 논쟁을 낳을 수 있지만, 실천 및 그 객체들의 의식화를 향한 두 경향의 본질적인 내적 공속성, 지속적인 상호의존성을 은폐해서는 안 된다. 이때 선험적 우월성 같은 것은 없다. 있는 것은 상호교정인데, 이 교정에서 때로는 과학이, 때로는 철학이 올바른 것으로의 경향을 대표한다. 앞에서 과학발전이 철학의 편견들을 어떻게 교정할 수 있는지 이미 지적했기 때문에 여기에서는 17~18세기에 있었던 이러한 관계에 대한 엥겔스의 정확한 진술을 인용해 둔다. "철학이 동시대의 자연인식의 제한된 상태에 의해 현혹되지 않았다는 점, 그리고 철학이 — 스피노자(B. Spinoza)에서 위대한 프랑스 유물론자들에 이르기까지 — 세계를 스스로 해명하기를 고집했으며 정당성의 세세한 증명은 미래의 자연과학에 맡겼다는 점이 그 당시 철학에게 최고로 명예로운 일이다."[172]

마르크스는 과학과 철학 양자를 존재와 범주들과 실천과 인식의 필연적인 과정적 공속성으로, 그것들을 공통적으로 정초하고 있는 일반적인 역사성으로 소급해 다루었다. 그럼으로써 그는 그와 같이 객관적으로 필연적이지만 지금까지는 결코 실현된 적이 없었던 양자의 협력

---

172) *Anti-Dühring*, *MEGA*, p. 486.

관계를, 그와 같은 힘들의 복합체를, 모든 실천과 이를 안내하고 촉진하는 인식의 방법론의 중심에 놓았다. 바로 이 점이 마르크스의 위대한 방법론적 업적이다. 〔247〕 이리하여 — 일반적 역사성의 토대 위에서, 범주 및 이를 파악하는 기관으로서의 실천의 존재 부합성에 근거하여 — 과학과 철학의 해묵은 대립은 극복된다. 존재해 있는 인간 환경을 실천에 근거하여, 그 실천이 주·객관적으로 의식되는 데 근거하여 사상적으로 정복(지배) 하는 데 있어서, 존재를 그 범주적 성질과 아무런 이행단계도 없이 분리시킬 수 있을 장벽이란 객관적으로 존재하지 않는다. 인식은 현상들의 직접적인 소여에서 그것에 대한 범주적 파악으로, 또는 후자에서 전자로 진행될 수 있을 터인데, 한편에서는 동일한 존재과정이며, 다른 한편에서는 — 궁극적으로, 물론 단지 궁극적으로만 — 통일적인 인간적 실천이 언제나 문제이다. 인간의 이 실천은 그 모든 분화에도 불구하고 — 바로 그 존재성에서 — 통일적인 존재의 본질적 존재규정들을 드러낼 수 있는 능력을 역사적으로 점점 더 많이 갖추게 된다. 인간의 실천 및 이로부터 생겨나는 존재인식의 토대로서의 존재의 (그 모든 규정의) 이 불가역적 과정성이 언젠가 인류에게 의식되었을 때, 역사의 발전이 진행되는 와중에 과학과 철학 사이에 세워졌던 모든 만리장성은 허물어질 수밖에 없을 것이다(그렇다고 해서 양자의 구별을 없애려고 하는 것은 아니다).

이러한 통찰은 물론 장구한 전사(前史) 가 있다. 이 전사의 인식 또한 우리에게는 이미 친숙한 인간활동의 특성, 즉 "그들은 그것을 모르지만 행한다"고 하는 그 특성을 전제로 한다. 인간의 실천이 그 구체적·실재적인 목표정립 및 수행방식에서 의식적인 것은 사실이다. 석기시대의 인간이 손도끼를 만들려고 할 때 그는 손도끼의 기능, 가능한 형태, 돌을 가는 특정 방법 따위를 의식하고 있어야만 한다. 이 것이 바로 생물학적으로 결정된 존재영역에서 사회성의 존재영역 속으로 들어가는 도약이다. 그러나 이로부터, 그와 같은 실천에 필수적인 의식성이 그 발전단계의 인간에게 의식성으로서 의식되어만 한다는 결론이 나오는 것은 결코 아니다. 올바로 이루어지기 위해서, 경우에 따라서는 실천적으로 확장될 수 있기 위해서 정말이지 실천적으로 의식적인 성격을 지닐 수밖에 없는 구체적인 노동경험들은, 단지 실천 자체의 구체적인 과정과 관련해서만 이러한 의식성을 지닐 뿐이지, 노동경험들이 실상 그것의 구체적·실천적인 현상방식인 그 의식의 발생 및 성질과 관련해서는 그러한 의식성을 갖지 않는다.

나날이 수행되어야만 하고 또 실제로 수행된, 인간들의 삶을 특징 짓는 기능이었던 것에 대한 이러한 무지(無知)는, 발전의 초기단계에서는 결코 하나의 고립된 사실이 아니었다. 〔248〕 실은 반대였다. 그 당시의 실천에서는 항상 주·객관적으로 아주 좁은 삶의 영역이 문제였다. 이 삶의 영역이 고유한 직접적 활동과 직접적이긴 마찬가지인 그 상황 속에서 모종의 의식성을 소유할 수 있었던 것은 사실이다. 하지만 그 삶의 영역은 광대무변해 보이는 환경에 포함되어 있었다. 이 환경의 성질에 대한 여하한 올바른 인식도 이 단계에서는 생겨날 수 없었으며, 인간은 기껏해야 유비(類比)의 사유수단을 통해서만 가까스로 이 환경을 극복할 수 있었다. 유비적 사고가, 노동 영역과 긴밀히 또는 느슨하게 연관되었던, 인간에 의해 지배된 삶의 영역에서도 역시나 적지 않은 역할을 한다는 것은 의심할 여지가 없다. 그러나 그것은 여기 구체적 실천의 테두리 안에서 그 실천의 결과에 의해 부단히 비판적으로 교정되었으며, 그리하여 점차적으로 — 그 자체가 무조건 의식적이지는 않은 — 인과적 인식 쪽으로 계속 발전되어 나갔다.

하지만 그런 식으로 지배할 수 없는 존재의 무한정한 영역이 문제였던 곳에서는, 유비의 그와 같은 통제가 불가피하게 결여될 수밖에 없었던 곳에서는, 상황이 전혀 다를 수밖에 없었다. 여기에서는 이러한 발전의 아주 복잡한 문제들을 다룰 수는 없고 다만 다음과 같은 점만 말할 수 있다. 즉, 지배되지 않은, 또 그렇기 때문에 구체적인 실천에서 획득된 인식을 통해서 지배할 수 없는 이 막대한 삶의 영역에는 노동, 언어, 사회성 등등을 통해 이전의 동물존재의 침묵하는 유적 성질로부터 인간 자신을 — 객관적으로 — 끄집어냈던 모든 것도 속했다. 노동, 분업 등에서 사용되었으며 거기에서, 오로지 거기에서만 시험되면서 작동하고 있는, 그밖에 직접적인 노동경험 바깥에서는 극히 제한적인 고유한 의식성, 고유한 사고능력의 현존재와 작동양식도 역시나, 아니 더욱더 현저하게, 이 지배되지 않은, 그렇기 때문에 또한 사상적으로 지배할 수 없는 세계에 속했다는 것은 따라서 전혀 놀랄 일이 아니다.

그 압도적 다수가 바로 직접적인 실천에서 이루어졌던 노동경험들의 직접성은 전통, 경험 많은 노인의 권위 등등의 지배를 위한 모티프와 결합되어 있었다. 그 모티프는 또한 노동경험들이 많은 경우 아주 긴 시간에 걸쳐 고착되었지만 실천적 행동으로서 그것들의 발생 자체는 망각될 수 있었던 데에 본질적으로 기여했다. 이러한 사실만으로도 발전 초기의 소외방식들을 아주 광범위하게 특징짓고 있는 것이 가능하게 된다. 즉, 초기의 인간들은 의심할 여지없이 자신들의 실천을 통해 이루었던 그들 자신의 환경에 대한 실천적 처리의 특정한 형식들을 이제는 어떤 식으로든 상상된 피안의 선물로 여기곤 하게 됐다(〔249〕 우리는 이미 다른 맥락에서 불의 지배와 같은 아주 중요한 문제에 주의를 환기시킨 바 있다. 그런데 한참 뒤에 생겨난 신화들도 어떻게 노동의 특정형식들이 인간에게 주어진 "신의 선물"로서 생겨났는지를 이야기하고 있다). 자신의 실천에 대한 그러한 입장에서는 인간들이 노동의 목적론적 정립들 속에서 스스로를 자연으로부터 끄집어내고 그렇게 새로이 생겨나는 사회적 존재의 구성부분으로 만드는 인간들 자신의 의식성을 생물학적으로 결정된 자연과는 대립적인 입장으로 지각할 수 있지만 이 대립성을 초월적인 힘들의 어떤 작용으로 여기는 일이 벌어져도 더 이상 놀랍지 않다. 발전의 초기단계에 있는(그리고 그 이후에도 오랫동안) 인간들은 그들 자신의 사회적 존재를 그 발생, 그 역사성의 측면에서는 상상도 할 수 없었다. 다시 말해, 그들은 자신들의 실천 및 이로부터 생겨나는 의식을 그들 자신의 세계상의 토대로 만들 수 없었다. 그래서 인간소외의 최초의 중요형식이 발생할 수밖에 없었다. 인간들이 그들 자신의 존재의 발생, 본질, 기능을 초월적 힘들에게 양도하는 일이 벌어진 것이다. 인간들이 처음에는 아주 단순하게, 이후에는 정신적으로 점점 더 세련되게, 그들 자신의 현존재로부터 유추해서 구성한 성질을 지닌 그런 초월적 힘들에게 말이다. 초월적 힘에 의해 창조된 세계와 그 세계 속에서 그 힘에 의해 창조된 인간 자신이라는 소외방식은 인간의 목적론적 노동에서 발생했다. 173) 여기에서 우리는 문제를 세세하게 다룰 수 없다. 우리는 분명 너무 일반적으로 이러한 기본

---

173) 예컨대 《구약》의 〈창세기〉에서 이러한 유비(類比)는 아주 심한데, 천지창조 이후 전능한 하느님에게 유비를 통해 심지어 안식일이 주어졌을 정도다.

적인 특성을 기술하는 데 만족할 수밖에 없다.

인간 실천의 발전은 이미 비교적 일찍이, 종교적 소외의 이러한 초기 형식에 대한 비판적 고찰들을 낳았다. 그러나 이러한 고찰들은 르네상스 및 그 이데올로기적 후속물에서야 비로소 지배적 일반성을 획득할 수 있었다. 세계에 대한 사고에 있어 소외의 이러한 근원형식을 (인간에 대한 관점, 인간 실천에 대한 관점, 인간의 유적 성질에 관한 관점 등등과 관련된 그 모든 결과와 함께) 보다 진보적이고 시대에 걸맞은 방식으로, 그러나 여전히 소외상태에 있는 방식으로 교체하는 경향은 데카르트의 "나는 생각한다. 그러므로 나는 존재한다"(*cogito ergo sum*) 와 더불어 시작된다. 우리가 알다시피 사회적 계기들이 상대적으로 지배적인 방식으로, "자연적인 것"의 잔재들을 점점 더 뒤로 밀어내는 방식으로 효력을 발휘하는 최초의 구성체인 자본주의의 발생은 이러한 사상적 변혁과 역사적으로 일치하는데, 이것이 우연이 아니라는 점에는 의문의 여지가 없다. 〔250〕 우리의 현재 입장에서 말하자면, 신학이 인식론으로 교체된다고 말할 수도 있을 것이다. 다시 말해, 현실의 범주적 구성을 어떤 초월적인 완전한 존재의 창조신학으로(혹은 상대적으로 보다 완전한 몇몇 존재로) 소급시키는 대신, 창조되지 않은 것으로서, 불변의 영원한 것으로서 표상된 세계에, 마찬가지로 발생사는 빠진 채 표상된 사고가 맞세워진다. 따라서 세계의 객관적 운명을 초월적 존재의 의지와 대비하는 대신, 철학의 문제설정은 점점 더 다음과 물음으로, 즉 사고는 어떤 수단을 가지고 어떤 자기조정을 통해 세계를 정확하고 철저하며 그 세계에 적합한 방식으로 지배할 수 있는가 하는 물음으로 집중된다. 물론 바로 이 시기에 관념론과 유물론이 대대적인 투쟁을 전개한다. 현실을 구성하고 조직하는 범주들을 존재 자체에 그 토대가 있고 사고에서 인식된 것으로 생각하는지, 아니면 사고에 의해 현실에 각인된 것으로 생각하는지는 물론 사상의 발전과 관련해서 지극히 중요한 문제다. 하지만 사고와 존재의 이원성, 존재로부터 사고원리의 도출불가능성 및 철학방법의 중심으로서의 인식론적 원리는 ― 본질적으로 ― 별 동요 없이 존속한다. 우주의 궁극적인 영원성 및 본질적인 불변성의 원리가 신학을 논박하는 대립물로서 신학의 세계상을 대체할 자격이 있는 것처럼 보였기 때문에 더욱더 그러했다. 그리하여 현실적인 것 자체의 총체성은 스피노자처럼 철학적 유물론에 비교적 가까운 위대한 사상가한테조차도 "신 또는 자연"을 의미할 수 있었고 연장(延長) (물질성) 과 함께 사고도 속성으로 지닐 수 있었다. 몇몇 과학적 연구가 점차 역사성을, 존재의 과정성을 실제로 제시했다는 것을 우리는 다른 대목에서 이미 강조한 바 있다. 그러나 지금도 매우 중요한 그와 같은 연구들은, 전반적으로 지배적인 인식론의 철학적 우선성 (생성된 것이 아닌 사고의 자기인식) 을 뒤흔들 수 없었다. 우리가 다른 대목에서 암시하려 했다시피 인식론적인 것의 이러한 우선성이 자본주의의 경제적 발전 (이것의 표현이 궁극적으로 그러한 사고였는데) 을 지배적인 종교권력과 어떤 식으로든 화해시키는, 갈릴레이 유형의 갈등들을 불필요한 것으로 만드는 이데올로기적 기능도 받아들일 때가 전혀 드물지 않으니만큼 더욱더 그럴 수 없었다. 이 경향은 존재와 사고의 대립에서 전자 곧 존재가 자주 인식 불가능한 것이 될 정도로까지, 심지어는 실존하지 않는 것이 될 정도로까지 희미해지는 것을 결과로 가졌다. 이는 특히 자본주의가 혁명적 대변혁 이후 지배적 사회형식으로 공고화된 이래 신칸트주의, 실증주의, 신실증주의 등등에서 〔251〕 현실의 성공적 조작의 도구로서 여러 가지 기능을 지닌, 실천에 유용한 사고규정들이, 유일하게 과학성에 어울리는 인식대상들로 승격되기에 이르렀다.

물론 이러한 실천이 원시적 실천과 공유하는 것이라고는 가장 일반적인 특징들뿐이다. 정말이지 기술적으로 그것은 부르주아적 사고의 가장 위대한 정신적 번영기에 겨우 예감할 수 있었던 것보다도 훨씬 더 높은 수준에 오른다. 그 모든 세부사항에서 엄청나게 합리화된 이 기술은, 하지만 인간과 현실의 관계에서 지난 단계들에 비해 정신적, 인간적 퇴행을 초래한다. 왜냐하면 사회와 자연의 신진대사로서뿐만 아니라 분업으로서 이루어지는, 또 인간의 유적 성질에 대한, 사회적으로 관철되는 노동의 반작용으로서 이루어지는 실재적 실천이 인간을 직접적인 개별특수성으로 축소하는 객관적 경향을 갖고 있기 때문이다. 이 경향은 주로 경제·사회적 수단들을 통해 이루어지는 모든 조작을, 일부는 의식적 방식으로("탈이데올로기화"라든지 "정보이론" 따위와 같은 이데올로기들을 생각해 보라) 특징짓고, 일부는 생활방식 자체의 전반적 조작에 따른 실천적 결과를 통해 특징짓는다. 생활방식 자체의 이러한 전반적 조작은 인간들 속에서 다음과 같은 행위 모티프를, 즉 그들의 인격을, 극히 세분화되어 있는 것처럼 보이는 가상을 보전하는 가운데 배타적 개별특수성이라는 궁극적으로 가장 단순한 모티프로 환원시키는, 또 그들의 인격이 이 수준에 계속 머물러 있도록 노력하여 성공을 거두고 있는 것처럼 보이는 그런 행위 모티프를 선호하고 장려하며 크게 발전시킨다.

생활 자체의 전반적 조작과
개별특수성의 지배, 그리고
이에 따른 결과들

여기에서는 이 문제복합체 자체를 상세하게 설명하려 시도할 수 없
는데, 특히 다음과 같은 이유 때문 그렇다. 즉, 감정적으로 비판적
이거나 심지어 반항적인 반(反) 경향들 대부분이 조작체계의 필연적
인 인간적 결과들에 대해 감정적으로 아주 격렬하게 맞서고 있긴 하
지만 그 조작체계의 기반들을 이론적이고 원리적으로 정확하게 꿰
뚫어 보고, 또 존재와 존재의 범주적 구성 및 이에 대한 유적인 인간
적 태도라는 핵심적 문제들에서 출발하여 그 기반들을 비판할 수 있
는 경우는 현재 아주 드문 것이다. 174) 그러한 비판이 가능하기에는
첫째, 개별특수성이라는 고유한 상황에 대한 자기인식이 결여되어
있다. 사람들이 그러한 상황의 극복 문제를 얼마간이라도 실질적으
로 숙고할 수 있기 위해서는 그 개별특수성을 극복하기 시작해야만
할 것이다. 〔252〕 개별특수성에 대한 그와 같은 비판과 자기비판은
오늘날에도 아직 거의 완전히 결여되어 있으며, 또 조작 메커니즘에
맞서서도 오직 의식성에 근거를 둔 결연한 태도 말고는 아직 목표지

---

174) 가령, 고도로 발전한 현대 자본주의의 조작기술에 맞서 노동을 유희(Spiel)
로 바꾸라는 요구를 비판적으로 내세웠던 선의의 비판적 제안들이 때때로
등장했던 것을 생각해 보라. 이러한 요구는 소박한 추상적 유추로서, 이런
유추는 쉴러(F. Schiller)의 시대나 푸리에(F. M. C. Fourier)의 시대만 하
더라도 주관적인 입장표명으로서, 발전을 앞당기려 시도하는 입장표명으로
서 역사적으로 이해될 만한 것이었다. 하지만 그러한 유추는 현실적 문제들
의 본질을 아주 멀리서 어렴풋하게나마도 알아채지 못한 채 그 문제들을 비껴
갈 수밖에 없다는 것이 오늘날에는 아주 명백하다.

112

향적 활동을 내세울 수 없는 듯하다. 그러기에는 아직 최초의 단초들이 결여되어 있다. 헤겔의 명확하고도 재치 있는 글 "누가 추상적으로 생각하는가?"(*"Wer denkt abstrakt?"*) 를 상기시키는 것이 이러한 전반적 상황을 이론적으로 설명하는 데 도움이 될 것이다. 헤겔은 현실을 대하는 자신의 태도를 규정했던 당시의 주지주의(主知主義)적 전통에 어울리게 개별특수성을 "무교양"(*Unbildung*)이라고 부르며, 또 이 존재수준에서 생겨나는 사고를 아주 익살스럽게도 "추상적"이라고 부른다. 어떤 부인이 여점원이 판 달걀이 상했다고 생각한다. 이에 따라 분노가 폭발하는데, 이렇게 분노를 터트리면서 비판하고 있는 그녀의 인격, 도덕 따위는 더없이 혐오스러운 것으로 나타난다. "요컨대 그녀는 그 여점원을 여지없이 매도한다. 그녀는 추상적으로 사고한다. 그녀는 목도리, 모자, 셔츠 따위에 의거하여, 그리고 손가락과 〔신체의〕 다른 부분들에 의거하여, 또 아버지와 그 일당 전체에 의거하여 그 여점원을 전적으로 범죄에, 그녀가 달걀이 상했다고 생각했던 그 범죄에 포섭시킨다. 여점원의 모든 것은 이 상한 달걀에 의해 철저하게 채색되어 있다."175) 시장-"정보"(광고)의 세계 속에 사는 오늘날의 개별특수적 인간이 모든 생활문제에서 자신이 현명하고 우월하다는 것을 골루아즈 담배176)를 피우

---

175) Hegel: *Jubiläumsausgabe, Bd.* XX, Stuttgart, 1930, p. 449.

176) 옮긴이 : 골루아즈(Gauloises)는 프랑스의 국영기업인 세이타가 1910년에 출시한 담배의 이름이다. 한때 담배판매 수익금의 일부가 사회에 환원되어 프랑스 국민들은 담배를 피우면서 애국한다는 자부심을 가진 적이 있었다. 로만 폴란스키의 영화에도 종종 등장하였으며, 사르트르, 피카소, 조지 오웰 등과 같은 지식인들과 예술가들이 즐겨 피우는 담배로 유명하였다.

는 따위의 행위를 통해 "증명"하는 것을 생각해 본다면, 정신적으로 정반대되는 상(像)이 우리 앞에 있다. 헤겔에 따라 말하자면, 모든 것이 순간적이고 개별특수적인 관심에 "포섭"되는 것이다. 이러한 밤에는 실로 모든 소가 검은색이며, 모든 생활상황과 사유규정은 개별특수적이고 피상적인 유비의 동일한 색채에 의해 지배되고 있다. 오늘날 이러한 유비가 광고에만 국한된 것이 아님은 물론이다. "최고 수준의" "가장 엄격한" 과학도 이러한 유비로 꽉 차 있다. 여기에서는 조작의 이해관계를 방해하지 않는 것은 모두 다 허용되어 있다. 세계적으로 유명한 학자들도 웃음거리가 될 위험을 무릅쓰지 않고도 피상적인 유비를 태연히 말할 수 있다. 그에 비하면 중세의 스콜라 철학이 엄격한 과학으로 보일 수도 있을 그런 유비를 말이다. 이와 관련해서는 한 가지 예만 들어도 충분할 것이다. 국제적으로 유명한 물리학자 파스쿠알 요르단[177]은 다음과 같은 유비적 공속성을 천명할 수 있었다. "물질이 지닌 엔트로피 증대 성향, 따라서 질서파괴의 성향을 원죄의 물리학적 반영 내지 물리학적 토대로 간주"[178]할 수 있을 것이라고 말이다. 이것은 물론 약간 기괴한 예이다. 〔253〕 그러나 (마르크스주의자로 자처하는 학자들에 의해 자주) 지극히 진지하고 정중하게 논의된 테야르 드 샤르댕[179]의 추론들도

---

177) 옮긴이 : 파스쿠알 요르단(Pascual Jordan, 1902~1980)은 독일의 물리학자이다. 하이젠베르크와 함께 새로운 역학의 기초를 세웠으며, 보른과 공저인 《양자역학》이 유명하다. 또한 생물학을 연구하여 양자생물학을 제창하였고, 별의 생성, 우주의 진화 등 우주론에 관해서 연구하였다.

178) Pascual Jordan : *Der Naturwissenschaftler vor der religiösen Frage*, Oldenburg / Hamburg, 1963, p. 341.

경솔하고 추상적인 분석에서 그리 많이 벗어난 것은 아니다. 바로 존재가 세계에 대한 사고에서 통제역할 하기를 그쳤을 때 그야말로 모든 것이 가능해지며, 그 모든 가능한 것은, 그것이 경제적 · 사회적 · 정치적으로 유력한 시대조류에 맞을 때에 현실화된다.

이러한 상황에서 빠져나올 출구를 진지하게 찾는다면, 그와 같이 기괴한 것을 기괴한 것으로 보고 평가하는 일이 반드시 필요하다. 그러나 또한 잊어서는 안 될 것이 있는데, 여기서 문제는 결코 한갓 개인적인 기괴함이 아니라는 것, 이러한 기괴함은 오히려 그 원리들이 철저하게 실행된 지배적인 사상운동에 의해 생산된다는 것이 그것이다.

이때 문제는 세계에 대한 철학적 사고에서 존재를 제거해내는 것이다. 앞서 지적했다시피 그것은 점차적으로 이루어져온 오랜 발전의 산물이다. 저명한 수학자 푸앵카레가 프톨레마이오스적 체계와 코페르니쿠스적 체계 사이의 본질적 차이란 전자에 비해 후자가 지니는 비교적 더 큰 수학적 단순성이라고 천명했을 때, 아직은 직접적으로 그와 같은 결론을 끌어내진 않았지만 형식상 엄격하게 과학적인 방식으로 그 길을 이미 내딛은 것이었다. 즉, 유일하게 진정한 통제력, 곧 서로 모순적인 이론들의 진리의 시금석으로서의 존재 — 따라서 여기에서 문제는 실제로 태양이 지구 주위를 도는지 아니면

---

179) 옮긴이 : 테야르 드 샤르댕(Teilhard de Chardin, 1881~1955)은 프랑스의 저명한 지질학자이자 고생물학자이며 또한 예수회 신부다. 그는 지질학 · 고고학 · 생물학 등 과학을 통해 인간의 정신세계와 우주의 역사를 탐구하였다. 그의 저서 중 한 권인 *Le Phenomene humain*은 국내에서 《인간현상》 (양명수 옮김, 한길사, 1997)으로 번역되어 있다.

지구가 태양 주위를 도는지 하는 것인데 ― 는 과학적 논증과 철학적 논증에서 결정적으로 배제되어야만 했다. 이를 통해 그리고 이와 유사한 입장표명들을 통해 존재의 통제 없는 기괴한 유비로 가는 길이 열렸다. 보편적 조작의 이데올로기적 필요가 ― 많은 경우 착종된 방식으로 ― 기괴한 유비를 고무하고 영향력이 커지도록 만들기 위해서는 자본주의 발전의 새 단계 곧 보편적인 조작 단계가 시작되기만 하면 되었다.

　개별특수적인 것의 절대적 지배로의 이러한 선회는 당연하게도 과학과 철학에 멈춰 서 있지 않는다. 여기에서 생겨나는 기괴한 것들, 곧 세련된 전제조건들과 인간적으로 개별특수주의적인(*partikularistisch*) 결과들의 기괴한 혼합물들은 (우리가 광고에서, "시장-정보"에서 일상적으로 목도할 수 있는) 가장 흔한 일상성에서 시작하여 최고도의 정신성에까지 이르는 삶의 총체성에서 나타난다. 일상생활의 전반적 조작상태는 다음과 같은 양자택일만을 가져온다. 즉, 지배적인 개별특수성에 순순히, 일상적으로 순응하든지, 아니면 정신적으로 "고양된", 정신적 욕구에 형식적·장식적으로 부합하는, 기이해 보이는 "흥미로운" 개별특수성을 자기 속에서 키워내든지 하는 양자택일 말이다(후자의 경우는 바깥에서 보면 극히 전복적으로 보이지만 내적으로는 세계와 관련하여 본질적인 문제들에서 조작된 개별특수적 세계에 마찬가지로 순응하는 것이다). 〔254〕 그럼으로써 정신적 영역에서는 그와 같은 거짓 흥미로움의 극히 다양한 형식들이 생겨났다. 이 새로운 방향이 "탈이데올로기화"라는 구호에서 하나의 이론적 요약을 얻었듯이, 19세기에 대한 거부라는 구호는 그 방향의 문화적·인간적인 경향들을 종합한다.180) 이러한 발전은 이미 세기 전환기에 시작된다. 그 발전은 한편으로는 개인적 삶의 (외관상) 순수하게 독자적이고 최대한 직접적인 기이함(*Exzentrizität*)을 개인이 사회적 속박에서 벗어나는 것이라 찬미함으로써 (이 운동은 앙드레 지드의 "무상(無償)의 행위", 초현실주의, 실존주의의 초기형식 등에서 이론적 정식화를 얻는다), 다른 한편으로는 점점 더 단호하게 미래주의를 아주 급진적인 것으로 간주하고 또 모든 사회적 구속을 말[言]로 해체하는 것을 모든 과거와의 단절로, 과거 및 현재(더욱이 미래)와의 절대적인 대결로 여김으로써 시작된다. 토마스 만(Th. Mann)은 그의 위대한 후기작품 《파우스트 박사》(*Doktor Faustus*)에서 겉보기에는 완전히 다른 이 모든 운동의 궁극적 내실을 총괄했다. 주인공이 악마와 나누는 대화에서 악마는 현재와 미래의 전망에 대해 말한다. 즉, 지옥이란 "근본적으로 극단적인 삶의 연속일 뿐"인데, 자기가 알기로는 그런 삶에 빠진 인간은 그 삶을 자신의 자부심을 만족시킬 수 있는 유일한 것으로 여긴다고 한다. 그리하여 아드리안 레버퀸[181]은 자기 삶을 궁극적으로 결정짓는 결심을 하게 된다. 자신의 작품에서 제9번 교향곡을 "회수"하겠다고 말이다. 다시 말해서 그는 아주 단호하게 자신의 인격 속에서, 자신의 작품 속에서 인간적 노력의 모든 전승물과의 근본적인 단절을 표현하고, 인간의 유적 성질을 이러한 실존의 본질로서 표현하겠다고 하는 것이다.

물론 마르크스는 이러한 경향이 전개되기 전에 죽었다. 그래서 그는, 레닌이 신경제정책(*NEP*)을 도입할 때 재치 있게 말했듯이, 이

---

180) 이에 대해서는 다음의 내 논문을 참조하라. "Lob des XIX. Jahrhunderts", in *In Sachen Böll*, Berlin, 1968, p. 325 이하.

181) 옮긴이 : 아드리안 레버퀸(Adrian Leverkühn)은 《파우스트 박사》의 주인공 이름이다.

러한 경향에 맞서는 데 "사용할 수 있는 인용문"을 하나도 남겨 놓을 수 없었다. 그렇기 때문에 그를 사회적 실천에 효과적이게 갱신하려는 시도는 모두 다 자본주의의 새 단계에 대한 경제적 분석과 결합되어야만 한다. 마르크스주의의 방법론적 구성에 내재하는 과학과 철학의 불가분성이 바로 그렇게 하도록 명령한다. 실재로 작용하고 있는 부분적 경향들을 단순히 언급하는 것으로는, 설사 그것이 올바르게 기술(記述)된 것이라 하더라도 사회적으로 실천적인 구체적 결정을 정초할 수 없다. 이러한 점에서 보자면 범주들과 그것들의 공속성 및 발전경향들에 대한 올바른 인식조차 단지 철학적인 것으로 머물러 있다. 〔255〕 동일한 존재의 사상적 반영인 철학과 과학이 통합되어야 비로소 실천의 실질적인 이론적 기반이 마련될 수 있다. 우리가 일반존재론적 관점에서 출발해 이 문제를 다루고 있는 여기에서는 이러한 일반적 고찰로 만족할 수밖에 없다. 물론 그렇다고 해서 철학의 일정한(비판적으로 한정된) 실천적 의의가 부정된 것은 아니다. 예컨대, 앞서 약술했던 소외의 현재적 현상방식을 생각해 보라. 소외의 — 적어도 현대 자본주의의 경제적으로 가장 발전한 부분들에서 나타나는 — 원리는 경제적 이유들 때문에 이전의 자본주의적 소외형식들과는 구별된다. 적어도 착취의 본래적인 직접적 형식(노동시간의 연장, 임금의 하락)을 뒤로 하는 고도로 발달한 단계에서 자본주의적 착취가 자본에의 노동의 형식적 포섭을 실질적 포섭으로 만들면 만들수록, 노동운동의 실천에서는 착취 자체에 맞선 투쟁과 인간을 소외시키는 결론들에 맞선 투쟁의 직접적인 일치가 점점 더 사라진다. 착취의 범주전환은 두 계기를 날카롭게 분리시킨다. 물론 아직은 언제나 필요한 반(反)소외 투쟁은, 경제의 변화로

118

인해 주로 이데올로기적인 성격을 띤다(인간은 그의 여가시간을 어떻게 활용해야 할까?). 범주란 곧 존재형식이기 때문에 범주 개편(改編)에 대한 인식은 지금 벌어지고 있는 계급투쟁들의 전략적 전망에 대한 모종의 통찰을 낳을 수 있다. 그러나 그 속에서, 그것을 통해서 사회적 존재의 범주들이 구체적이고 참된 성질을 드러낼 수 있는 그런 구체적 세부사항들에 대해서도 똑같이 올바른 통찰이 이루어지지 못한다면, 범주들을 아무리 올바로 파악한다 하더라도 그것이 사회적으로 효과적인 진정한 실천을 낳을 수는 없을 것이다.

바로 이 불가분한 상호구속으로 인해 마르크스에서 범주들은 존재 자체의, 또 그러므로 그것에 대한 사고의 기본적인 형식화 원리가 된다. 범주의 일반성은 원리로서만, 즉 범주에 의해 규정된 존재의 통일성의 담지자로서만 실존할 수 있으며, 과정 중에 있는 복합체들의 운동들은 언제나 범주적인 내적 통일성을 산출한다. 따라서 구체적인 대상성들에 대한 과학적 인식을 그 범주적(철학적) 일반성과 분리시킬 인식론적 "만리장성"이란 있을 수 없다.

사회적 존재의
세 가지 발전과정 내지 발전경향

이제 우리가 마르크스의 세계상의 범주구성을 분명하게 조명하기 위해 그가 제시한 3대 과정을 극히 간략하게 설명한다면, 〔256〕 무엇보다도 범주 특유의 성질을 지금까지 가능했던 것보다 더 정확하게 바로 그 과정적 존재 속에서 조명할 수 있기 위해 그렇게 하는 것이다. 이때 바로 첫머리에 말해 두어야 할 것은, 이 세 가지 과정 중 그 어디에서도 일차적으로 중요한 것은 순수 범주적 확인이 아니라는 점이다. 그것들은 무엇보다도 발전 자체에 대한 사후적(事後的)인 사실 확인일 따름이다. 이 사실 확인 속에서는, 대개 오랫동안 현존하는 특정한 구성부분들의 보존뿐만 아니라, 혹은 더 정확히 말하면 그러한 구성부분들의 지속적인 새로운 재생산뿐만 아니라 새로운 대상성들, 새로운 과정형식들 등등의 부단한 발생도 실제로 발견될 수 있다. 따라서 불가역적인 과정들의 이 복합체들 중 어느 것에서도, 어떤 확실하게 정초된 구성, 하지만 일차적으로 사유를 통한 구성의 결과인 것은 확인될 수 없다. 어디에서나 문제는 실재적인 과정적 변화들의 확인이다. 이 변화들은 그 모든 규정과 함께 사회적 존재의 생활과정 속에서 실제로 전개되는 것들이며, 과학의 도움으로 인류의 기억 속에 사후적으로 사실로서 보존되어 있는 것들이다. 따라서 여기서 알려지는 과정들은 정말이지 사회적 존재 자체의 실재적 과정들이다. 또 그렇기 때문에 세 가지 과정 모두는 심지어 진부할 정도로까지 잘 알려져 있는 것들이다.

첫 번째 과정은, 인간의 재생산을 위해 그때그때 사회적으로 필요한 노동시간은 지속적인 축소경향을 경험한다는 말로 가장 간단하게 특징지을 수 있다. 유기적 자연과 사회적 존재를 가르는 도약의 결과들을 여기에서 분명하게 볼 수 있다. 가장 발전한 동물들조차182) 생물학적 재생산을 위해서는 수천 년 전과 똑같은 에너지 소

---

182) 물론 야생동물에서만 그렇다. 가축존재에 있어서는 동물들에게서조차도 존재의 사회적 범주가 이미 지배적이다.

모를 필요로 하는 반면, 사회적 존재에서는 — 여기에도 존재하는 불균등 발전을 같이 고려하는 가운데 대체로 보자면 — 분업이 점차 고도화된다. 이 과정이 있는 그대로 참되게 파악되어야 한다면, 불균등 발전 일반이 고려되어야 함은 물론이고 사회적 존재의 자기구성적 과정성이 삶의 재생산을 위해 필요한 노동의 감소추세를 보여준다는 점도 고려되어야만 한다. 물론 마르크스는 무엇보다 거의 유럽식으로 문명화된 세계에 한해서 이러한 발전노선을 구체적·과학적으로 정확하게 밝혔다. 그런데 이러한 선택은 일반이론상에서 보자면 우연적인 것이 아니다. 그러한 선택은 사회의 존재기반들을 순수한 형식으로, 마르크스의 말처럼 고전적 형식으로 제공할 수 있는 객관적 가능성들을 보여준다. 다시 말해서, 상황이 그러한 힘들을 강력하게 방해하거나 도무지 극복할 수 없는 장애물로 가로막지 않고 어떤 경우에도 재생산 과정에 일종의 막다른 골목의 성격을 각인하지 않는다면 그 힘들은 어디로, 어떻게 발전되어 나갈 수 있는지를 그 선택이 보여주는 것이다. 〔257〕 물론 마르크스는 그가 구체적으로 다루었던 발전노선이 현실에서 유일한 발전노선은 아니라는 것을 정확하게 알았다. 이른바 아시아적 생산관계와 관련하여 심지어 그것의 체계적인 맥락까지도 그의 글들에서 확인할 수 있다. [183] 다른 발전노선들을 마르크스가 이론적으로는 전혀 다루지 않았다고 말할 수 있다. 마르크스 자신과 엥겔스는 원시사회에 대한 그 당시의 연구성과를 정확히 알고 있었고 그 성과를 그들이 분

---

183) Vgl. Tökei: *Zur Frage der asiatischen Produktionsweise*, Neuwied / Berlin 1969.

석한 사회발전의 초기단계와 관련해 이용했는데, 이때 여러 정체 (停滯) 형식들의 경제·사회적 이유들을 자세히 연구하지는 않았다. 거침없는 발전에 관한 학설을 정초하기 위해서는, 그리고 특히 혁명적 노동운동의 전략과 전술에 그 학설을 실천적으로 적용하기 위해서는 그러한 연구를 하는 것이 그 당시에는 아직 오늘날 명백해진 것보다 덜 화급한 문제로 보였다(나중에야 화급한 문제가 되었는데, 마르크스주의의 르네상스는 연구영역과 발전이론을 이 방향에서도 반드시 확장해야 할 것이다). 그 당시에 중심에 있었던 문제는, 인간의 유적 성질이 과정적 존재로서 얼마만큼이나 역사적·이론적으로 파악될 수 있는가 하는 것이었다. 마르크스는 사회적 존재가 해방시킨 인간적 힘들이 현실에서 관철될 수 있을 때 사회적 존재는 주로 어떤 방향으로 발전하는지를 역사적으로 (과학적이고 철학적으로) 밝힘으로써 이 문제에 답했다. 물론 이것은 극히 다양한 개별과정들의 종합으로서의 하나의 과정이다. 노동 능률이 지속적으로 상승할 내적 가능성은 다름 아니라 노동의 사회성에 기인한다. 이 사회성은 노동과정 속에서, 그 과정의 수단과 결과들 속에서 반응들을 야기하며, 이 반응들로 인해 노동의 효과, 노동수단, 분업 등등이 지속적으로 상승할 수 있게 된다. 자연환경에 대한 작용에서부터 이러한 경향들이 거침없이 전개될 수 있는 그런 발전에 대한 인간적 반응들의 사회적 성질 및 이를 통해 매개된 개인적 성질에까지 이르는 과정들의 유의미한 복합체들을 포괄할 수 있는 이러한 가능성을 마르크스는 고전적이라고 부른다. 그러나 이를 통해 그러한 복합체들이 정상적인 역사적 진행에서 떨어져 나오는 것은 아니다. 이와는 반대로 그것들은 사회적 존재의 진정한 전형적 표현방식으로서 나타나며, 바로 그렇기 때문에 사회적 존재에 대한 역사적 인식의 중심에 놓이게 된다. 〔258〕 그도 그럴 것이 여기에서 비로소 새로운 유적 성질이 생겨나며, 그 결정적 내용이 단순재생산의 범위를 넘어서거나 그 너머를 가리키는 그런 삶을 위한 수단으로서의 노동이 생겨나는 것이다.

이러한 고찰들이 하나의 통일적인 세계상을 낳는다 하더라도, 더 정확히 말해, 그와 같은 세계상의 사실적 기초를 제공한다 하더라도, 이와 마찬가지로 확실한 것은 그 근저에 놓여 있는 사실들이 속도, 직접적으로 가시화되는 방향 등등에 있어 지극히 상이하다는 것이다. 따라서 이를 현실적으로, 즉 그 실재적 존재, 그 현실적 연관관계에 따라 올바로 파악하기 위해서는 사유의 이중적 운동이 필요하다. 한편으로는 구체적·현실적인 운동들 자체를 구체적·직접적인 그 특성들에 있어 최대한 정확하게 알고, 다른 한편으로는 — 이런 식으로 알게 된 것들을 추상적으로 지양하려 하지 않고 — 그러한 운동들 속에서 작용하고 있는 공통의 계기들을 인식하는 것이 필요한 것이다. 이 공통의 계기들은 그러한 특성들을 파기하지 않은 채 그 운동들 사이에서 과정적 존재의 통일성을 확립하고, 또 그 운동들이 각 경제구성체의 계기들이 되게 하는 그런 것이다. 따라서 이 과정의 총체성은, 비록 그 과정의 서로 다른 계기들이 통일성 속에서 상이성을 보임과 동시에 또한 그 상이성 속에서 통일성을 역시나 존재적으로 보존하지만(혹은, 바로 그렇기 때문에), 존재상 궁극적으로 통일적인 것이다. 이와 관련하여 아주 특징적인 점은, 그와 같은 과정들이 얼마나 자주 기능전환을 생산하는가 하는 것이다. 자본주의의 부분과정들(상업자본, 금융상업자본)은 자본주의를 말할 수 있기 훨씬 전에 독자적으로 생겨난다. 그런 단계들에서 그 부분 과정들이 하는 사회·경제적 기능들은, 나중에 그것들이 지배적인 생산자본의 종속 계기로서 수행하는 역할과 질적으로 구별된다. 따라서 그러한 변화들과 과정들에 대한 인식이 그 존재에 적합한 결과를 내야 한다면 그 인식은 두 계기를 자체 내에 방법론적으로 통합시켜야 한다. 이것은 과학과 철학의 유기적 협력을 통해서만 가능하다. 통일적·공속적인 것은 사유를 통해 분리되고, 독특하게 서로 다른 것으로 현상하는 것은 사유를 통해 통합됨으로써 말이다. 그리하여 삶의 과정 자체 속에서 거기에 현존하는 범주들이 그 존재적 역동성에 부합되게 사상적으로 적절히 표현된다. 그런데 방법론의 차원에서 말하자면 이것은 범주적으로 편성되어 있는 존재를, 다시 말해 존재의 내적인 규정들로서의 범주들을 사상적으로 파악하려면 모든 과학적 인식은 철학적 인식으로, 모든 철학적 인식은 과학적 인식으로 정향되어야 하며 서로 부단히 넘나들어야만 한다는 것을 의미할 따름이다.

지금 우리의 관심사인 그 과정에 이런 식으로 접근하게 되면, 목적론과 인과성이 그 운동적·실천적인 작동의 특성에서 보이는 독특한 통일성 — 이는 우리가 이전에 사유를 진행하면서 이미 확인했던 것인데 — 이 재생산 과정의 이러한 특성을 규정하는 원리로서 곧바로 분명해진다. 〔259〕 한편으로 사회적 존재를 내적으로 구성하고 있는 모든 계기는 직접적으로 그리고 불가피하게 목적론적 정립에서 발원하며, 다른 한편 그렇게 수행된 모든 정립은 오직 인과계열들만 작동시킬 뿐이지 그 자체로 목적론적인 것을 작동시키지는 않는다 (목적론적인 것은 오직 목적론적 정립으로서만 존재할 수 있을 뿐이지 임의의 존재의 객관적인 운동계기로서는 결코 존재하지 않기 때문에 그렇다). 사회적 존재는 바로 이러한 점을 통해 존재의 독특한 형식으로 확립된다. 인과계열들은 그 내용, 방향 등등에 있어 다소간 목적론적인 정립에 의해 가동되어 있는 것이 사실이지만, 그 실재적 전체 진행은 목적론적 정립에 의해 결코 완전히 결정되어 있을 수 없다. 따라서 모든 목적론적 정립은 하나의 혹은 몇몇의 인과계열의 운동을 실행하는데, 이 인과계열은 목적론적 정립에 의해 일정정도까지 규정되지만 이와 동시에 거의 언제나 정립의도가 의도했던 것보다 더 많거나 더 적은 것을 내포한다. 사회적 존재의 상이한 총체성들 및 그 총괄적 총체성에서 그런 식으로 생겨나는 종합적 통일성은, 그렇기 때문에 정립계기와 인과계열 간의 광범위한 그 모든 상호관계에도 불구하고 다원론적인 어떤 것이자 서로 다른 것들의 종합이며 많은 경우 심지어 대립물들의 종합이다. 물론 이때 목적론적 계기들과 인과적 계기들 사이에 어떠한 인식론적 대립도 설정해서는 안 된다. 그도 그럴 것이, 한편으로 정립에서 벗어나는 인과적 과정들에서도 정립 그 자체는 같이 규정하는 것으로서 강력하게 작용하는 가운데 가능한 이탈 등등의 여지를 한정하며, 다른 한편으로 정립 그 자체도 정립하는 주체의 뜻에 온통 내맡겨져 있는 것은 아니기 때문이다. 정립 주체는 (궁극적으로 몰락의 형벌에 처해지더라도) 처음부터 여하튼 전체과정 속에서 그때그때 유효하게 되는 활동여지와 씨름해야만 한다. 따라서 모든 방면에서 일정한 경향적 통일성이 관철되는데, 그렇다고 해서 그 과정에 (낡은 유물론의 의미에서의 혹은 헤겔 논리학의 논리적 귀결의 의미에서의) 어떤 절대적 통일성을 부여할 수는 없다. 마르크스는 그와 같이 절대화된 통일성에 대한 부정도 다음과 같이 분명하게 말하고 있다. "사회를 단 하나의 주체로 고찰하는 것은 사회를 그릇되게, 즉 사변적으로 고찰하는 것이다."[184] 물론 이 말은 과정들의, 구성체들의, 위에서 약술한 의미에서의 궁극적인, 많은 경우에 모순적인 통일성을 배제하는 것이 아니라 오히려 포함하는 것이다. 바로 이러한 통일성이 복잡한 개별과정들의 경향적인, 많은 경우에 지극히 모순적인 통일성이다.

사회적 계기들과 그 전체성의 — 마르크스가 말한 것처럼 — 사변적 통일성에 대한 거부는 과정들 자체의, 사고 속에서 절대화된 필연성에 대한 거부와 밀접한 관계가 있다. 〔260〕인과과정들 속에 집어넣어 해석된 사이비 목적론에 대한 계몽주의의 정확한 논박을 잘 알고 있었을 헤겔은, 논리주의적 체계구성을 기획하는 가운데 문제들을 그와 같은 과정들의 의식됨을 통해 해결하고자 한다. 이에 따라 그는 다음과 같이 말한다. "필연성은 파악되지 않는 한에서만 맹목적이다."[185] 엥겔스는 일단 이 규정을 올바른 것으로 받아들인다. 그러나 그가 이 규정을 구체적으로 설명할 때 그것을 헤겔과는 전혀 다르게 생각한다는 것이 드러난다. 헤겔을 바로잡는 엥겔스의 설명은 하지만 유감스럽게도, 오늘날까지도 마르크스주의의 왜곡된 형식들 여기저기에 출몰하는 헤겔의 규정에 대한 비판의 결과로서 이루어진 게 아니다. 엥겔스는 문제가 단지 맹목적 필연성의 의식됨만이 아니라는 것을 정확하게 인식하고 있다. 그러한 필연성은 논리화하는 과정성의 틀 안에서만 의미를 얻을 수 있는데, 헤겔의

---

184) *Rohentwurf*, p. 15.
185) Hegel: *Enzyklopädie* §147, 부언.

경우 그 과정성은 전체과정을 대하는 다음과 같은 관점, 즉 변증법적으로 의도된 것이긴 하지만 최종결과에서는 논리주의적인 숨은 목적론으로 전락한 그런 관점의 절정인 주체·객체 동일성으로 수미일관하게, 그러나 그릇되게 이어진다. 엥겔스는 올바르게도 이러한 통찰을 무엇보다 기술적·경제적인 실천과 결부시킨다. "맹목성"의 극복은 "이러한 법칙들에 대한 인식에, 그리고 이로써 주어진 가능성, 즉 그 법칙들을 특정한 목적을 위해 계획적으로 작동시킬 가능성에" 놓여 있다. 엥겔스가 자유를, 다시 말해 "맹목적" 필연성을 인간의 입장에서 극복하는 사회적·능동적인 행동방식을, "전문지식으로 결정할 수 있는 능력"과 간단히 동일시함으로써 자신의 사유를 구체화하는 것은 우연이 아니다. 186) 이것은 엄밀한 의미에서 보자면 생산과정의 결정적으로 중요한 특정 계기들에 대한 탁월한 기술(記述)이다. 하지만 여기에서 엥겔스는 사회적 총체성에서 결정적인 문제복합체들에 대해, 즉 특정한 구성체의 활동에 필요한 인간들 대다수가 생산에서 일어나는 일정한 변화들에 어떻게 반응하는지, 무엇이 그것을 포괄적으로 좌우하고 있는지, 과정의 인과적 메커니즘에 있어 거기에 능동적·수동적으로 관여된 인간들의 (올바른 혹은 그릇된) 의식성은 어떤 역할을 하는지 등의 문제복합체들에 대해 어떠한 답도 제공하지 않는다.

이로써 우리는 생산력들이 이렇게 객관적·합법칙적으로 높아질 때 인간이 겪는 변화라고 하는, 마르크스가 밝힌 사회적 존재의 두 번째 발전경향에 도달했다. 사회적 존재의 발생은 — 우리는 "무엇

---

186) *Anti-Dühring*, *MEGA*, pp. 117~118.

보다도"라고 태연히 말할 수 있는데 — 인간의 변화인데, 〔261〕이는 존재방식들의 과정적 변화가 처음으로 주체와 객체들을 산출함으로 써 이루어진다. 무기적 존재에서는 유사(類似) 주체적인 것조차도 있을 수 없고 작용할 수 없다. 이것은 말할 필요도 없을 정도로 자명 한 일이다. 그 결과 당연하게도 무기적 자연 자체는 객체 역시 알지 못한다. 객체란 사회적 존재 속에서 의식적으로 정립하는, 그리고 그 과정에서 주체가 된 활동에 대해서 비로소 객체가 된다. 자기 자 신을 직접적으로 재생산하는 유기적 자연의 개별 유기체들은, 존재 적 측면에서 볼 때, 자기재생산하는 유기체와 그 환경 사이에서 생물 학적으로 조종된 적응과정만 산출할 뿐이다(이와 유사한 것이 무기적 존재에는 있을 수 없을 것이다). 존재론상 이때에도 주체나 객체를 말 할 수 없다.

  이들 양자〔무기적 자연과 유기적 자연〕는 사회적 존재 속에서 객체, 즉 사회적 존재와 자연 사이 신진대사의 객체가 되는바, 이는 존재 론적·범주적으로 오로지 사회적 존재의 특징에 속한다. 사유에서 이루어지는 사전작업을 포함한 목적론적 정립들(이것들의 총체성 속 에서 사회적 존재는 독자적이고 독특한 존재방식으로서 생겨나는데) 속 에서야 비로소 주체·객체 관계 또한 존재발전의 이 단계의 중심적 범주규정들 가운데 하나로 생겨난다. 그렇기 때문에 인류사에서 그 렇게도 오랫동안, 그렇게도 끈질기게 사고가 존재로부터 독립된, 존재에서 도출할 수 없는 역능으로 나타났던 것이나, 또 인식되고 의식화된 범주들과 같은, 인간발전에 있어 아주 중요한 성취들이 존 재로부터의 독립성을 요구하는 듯이 보였던 것이 역사적으로 어렵 지 않게 이해 가능하게 된다. 범주들에 대한 올바른 인식으로의 경향만이 사고활동의 산물일 수 있다는 것, 그리고 이러한 — 단지 존재해 있을 뿐 인식되지는 않은 — 범주들은 아주 특정한 구체적 대상성을 그 자체에 지니며, 따라서 범주규정들의 올바름이란 그 즉자존재에 대한 최대로 가능하고 최대로 근접한 모사에 있다는 것을 머릿속에 떠올리기란 추상적·직접적으로 자기준거적인 사고에는 쉽지 않은 일이다.

가장 원시적인 수준에서 이루어지는 의식적인 목적론적 정립만 하더라도 유기적 자연에 비하면 일종의 도약이긴 하지만, 그러한 정립이 사회적 존재에 외연적·내포적으로 배어들기 위해서는, 또 독특하고 근본적으로 새로운 작용형식으로서, 사회적 존재를 실제로 조형(造形)하는 요소로서 전개되기 위해서는 아직 장구하고도 불균등하며 모순적인 발전을 필요로 한다는 것은 사회적 존재방식의 전개사로서 놀라운 것이 아니다. 마르크스는 이러한 과정을 모든 경제·사회적 설명에서 묘사하고 있다. 그는 올바르게도 그 과정을 자연적 한계들의 후퇴과정이라 부른다. "후퇴"라는 표현은 아주 중요하다. 〔262〕 왜냐하면, 여러 존재단계들이 그토록 확연하게 서로 구분될지라도, 사회적 재생산의 총체성에서 다소간 결정적으로 작용하는 계기로서 그 각각은 선행 존재방식들의 요소들을 자체 내에 보존해왔기 때문이다. 그러한 존재방식들의 발전은 무엇보다도, 고유한 존재에 부합하는 작용범주들이 처음에 과도기적으로 넘겨받았던 작용범주들에 대해 서서히 우월성을 획득해나간다는 데에 그 본질이 있다(이 점을 마르크스는 사회적 존재와 관련하여 정확하게 인식했다). 이러한 과정은 유기적 존재에서도 관찰 가능한데, 그것은 다음과 같은 식으로 이루어진다. 유기체와 환경의 상호작용에 있어 상대적으로 낮은 단계에서는 물리·화학적 힘들의 직접적 작용이 결정적인 역할을 한다. 동물세계에서야 비로소, 특히 유기체의 비교적 발전한 단계들에서, 환경의 물리·화학적 작용들의 처리를 위한 특유의 생물학적 변형체계들이 유기체 내에서 생겨난다(시각, 청각, 후각 등등). 사회적 존재의 새로운 조건하에서 자연적 한계들의 후퇴란 환경에 대한 저 수동적 적응, 즉 생성 중인 인간이 고등동물로서의 자신의 현존재에서 그 생물학적 전제조건들을 가져왔던 그런 수동적 적응을 넘어서는 것을 가리키는 말이다. 여기서 마르크스는 사려 깊게도 "후퇴"라는 용어를 사용한다. 두 과정이 바로 다음과 같은 점에서 구별되기 때문이다. 즉, 동물세계에서는 근본적으로 새로운 변형형태들이 나타난다면(공기진동과 음향, 소리 등등), 이에 반해 인간세계에서는 환경과 상호작용 속에 있는 재생산과정의 이러한 기관들이 생명체인 인간의 생물학적 계기들로서 사라질 수는 없지만 점점 더 사회화된다고"만" 말할 수 있다. 마르크스는 다음과 같이 말한다. "오감의 **형성**은 지금까지의 세계사 전체의 노동이다." 그리고 이를 다음과 같이 더 구체화한다. "따라서 인간적 본질의 대상화는, 이론적 견지에서뿐만 아니라 실천적 견지에서도, 인간의 **감각**을 **인간적으로** 만들기 위해서, 뿐만 아니라 인간적이고 자연적인 본질의 부(富) 전체에 상응하는 **인간적 감각**을 창조하기 위해서 필요했다."[187] 이러한 변화과정은 이미 동물들에서 음향이 된 공기진동으로부터 가령 음악과 음악에 대한 이해력이 생겨나는 곳에서 최고의 정점에 도달한다. 그런데 그 결과들은 영양섭취

---

187) *MEGA* I / 3, pp. 120~121. 〔《경제학-철학 수고》, 137쪽〕

나 섹슈얼리티 등등과 같은 가장 본원적인 생물학적 욕구들에서도 나타난다.

우리는 앞서 여러 맥락에서 이미 이러한 과정의 중요한 계기들을 설명했다. 그렇기 때문에 여기에서 문제가 될 수 있는 것은 그 과정의 가장 본질적인 계기들을 원리적으로 총괄하는 일뿐이다. 〔263〕 이때 다음과 같은 점이 중요하다. 즉, 능동적 적응으로 정향된 인간 실천은 그 주체들 속에서 이러한 부류의 변화들을 자생적으로 야기하며, 그러한 변화들 속에서 인간들은 그들 활동의 필연적인 전제조건들에 따라 자신들의 태도를 내용과 형식 양 측면에서 바꾸지 않을 수 없게 된다. 이러한 변화과정은 흔히 인간 신체의 생물학적 변화들로 표현되는 전혀 새로운 종류의 활동이 발생하는 것과만 관련된 것이 아니다. 188) 우리의 문제와 관련해서는 정신적·윤리적인 변화가 더 중요하다. 그도 그럴 것이 생산과정에서 이루어지는 모든 변화가 실제로 유효하게 되려면 그 변화는 그 과정에 어떤 식으로든 관여된 사람들이 지닌, 그 과정과 실지로 연관되어 있는 입장의 변화를 가져오곤 한다는 사실을 결코 잊어서는 안 된다. 매뉴팩처적인 분업과 ― 이와 상반되는 극(極)들도 간단히 언급하자면 ― 수공업적 분업 혹은 기계적 분업 사이의 차이들이 단지 객관적인 성격만 가

---

188) 이미 시초에 역사적으로 생성된 인간들의 재생산 과정에서 일어나는 변화들에 따라, 그들의 활동방식에 있어 그와 같은 변화들이 미치는 영향에 따라 머리의 모양과 크기, 뇌의 성질 등등이 어떻게 형성되는지를 호모 사피엔스의 생물학적 성질이 발생하기까지 정확히 보여주는 발굴의 성과들을 생각해 보라. 그러나 더 높은 발전단계에서도 우리는 인간 유에서 생기는 그와 같은 생물학적 변화들을 감지할 수 있다. 신체 발육이 더 왕성해지는 것이나 평균수명이 높아지는 것이 그런 것들이다.

지는 것은 불가능한 일이다. 그것들 각각은 그때그때 정해진 활동에서 관련된 이들의 서로 다른 입장을 명령적으로(몰락의 형벌에 처해지더라도) 요구하며, 그럼으로써 — 변화가 얼마만큼이나 의식되든, 그 변화가 관련된 이들의 다른 삶의 표현들에는 또 얼마만큼이나 영향을 미치든 간에 — 개개인의 일정한 변화도 요구한다. 바로 여기에서 발전의 인과적인, 결코 목적론적이지 않은 성격 때문에 발전의 불균등성이 아주 강력하게 나타난다 할지라도, 전체적 발전은 그와 관련된 인간집단들의 척도에서 보면 하나의 일반적인 인간적 방향을 가진다. 즉, 발전은 생물학적 존재에서 유래하는 인간들의 활동적 입장을 점점 더 강력하게 뒤로 밀어내고, 인간들에게 점점 더 명백하게 사회적으로 규정된 행동을 강요하며, 또 그 실현방식들을 점점 더 강력하게 세분화한다. 그리하여 그와 같은 전반적 과정의 진행 속에서 인간은 점점 더 분명하게 — 내용적으로도 — 사회화될 뿐만 아니라 또한 이와 동시에 점차로 한갓된 개별성에서 개체성으로 가는 길을 걸어 나가게 된다. [189]

자연적 한계들의 후퇴에 관한 마르크스의 학설은 노동생산력의 성장에 관한 학설과 마찬가지로 그의 저작들에서 본질적으로 순수하게 과학적으로 다루어진다. 〔264〕 즉, 지금까지 걸어온 실제 발전과정들이 확인 가능한 사실성의 차원에서 사후적으로 인식 가능한 실재적 과정들로서 최대한 과학적으로 정밀하게 연구되고 설명되는 것이다. 그런데 그 과정들은 또한 세계상의 총체성이라는 아주 오랜 문제들에 대해, 하나의 전체과정의 부분들로서의 그 근본상태 속에서, 그 본

---

189) 이 마지막 문제는 다른 맥락들에서 이미 다루었다.

질적 발전방향들과 결과들 속에서 명확히 추론될 수 있는 철학적 대답들을 제공한다. 세계상의 총체성은, 과학적으로 확인 가능한 사실성들에 대해 독립적인, 아니 그것들과는 대립적인 테제로 여겨지는 게 예사였다. 이것은 철학적 관념론의 구성물들만 염두에 두고 하는 말이 아니다. 유물론적으로 의도된 기초 위에서 이루어지는 추상적 교만들도 염두에 둔 말이다. 동물의 영역으로부터 인간이 생성되어 나오는 것은 우선 하나의 사실 문제로서, 장차 이에 대한 자료들을 통해 공허한 구성물들이 지금까지 가능했던 것보다 더 설득력 있게 반박되기를 희망한다. 하기야 두 존재영역의 근본적인 대립들만 하더라도, 그것들이 공허한 추상적 사유구성물로 머물러 있지 않고 구체적으로 다루어진다면, 수많은 문제에서 분명한 분리를 허락한다. 예컨대 긴 기간 동안 자립할 능력이 없는 발전상태에 있는 어린아이를 어린 동물들과 비교해서 생각해 보라. 어린아이의 경우 기초를 확립하는 가능성으로서 〔어린 동물에서보다〕 더 큰 안전이, 그리고 재생산 요구들로서 더 복잡한 학습 및 적응 과제들이 결정적 역할을 한다는 것은 의문의 여지가 없다.

마르크스가 제시하는 세 번째 발전노선은 본래 더 널리 알려져 있고 인정된 것으로서, 원래 아주 소규모였던 인간집단들이 더 큰 인간집단들, 곧 민족, 제국 등으로 묶여지는 필연적인 통합과정이 그것이다. 이 통합과정은 그리하여 마침내 현실화될 〔명실상부한 인류의〕 최초의 단초들을 세계시장의 형태로, 세계시장의 사회·정치적 결과들 속에서 보여주는데, 그 결과들에서는 인류의 실제적·사회적인 통일성으로 합류하는 경향이 처음으로 실지로 나타난다. 이러한 확언의 과학적 근거는 아주 널리 인정되고 있어서 이에 대해서는 더 말할 필요가 없다. 마르크스의 학설에서 그 확언이 갖는 철학적 중요성은, 그것이 사회적 존재에서 유적 성질이 지니는 특수한 의미와 연관되어 있다는 데 있다. 유기적 자연의 침묵하는 유적 성질은 이러한 종류의 연관관계들을 전혀 알지 못한다. 여기에서는 예컨대 일종의 특수한 유적 성질에 따라 크거나 작은 집단들의 어떤 결합(많은 경우 단지 일시적일 뿐인 결합)이 생겨날 수는 있지만, 유적으로 공속적인 것들의 실제적 통합에 대한 실재적 욕구는 전혀 없다. 그런데 바로 이 욕구가 인간의 유적 성질에 특히 특징적인 것이다. 동물의 유적 성질의 경우, 유의 표본들이 사실상 통합되어 있는 것이 실제로 통일적인 유에서 아무런 역할도 하지 않는다. 유의 즉자존재는 그것과 전혀 무관한 것이다. 〔265〕 그러나 사회적 존재에서 유의 침묵이 극복됨으로써, 삶에서 실현된 실제적인 유의 통일성이라는 사실은 하나의 — 궁극적으로 — 불가항력적인 실재적 발전경향이 된다. 이 발전경향이 가시화되기 위해서는, 사유 가능하게 되고 사유되기 위해서는 아주 오랜 시간이 걸렸다는 점, 그리고 그 현상형식들은 대개 대립성들이 첨예화되는 것으로서 나타났다는 점 등등으로 인해 이러한 경향의 근본성에서 바뀌는 것은 아무것도 없다. 즉, 그것은 그야말로 실재적인 경향으로서, 인간의 사회화 과정 속에 있는 모든 중요한 방향들과 마찬가지로 인과적으로, 다시 말해 불균등하고 모순적으로, 대립물들을 생산하는 가운데 작용한다.

따라서 사회적 존재에서도 이러한 경향들은, 특히 그 진정한 현실을 고려할 때, 극히 모순적인 방식으로 나타난다. 무엇보다 부인될 수 없는 것은, 경제발전의 일반노선은 외연적으로 점점 더 확대되고 내포적으로 점점 더 강화된 경제적 통일체들(상응하는 상부구조를 지닌)을 창조하는 쪽으로 향해 간다는 점이다. 비교적 일찍부터 나타나는 그와 같은 발전경향들은 자연히 가장 사회적인 생산체제 곧 자본주의에서 가장 강력한 정점에 도달한다. 자본주의는, 비록 내적으로 지극히 문제적일 때가 많은 형식들이긴 하지만 어쨌든 민족 같은 사회적 통일체들을 창설하는 데 성공했다. 이러한 사회적 통일체들의 통합 작용은 빈번히 사회적 삶 전체를 관통할 수 있으며, 또 이를 통해 그 속에 있는 경제 과정들에마저 고유한 특성을 각인할 수 있다. 그러나 자본주의 경제의 발전은 그런 것으로 한정될 수 없다. 자본주의 경제의 발전은 무엇보다도 그것에 의해 확립된 민족적 경계들을 넘어서며, 오늘날에는 이미 하나의 세계시장을 위한 객관적 기초들을 놓았다. 이에 따라 마치 실제적 통합이 이러한 민족적 경계들을 이미 넘어선 양 말하거나, 더 고차적이고 포괄적인 통합형식들이 예측 가능한 전망으로서 인류에게 바로 임박한 양 말하는 이데올로기들도 생겨났다. 최소한 지금까지는 이러한 이데올로기가 적어도 너무 성급한 것으로 입증되었다. 지금까지는 세계시장의 경제적 통합이 더 고차적인 고유의 사회적 통합형식들을 만들어낼 수 없었다. 세계시장의 경제적 효과로 생겨난 모든 문제에도 불구하고 자본주의의 민족적 형식이 계속 지속될 수 있었다. 그리고 제2차 세계대전의 결과로 옛 식민주의가 정치·사회적으로 붕괴했는데, 그렇게 붕괴한 정도만큼 구(舊) 식민주의는 당장은 주로 새로운 식민주의에 의해, 즉 이제부터는 공공연한 식민주의가 아니라 위선적 이데올로기들을 통해 은폐된 새로운 식민주의에 의해 대체되었다. 이러한 발전이 빈번히 야기했던 저항력도 지금까지는 아직 목표의식적으로 조직된 저항력으로서 전개될 수 없었다. 이는 무엇보다도, 식

민주의에서 벗어나고자 노력하는 경제적으로 미발달한 민족들이
〔266〕 마르크스에 의해 "고전적"인 것으로 다루어졌던 유럽의 경제
발전과 아무런 공통점도 없을뿐더러 많은 경우 아시아적 생산양식
과도 전혀 다른 특징들을 보이는 그들 자신의 경제발전을 과학적(마
르크스주의적) 분석을 통해 해명하고 그와 같은 정확한 인식에서 출
발하여 그들의 특수한 상황에 실질적으로 부합하는 발전경로를 잡
는 일을 지금까지는 할 수 없었던 데 기인한다.

　마르크스 자신은 그러한 상호관계들의 초기단계만 이론적으로 다
루었다. 그는 첫째, 정복 민족에 의한 생산양식의 강요를 보여준다.
자립하고자 노력하는 민족들이 지금 벗어나려 시도하고 있고, 신·
구(新·舊)의 정복자들이 이데올로기적으로 단지 껍데기만 바뀐, 경
제적 본질에서는 여전한 방식으로 유지하고자 하는 저 식민주의가 그
러한 강요에서 생겨났다. 그는 둘째, 공물만 요구함으로써 낡은 경제
를 존속시키는 것을 보여주는데, 이는 오늘날에는 더 이상 직접적인
현재성을 지닐 수 없는 방식이다. 그는 셋째, 두 체제의 상호작용을
통해 거기에서 새로운 것이 생겨날 수 있다는 것을 보여준다. 이것은
로마제국의 노예제 경제가 처한 경제적 궁지와 게르만족 경제 사이에
서 있었던 일이다. 마르크스는 그로부터 새로운 것, 곧 유럽의 봉건
제가 생겨났다고 정확하게 말했다. 그러나 이러한 가능성이 지니는
현재와의 유사성이란 완전히 추상적인 유사성일 뿐이지 유비적인 유
사성조차 못 된다. 190) 오늘날에는 널리 사회화된 사회의 발전한 경
제·사회적 형식들에 접근하는 것만이 실재적 가능성으로서, 심히

---

190) Marx: *Rohentwurf*, p. 18. 〔《정치경제학 비판 요강 I》, 67쪽〕

허위적인 신(新) 식민주의에서 벗어날 출구를 보여줄 실질적 가망이 있다. 현재의 사회주의 세력들은 이러한 중대한 문제를 해결하기 위해 마르크스주의의 학설들을 동원할 능력이 없다. 이론적으로도 실천적으로도 전혀 그럴 수 없다. 스탈린 치하에서 이루어진 발전은 마르크스주의의 진정한 원리들을 망각케 했다. 그리하여 이러한 문제 복합체에서 어쩌다 순간적·전술적인 지원을 하는 것 말고는 지침이 될 만한 어떠한 도움도 줄 수 없게 되고 말았다. 그러한 지원이 경우에 따라서는 유익할 수도 있다(베트남에 대한 무력지원 같은 것). 하지만 그것이 그 상태에 그대로 머물러 있는 한, 전망을, 미래로 가는 길을 만들어내는 것은 불가능하다.

따라서 오늘날의 사회들은, 지배자들이나 피지배자들이나 공히, 역사의 흐름 속에서 이미 자주 그랬듯이 그들이 관장하는 정신적 수단들을 통해서는 해결 근처에도 갈 수 없는 문제복합체와 대면하고 있다. 〔267〕지난 수십 년이 가져온 유일한 진보 — 이것은 물론 아주 의미심장한 것인데 — 는 신식민주의를 생산하는 조작적 자본주의의 점점 더 짙어지는 위기가 확연해지기 시작했다는 점이다. 그러한 운동들의 방법, 전망 등등에 대해 말하는 것 또한 여기에서 우리의 과제일 수 없다. 현재의 조건하에서 봉기적 실천의 올바른 이론적 토대의 의식화 및 이와 밀접히 결부되어 있는, 그 실천의 대중성은 짧지 않은 기간을, 아마도 수십 년을 필요로 할 수 있다는 점만은 분명하다. 궁극적으로 가장 어렵게 만드는 계기는, 인류에게 긍정적이자 중요한 이러한 과제, 곧 현대 자본주의 경제가 세계시장 속에서 그에 대한 의식도 그럴 의지도 없이 그 물질적 토대를 창조했던, 모든 것을 포괄하는 저 일반적인 유적 성질을 구체적인 삶으로 변환하는 일이 당장의 현실에서는 단지 드물게만 과제로서 인지된다는 바로 그 점에 있다. 지금까지 모든 것을 소외된 형식으로 산출해왔듯이 가치와는 무관하게 인과적인 순수한 경제적 발전은, 이러한 통합도 착취와 억압을 위한 직접적인 폭력사용의 체제로서만 생산할 수 있었다. 억압과 착취의 지배적 경향들은 오늘날의 조작적 자본주의에서 이러한 상황의 생산물이자 생산자인 정치적 이데올로기를 이러한 직접성들에 제공할 수 있었다. 이에 맞선 저항, 곧 인류의 일반적인 유적 성질에 대한 추구가 실제로 유효하게 되기를 바란다면, 그 저항은 이러한 직접성을 폭파해야만 하며, 그리하여 문제의 객관적 본질로 꿰뚫고 들어가고, 조야한 착취를 형식적인 세련된 착취로 단지 전술적으로만 바꾸는 일이 생기지 않도록 해야만 한다. 모든 사회적 발전의 지배적인 인과적 성격은 이 경우에도 필연적으로 소외된 발전형식들을 만들어내지만, 사회적·객관적으로 사회적 발전의 근저에 놓여 있는 이러한 복합체를, 다시 말해 사회적 발전이 인류의 유적 성질과 맺고 있는 관계를 드러내 보여주지 않는 것은 아니다(이는 그 발전의 사회적 보편성과 연관된 것이다).

　세계시장의 발생을 단지 경제적인 문제복합체로만 본다면 그것은 추상적인 "경제주의"일 것이다. 비록 그 문제복합체의 구체적인 해결책들은 오직 경제적인 방식으로만 존재적 토대를 가질 수 있다 하더라도 말이다. 사회적 존재의 특유성의 근저에 놓여 있는 거대한 과정들, 곧 (한낱 생물학적인 재생산과는 다른) 노동의 내적 변증법에서 자생적으로 생겨나는, 외연적·내포적 확장과 완성을 향한 경향들은, 궁극적으로, 침묵하는 유적 성질의 극복 속에 존재하는 과정과 동일한 과정의 계기들이라는 점을 잊어서는 안 된다. 〔268〕 한낱

138

생물학적인 재생산의 발전요소인 침묵하는 유적 성질은 서로 극히 다른 유들을 생겨나게 한다. 하지만 그것들의 실존은 그 사실적 즉 자존재와 더불어 완성되어 있다. 그러나 이러한 침묵의 극복 — 이 것은 사회적 존재에서는 처음부터 객관적으로 존재하는 것인데 — 이 시작되자마자, 그 실존은 유적 성질의 대자존재 속에서만 실현될 수 있다. 즉, 대자적으로 존재하는 그러한 유적 성질은, 유의 모든 표본들이 개별적인 유적 존재로서도 그와 같은 유적 성질의 삶을 그 들의 실제적 생활방식 자체에서 실현할 수 있게 될 때에만 과거의 한 낱 유기체적 단계의 침묵을 실제로 극복하고 떨쳐 버릴 수 있다. 따 라서 그것은 실질적으로 이중적인 발전경향인데, 노동의 외연적 확 장191)과 내포적 완성을 근거로 이루어지는 재생산 과정의 자생적인 상향발전은 동시에 인류가 유적으로 의식적인 통일체들로 통합되는 방향을 창조하는 것이다. 종족에서 민족을 거쳐 인류로 향하는 이러 한 통일체들에도 역시나 고양・강화되는 경향이 내재하는바, 인간 들의 활동이란 늘 저 삶의 문제들, 곧 생산력의 발전에 의해, 인간의 삶 자체에 생산력이 미치는 직접적이거나 매개적인 영향에 의해 부 과되어 있는 그런 삶의 문제들에 대한 대답일 뿐이라는 데 그 이유가 있다. 궁극적으로만 통일적이고 실재적인 현상방식에서는 심히 균 열된, 대립들을 실현하는 이러한 과정 내부에서 이뤄지는 이러한 상 호작용이 아무리 복잡하다 하더라도, 이 궁극적인 통일성 또한 사회

---

191) 옮긴이 : 원문은 "착취"를 뜻하는 "Ausbeutung"(268쪽)인데, 약간 앞에 나온 유사한 대목을 참조하면 "확장"을 뜻하는 "Verbreitung"을 잘못 적은 듯하다. 우리는 문맥을 고려하여 "착취"가 아니라 "확장"으로 옮 긴다.

적 존재의 현실적인, 그렇기 때문에 유효한 부분이다. 그럼으로써 비로소 세계시장의 경제적 발생은 사회적으로 통일된, 따라서 일체의 침묵을 극복하는 인류의 유적 성질을 위한 존재가능성이 될 수 있다. 여기에서도 마르크스의 확언은 유효하다. "그렇기 때문에 인류는 언제나 자신이 해결할 있는 과제들만 제기한다. 더 자세하게 살펴보면 과제 자체는 해결의 물질적 조건들이 이미 있거나 적어도 막 형성 과정 중에 있는 곳에서만 생겨난다는 것이 늘 밝혀질 것이기 때문이다."192)

마르크스의 이러한 확언은 인류의 역사적 실천과 관련하여 결정적으로 중요하다. 그러나 그것에서 목적론적 요소 혹은 숨겨진 목적론적 요소 일체를 엄격하게 제거해낼 때에만 그 확언은 진리성을 보존하며, 따라서 실천적인 생산성도 보존한다. 이것이 뜻하는 바는 다음과 같다. 즉, 경제발전은 그 객관적인 진행 속에서 인간적 반응들의 내용과 형식의 기반들을 생기게 하고 심지어 폭넓게 규정하기까지 하지만, 이러한 인간적 문제들도 이를 총괄하는 사회적 대답들도 여하튼 "가치실현적인" 목적론적 연속성을 지니지 않는다. 〔269〕 노동은 정립하는 선택적 결정들에 의거한다는 것을 우리는 노동의 본질을 통해 알고 있다. 그러나 마르크스는 노동과정에서 이루어지는 결정의 선택적 성격을(그것이 아무리 폭넓은 의미를 띤 것이라 할지라도) 이렇게 확인하는 것으로 만족하지 않는다. 그는 거기에서 모든 사회적 사건의 일정한 선택적 성격이 — 물론 추상적·논리적인 의

---

192) Marx: *Zur Kritik der politischen Ökonomie*, Stuttgart, 1919, p. LVI. 〔《정치경제학 비판을 위하여》, 김호균 옮김, 중원문화, 1988, 7~8쪽〕

미에서가 아니라, 진공의(존재상 무규정적인) 공간에서 이루어지는 선택이 아니라, 구체적 가능성들의 외접원으로서의 경제적 발전에 의해 규정된 그런 선택적 성격이 — 생겨난다는 것을 명확하게 파악한다. 그가 이를 사회적 존재의 보편적 존재방식에 의해 산출된 것으로 여긴다는 것은 《공산당 선언》의 첫 번째 고찰만 보더라도 알 수 있다. 사회의 역사란 계급투쟁들의 역사라는 근본적으로 중요한 확언을 한 이후 그는, 더 자세하고 구체화하는 규정으로서, 이러한 역사 전체는 선택적 성격을 가진다고 첨언하기를 잊지 않는다. 투쟁은 "매번 사회 전체의 혁명적 개조로 끝나든지 아니면 투쟁하는 계급들의 공멸로 끝났다"[193] 는 말이 그것이다.

물론 이것은 계급투쟁들(따라서, 가장 중요한 사회적 결정들)의 결과에만 해당하는 것일 수 없다. 투쟁의 계기들 전체에도 해당되지 않는다면 그것은 무의미하고 비현실적인 것일 터이다. 따라서 우리가 지금 우리 모두가 대면하고 있는 선택적 상황을, 곧 인류의 현존재의 실재적인 대자존재로서의 인간적인 유적 성질의 실현을 더 자세하게 고찰하면, (선택들에 의거하는) 경제가 외연적으로나 내포적으로나 점점 더 강력해지는 인류통합을 초래한다는 것을, 경제가 그 실천적 해결이 그와 같은 인류통합으로의 경향들을 강화하는 그런 상황들을 만들어냄으로써 그렇게 한다는 것을 확인하지 않을 수 없다. 그런데 이러한 발전은 그 주노선에 있어서 인간적 경향들이 강화되고 지배적으로 되는 것으로서 진행되지만, 그 인간적 경향들은

---

193) *MEGA* 1/6, p. 526. 〔《칼 맑스·프리드리히 엥겔스 저작 선집 1》, 400~ 401쪽〕

발전의 이러한 주노선이 사상(捨象)될 경우 곧바로 정반대로 작용하는 힘들로 나타날 수도 있을 것이다. 다른 맥락들에서 우리는 인간의 역사, 곧 유적 성질의 침묵의 과정적 중단이 어떻게 동시에 소외들의 역사이기도 한지를 밝히려 시도했다. 그 소외들의 역사에서 지금까지는 하나의 소외형식은 다른 소외방식에 의해 교체되는 식으로만 그 효력을 상실했다. 인간적인 유적 성질이라는 일반적 입장에서는 물론 모든 소외가 부정적으로 평가될 수밖에 없다. 그러나 이와 동시에 우리가 한낱 유기적인 존재는 존재방식으로서의 소외를 결코 알지 못한다는 것을 확인하면, 우리는 더 고차적인 존재형식으로의 발전을 더 고질(高質)의 (가령 도덕적인) 범주들이 지배적으로 되는 것으로서 파악해서는 결코 안 되는 이유를 알게 된다. 〔270〕도덕적으로 비난받을 만한 것도 그로부터 생겨나곤 하는 그런 "대답들"의 실존 속에서 이러한 실재적(목적론적이지 않은, 은폐된 방식으로도 목적론적이지 않은) 존재발전이 표현된다. 그러한 경우들에서 도덕적으로 의식적인 사회에 이러한 비도덕성이라고는 알지 못하는 "자연"을 맞세웠던 저 계몽주의자들의 사회비판은, 사회의 세부사항들에서는 여러 측면에서 아주 정확하게 비판할 수 있었다. 그러나 그들은 발전의 진정한 존재적 문제는 부주의하게 지나쳐 버렸다. 다른 맥락에서 우리는 예컨대, 잔혹성은 사회적으로야 비로소 생겨날 수 있는 것이기 때문에 "동물적 잔혹성"이라는 표현은 이론적으로 공허한 말이라고 언급한 바 있다. 오늘날 궁극적으로 보편적인 저 인간적인 유적 성질의 실천적 실현을 가로막고 있는 억압과 착취 역시 우리가 한때 살았던 동물적 삶의 잔재가 아니라 오히려 이와는 반대로 인간적인 유적 성질의 발전이 낳은 결실, 그것이 생겨났을 때에는 심지어 객관적 진보를 가리키는 것일 수 있었던(식인 풍습을 대신한 노예제) 그런 결실이라는 점을 지적하는 것 또한 중요하다.

우리가 지금 현 상황에서 — 우리는 이를 해결하기 위한 극히 일반적인 구체적 조치들마저도 제안할 수 없는데 — 올바른 실천의 필수불가결한 전제조건으로서, 사회적으로 올바른 행위를 경제학적으로 정초할 필요성을 이야기하고 있다면, 이때 우리가 우선적으로 염두에 두고 있는 것은 올바른 실천과 경제학의 엄밀한 연관성 및 이로부터 생기는 올바른 반응들의 매개들이다. 이러한 요구 속에도 역시나 사회적 발전의 진보가 표현된다. 사회의 대체로 순수한 사회성이 발생하지 않았던 동안에는, 새로운 구성체를 정초하는 변화들조차 고유한 행위에 대한 이론적 통찰 없이 이루어질 수 있었다. 노예제에서 봉건제로의 이행이 그러한 예이다. 이러한 견지에서 보면 자본주의의 발생조차도 과도적 성격을 지닌다. 자본주의가 과학으로서의 경제학의 탄생을 도운 것이 사실이긴 하지만, 이 경제학은 이미 자본주의적 생산보다 먼저 있었으며 자생적으로 점점 더 우세해졌다. 마르크스주의에 와서야 비로소 사회적 재생산에서 이루어지는 노동 착취를 제거하기 위한 이론적 기초가 생겨났으며, 이로써 마르크스주의는 사회의 실질적 개조를 위한 이정표가 되었다. 효과적 실천을 위해 구체적이고 진정한 역사성에 바탕을 둔 이론적 토대를 완성하는 일은, 이 문제복합체에서 마르크스주의의 현재적 르네상스가 지닌, 마르크스 자신은 다룰 수 없었던 가장 중요한 문제들 가운데 하나다.

이것은 결코 순수한 "경제주의"를 요구하는 것이 아니다. 여기에서 고찰했던 통합과정이 역사에서 시작된 이래, 〔271〕 사회 속에는 인간들의 인류화(*Menschengeschlechtwerden*)를 사회성의 실질적 문제로서 숙고했던 이데올로기적 흐름들이 재삼재사 존재했다. 이는 서로 극히 다른 형식을 띠었는데(호메로스의 작품에서는 예컨대 손님에 대한 환대가 그것인데, 손님에 대한 환대의 명령은 일시적 우정보다 더 높은 위치에 있다), 그렇다고 해서 사안의 본질에서 본질적인 것은 전혀 바뀌지 않는다. 벌써 노예제 시대에 "말하는 도구"를 궁극적으로 평등한 인간으로 인정했던 사람들이 있었다. 사실 이것은 그들 자신의 노예들을 다루는 데에서만 실천적 결과를 가질 수 있었지만, 그렇다고 해서 역사적·실천적인 의의가 없는 것은 아니다. 인간들 자체의 평등에 관한 오늘날 — 형식적으로 — 존재하는 생각은 그러한 사전작업이 없었다면 생겨나기 힘들었을지도 모른다. 그리고 그러한 생각의 전반적 확산은 비록 실제의 중요한 부분들(인종 간의 불평등)이 그것과 현저히 모순되긴 하지만 진정한 통합을 위한 일정한 사전작업이다. 즉, 경제적으로 통합된 사회적 세계에서 인간의 평등은 여기에서 생겨나는 대자적인 유적 성질을 위한 하나의 기초를 이룬다고 하는, 사회적 발전에 의해 창출된 사실을 인정하기를 거부하는, 아직도 폭넓게 존재하는 저항을 약화시키는 것이다. 이러한 문제복합체에 대한 올바른 대답은 마르크스주의의 르네상스만이 줄 수 있는데, 궁극적으로 이 르네상스의 내용은 경제적 통합과 금후에 — 비록 점차적으로, 힘들게, 불균등하게 이루어지긴 하지만 — 실현 가능한 진정한 유적 성질 간의 이론적·실천적인 통일체로서의 사회주의일 뿐이다. 이때 사회주의 이론에서 일어난 스탈린주의적 방향전환은 유일하게 해결책들을 낳는 이러한 노선을 실현하는 데 중요한 장애물이다. 그도 그럴 것이 스탈린에 의해 도입된, 실천에서의 전술의 우선성은, 특수한 경우 위기시기에 발전을 촉진하는 결정을 낳을 수 있긴 하지만(베트남), 너무나 자주 순전히 자의적인 입장을 취하도록, 일반적인 경로와 관련해서 지극히 문제적인 입장을 취하도록 고무할 수밖에 없다(비아프라에 반대하여 이루어진 나이지리아 지원194)). 따라서 스탈린주의의 관료주의적 전통과의 근본적 단절을 뜻하는 마르크스로의 실질적인 귀환이 여기에서도 요구되어야만 한다.

---

194) **옮긴이** : 1967년 나이지리아의 동부 주(州)가 "비아프라(Biafra) 공화국"으로 분리・독립을 선언하자 나이지리아 정부가 전쟁을 선포했다. 종족 간의 정치・경제적, 문화적, 종교적 갈등으로 촉발된 내전은 석유 이권과 군수물자의 판매 이익을 노린 열강들이 개입함에 따라 열강들의 대리전 양상을 띠게 되었는데, 프랑스는 비아프라를 지지했고 소련과 영국, 미국은 나이지리아 정부를 지원했다. 1970년 1월 비아프라군의 궤멸로 끝난 이 전쟁으로 약 10만 명의 군인들이 사망했고 약 200만 명의 민간인들이 굶어 죽었다. 전쟁이 종식된 후에도 약 50만 명에 달하는 아사자를 낳은 이 전쟁은 그 참혹함으로 인해 "비아프라의 비극"으로 불리며 세계의 주목을 받았다.

IV[*]

존재과정과 인식과정의
연관성과 차이

앞서 한 고찰에서 우리는 여러 구체적인 맥락 속에서 마르크스의 범주관의 몇 가지 원리적 문제를 다소 상세하게 다루었다. 이제 문제는 거기에서 지배적인 원리들을 적어도 가장 일반적인 특징에 한해서나마 분명하게 설명하는 것이다. 그런 식으로 본래적 의미의 범주문제로 나아갈 때 우리가 곧바로 서두에서 확실히 해 두어야만 할 것이 있다. 마르크스는 이 원리들을 무엇보다 사회적 존재와 관련해서 상세히 설명했다는 것이 그것이다. [272] 그러나 사회적 존재의 존재론은 다른 존재방식들의 특징을 동시에 고려할 때에만, 다시 말해 다른 존재방식들과의 연관관계와 차이를 같이 고려할 때에만 철저

---

* 옮긴이 : 원문에는 번호가 아니라 별표(☆)로 되어 있는데, 우리는 이를 'IV'로 바꾸어 적는다.

하게 사유될 수 있다는 것은 마르크스에게는 언제나 당연한 일이었다. 다른 한편, 진정한 객관성 속에 있는, 의식으로부터 독립적인 존재 속에 있는 범주들의 존재적 성질과, 사유방식들 — 이것들로 의식은 범주들을 파악하려 애쓰는데 — 속에 있는 범주들의 존재적 성질 사이의 연관관계와 대립은, 우리가 두 복합체를 사유를 통해 실제로 파악하고자 애쓴다면 반드시 규명되고 구체화되어야만 한다는 것 또한 그에게는 언제나 당연한 일이었다.

　마르크스가 범주문제들의 본질과 연관관계를 어떤 — 여하한 종류의 것이든 — 추상적 원리에서 도출하지 않았다는 것은 지금까지의 설명에서 분명해졌다. 이와는 반대로 방법의 출발점과 실행은 그 존재성에 있어 즉자적으로 존재해 있는 대상들과 과정들의 서로 다른, 물론 존재적으로는 연관되어 있지만 본래 논리적으로 연속되는 것은 아닌 그런 실재적 성질에서, 그리고 그 대상들과 과정들의 그때그때의 현상방식, 형식 등등으로 향해 있으면서 인간 실천의 실질적 토대를 이루는 그때그때 사회·역사적인 욕구들에서 간취되고 이해될 수 있다. 구체적-추상적, 단순한-복잡한, 출발점-결론 등등과 같은, 인식론과 논리학에서 아주 중요해지고 있는 추상적인 분할원리들은, 그것들에서 사태 자체의 실재적(역사적) 존재규정들이 드러나게 되는 한에서만, 그리고 그것들이 현상들을 대개 처음부터 확정되어 있는 사유체계에 끼워 넣기 위한 사고규정들로만 머물러 있지 않는 한에서만 여기에서 모종의 역할을 할 수 있다. 구체적인 것에 대한 마르크스의 규정이 이와 관련해 매우 특징적이다. "구체적인 것은 그것이 수많은 규정들의 총괄이기 때문에, 따라서 다양한 것들의 통일이기 때문에 구체적이다. 그렇기 때문에 구체적인 것은 비록 그것이 현실적 출발점이고 따라서 직관과 표상의 출발점이라 할지라도, 총괄의 과정으로서, 결과로서 현상하지 출발점으로서 현상하지 않는다.["]1) 이 규정에서 특히 주목할 만한 것은, 마르크스는 우리에게 주어진 세계(그것이 자연이든 사회이든)를 원래부터 과정들의 실재적 종합(*Realsynthese*)으로 파악하지, 사유를 통해서야 비로소 그 규정들이 구성될 수 있는 그런 "직접성"으로 파악하지 않는다는 점이다. 청년 마르크스가 대상성(결국, 실재적 구체성)을 존재 자체와 동의어라고 말했을 때 얼마나 진지하게 그런 생각을 했던가 하는 것이 여기에서 드러난다. 따라서 대상성이란, 여하한 방식으로든, 곧 존재상으로든 인식하는 의식을 통해서든, 존재에 ― 그 존재를 조형(造形)하면서 ― 부가되는 규정(또는 규정들의 복합체)이 아니다. 〔273〕 오히려 그것은 아주 엄격한 의미에서 인식되어야만 한다. 즉, 모든 존재는 그것이 존재인 한 대상적이다. 그러므로 사유 속에서 구체적인 것이 총괄의 과정으로서 현상하는 것은 하나의 가상, 곧 마르크스가 바로 이어지는 고찰에서 보여주고 있다시피 예컨대 바로 헤겔이 현혹당했던 그런 가상이다. 이렇게 구체적인 것은 존재상 결과가 아니라 출발점이며, 바로 그렇기 때문에 존재에 부합하는 고찰에는 결과가 아니라 출발점이다. 그렇다고 해서 존재론적 차원에서 결정적으로 중요한 이러한 확언이, 그로부터 과학적 인식 과정이 단순하게 기계적으로 추론될 수 있다는 것을 의미하는 건 아니다. 이와는 반대로 마르크스는 과학으로서의 경제학의 발전을 예로 들면서 했던 동일한 설명에서, 구체적 출발점을 추상적 개별규정

---

1) *Rohentwurf*, p. 22 〔《정치경제학 비판 요강 I》, 71쪽〕

들로 단순하게 직접적으로 분해하는 것은 기껏 해봐야 인식의 예비적 행위일 수 있을 뿐이지 올바른 인식 자체일 수는 없다는 것을 보여준다. 이러한 추상들이란 그 자체에 구체적 규정성이 없는, 공허하고 아무런 내용도 없는 것이기 때문이다. 예컨대 계급은 그것이 근거를 두고 있는 구체적인 요소들 없이는 공허한 말이다. 분해하고 추상하는 인식 시도 이후 사고는 다시 출발점으로 돌아가야만 하며, 마르크스가 말하다시피 다시 뒤로 돌아가는 여행을 시작함으로써 원래 직접적으로 지각되었던 총체성에 도달해야만 한다. "그러나 이번에는 전체에 관한 혼란스러운 표상으로서가 아니라, 수많은 규정과 관계로 이루어진 풍부한 총체성으로서의"[2] 그 총체성에 말이다. 경제학의 역사와 관련하여 마르크스는, 경제학이 처음에는 첫 번째 길을 걸었는데 개념장치를 만들어낸 이후 "과학적으로 올바른 방법"을 형성했다고 밝힌다. 이렇게 인식의 방법은 인식 객체의 대상적(존재적, 범주적) 성질을 통해 규정되어 있다. 그렇지만 이것이 인식경로, 인식방법은 대상적 구체자의 과정적 존재의 모범이거나 또는 단순한 모방일 수 있다는 것을, 혹은 그래야만 한다는 것을 의미하는 것은 아니다. 따라서 과학적 인식과 철학적 인식은 그때그때 객체가 된 존재자의 구체적인 대상성에서 출발해서 그 존재자의 존재적 성질을 밝히는 것으로 귀결되어야만 한다. 바로 그렇기 때문에 이 과정은 존재의 과정과 결코 일치할 수도, 존재의 과정들을 결코 단순히 모방할 수도 없다. 그런데 인식경로의 독자성 문제에 있어 바로 이 방법론적 요구로부터 다음과 같은 결과가 나온다. 즉, 여기

---

2) *Ibid.*, p. 21. 〔《정치경제학 비판 요강 I》, 70~71쪽 참조〕

에서 적용된 "방법들", 여기에서 획득된 규정들은 인식론의 우세로 인해 벌어지곤 하는 것처럼 존재 그 자체의 성질에 대한 "모델"로 쓰일 수 없는 것은 물론이고, 독자적 인식가치도 가질 수 없다. 이와는 반대로, 그때그때 연구되어야만 하는 대상성의 존재적 성질에 대한 접근 정도가 [274] 비로소 어떤 인식방식이 올바른지 그릇된지에 대한 척도를 제공할 수 있다.

존재적 일반성:
'생산 일반'이라는 표현과 관련하여

존재의 그때그때 구체적인 대상성에서 존재가 지니는 이러한 무조건적 우선성은 존재에 대한 인식방식 또한 일반화된 형태로, 따라서 범주로서 규정한다. 이에 대해서도 마르크스는 위의 글에서 오해의 여지없이 분명하게 생각을 밝혀 놓았다. 무엇보다도 그는, 예컨대 생산은 언제나 특정한 사회적 발전단계에서 사회적으로 규정된 인간들에 의한 생산으로서 현존할 수 있을 뿐이라고 단언한다. 여기에서 그는, 그렇다면 이미 범주적 성격을 띠는 "생산 일반"이라는 말이 의미가 있는 것인지를 묻는다. 이 물음에 마르크스는, "생산 일반"이라는 표현이 하나의 추상이긴 하지만 "합리적 추상"인 한에서, 그 추상이 "실제로 공통적인 것을 강조하고 고정하는" 한에서, 따라서 생산의 과정적 존재 속에서 지속적으로 존재하는 원리를 가리키는 것인 한에서 그렇다고 대답한다. 존재적 일반성에 대한 이러한 인정, 다시 말해서 변화의 불가역적 과정 속에서 중요한 계기들이 연속적으로 지속하는 것에 대한 이러한 인정은 마르크스의 존재론에서 지극히 중요하다. 그러한 인정을 통해 마르크스의 존재론은 추상적인 헤라클레이토스적 동역학의 의미에서 "만물은 유전(流轉) 한다"고 하는 그런 추상적 동역학을 넘어선다. 또 그것은 새로운 존재론이 헤라클레이토스와 엘레아학파 철학자들 사이에 있었던, 인식론적으로나 논리적으로 풀 수 없었던 아주 오랜 원리적 대립을, 존재의 불가역적 과정의 두 계기가 수행하는 모순적이고 불균등한 공동작용으로 환원할 수 있으며 또 그래야만 한다는 것을 보여준다. 그렇기 때문에 마르크스가 이러한 "합리적 추상"을 규명한 직후에 다음과 같이 구체화한 것은 사리에 맞다. "그렇지만 이 **일반적인 것**, 또는 비교를 통해 추출해낸 공통적인 것은 그 자체가 다층적으로 구성된 것, 서로 다른 규정들 속에 분기(分岐) 해 들어가는 것이다. 그 규정들 가운데 몇 가지는 모든 시대에 속하고, 다른 몇 가지는 몇몇 시대에 공통적이다. 몇몇 규정은 가장 오래된 시대와 함께 가장 현대적인 시대에도 공통적일 것이다. 그것들 없이는 어떠한 생산도 생각할 수 없을 것이다. 하지만 가장 발전한 언어가 가장 미발전한 언어와 공통적인 법칙들과 규정들을 가지고 있다면, 언어의 발전을 형성하는 것은 바로 이 일반적이고 공통적인 것과의 차이이다. 생산 일반에 적용되는 규정들은 — 주체인 인류와 객체인 자연이 동일하다는 사실만으로도 생겨나는 — 통일성 때문에 본질적인 상이성이 망각되지 않도록 바로 구분되어야만 한다."[3] 그렇게 할 때에야 비로소 계기들의 지속됨, 지속적으로 재생산됨은 중요한 계기로서, 하지만

---

3) *Rohentwurf*, p. 7. 〔《정치경제학 비판 요강 I》, 53쪽〕

존재 자체의 불가역적 진행과정 속에 있는 단순한 계기로서 구체적으로 제시될 수 있다.

〔275〕 그러한 범주관계들은, 사람들이 그것들을 과정의 순차적 연속에서만 보는 것이 아니라 이를테면 전체과정의 횡단면으로서 볼 때에도, 원리적 자립성과 구체적인 공동작용에서 이루어지는 다면적 상호의존 사이의 변증법에 있어 유사한 역동적 구조, 유사한 상호침투를 보여준다. 같은 글에서 마르크스는 생산의 범주적 계기들(보다 좁은 의미에서의 생산, 소비, 분배 등등)과 관련하여 이를 상세히 다루었다. 이 자리에서 우리는 풍부하고 구체적으로 규정되어 있는 그의 설명에서 몇 가지 계기만, 즉 그것들을 고찰하면 그의 존재론의 가장 중요한 범주적 특징들이 밝혀지는 그런 몇 가지 계기만 부각시킬 수 있을 뿐이다. 서두의 발언에서 마르크스는 이러한 연관관계들을 논리화하도록 많은 경제학자들을 오도했던 가상을 지적한다. 그들은 그 가상을 추론의 형식으로 일반화함으로써 그렇게 오도되었다. 마르크스는 다음과 같이 말한다. "이 형식은 물론 하나의 연관관계이긴 하지만 피상적인 것이다."[4] 이러한 피상성은, 사고가 과정적인 존재 자체에 점점 더 확실히 접근함으로써 불가역적 과정 곧 역사로서 인식된 존재를 통해서만 극복될 수 있다. 그럼으로써 — 초기의 원시적 형태를 띤 — 생산행위와 소비행위의 병렬적 이원성은 유기적 존재에서 벌써 나타난다는 것이, 그리고 가령 소비는 "자연에서 원소들과 화학적 소재들의 소비가 식물의 생산이듯이" "직접적으로" 생산이기도 하다는 것이 즉각 밝혀진다. 이러한 직접적 연관관계는

---

4) *Ibid.*, p. 11. 〔《정치경제학 비판 요강 I》, 58쪽〕

인간의 사회생활에서도 관철된다. "예컨대 소비의 한 형식인 영양섭취에서 인간이 자신의 신체를 생산한다는 것은 명백하다."5) 이렇듯 처음에 두 계기의 직접적인 통일성이 수립되어 있는데, 하지만 마르크스가 이 고찰을 마치면서 언급하고 있듯이 이 통일성 속에는 두 계기의, 마찬가지로 직접적인 이원성 또한 계속 지속된다. 존재적으로 그 두 계기의 전사(前史)를 나타내는 이러한 토대 위에서 이제, 마르크스가 아주 섬세하게 분석했던 그것들의 역동적인 상호관계가 경제학의 본래적 영역인 생산과 소비에서 생겨난다.

모든 존재의
보편적 운동원리로서의 역사

이러한 분석의 세부사항들이 몹시 흥미롭긴 하지만 여기에서는 더 자세히 다룰 수 없다. 가장 본질적인 것만 짧게 요약하는 가운데 다음과 같은 점이 강조될 수 있다. 즉, 무엇보다도 존재기반들의 역사적 동역학으로 인해 구체적인 상호작용들의 복잡한 체계가 이러한 일반성에서도 생성될 뿐만 아니라 [276] 그 일반성과 부단히 연관될 수밖에 없다. 뿐만 아니라 생산의 개별 계기들은 서로 구체적이고 역사적으로 변하는 상호관계를 맺을 뿐만 아니라, 일반적인 사회적 연관관계들 속에 근거를 두고 있으면서 이 연관관계들에 거꾸로 영향을 미친다. 예컨대 마르크스에 따르면 분배과정은 생산된 것의 분배

---

5) *Ibid.*, p. 12. 〔《정치경제학 비판 요강 I》, 59쪽〕

를 위한 단순한 매개고리가 아니라 일반적인 사회발전의 결정적으로 중요한 계기로서 나타나는데, 이는 사회적 존재의 과정에서 범주들이 행하는 실재적 기능들을 근거로 범주들을 이렇게 정확하고 구체적으로 분화한 데 따른 중요한 이론적 성과다. 그렇지만 사회적 존재의 성질에 대한, 사회적 존재의 발생과 과정, 작용과 전망에 대한 마르크스의 이 같은 일차적 관심을 절대화하고 그럼으로써 그 관심을 사회의 발전에만 국한된 것으로 만든다면, 현실에 대한 인간의 타당한 사유와 관련하여 마르크스의 철학적 견해들이 지니는 세계사적 의의를 간과하게 될 것이다.[6] 모든 존재의 근본특성으로서의 역사에 대한 마르크스의 존재규정은 사회뿐만 아니라 자연에서도 유효한 보편적 학설이다. 그런데 이것이 지난 수십 년간 특히 공산주의자들 사이에 널리 퍼졌던 견해, 즉 마르크스의 견해 전체는 (오랜 의미에서의) 추상적인 보편적 철학학설이며, 모든 존재에 유효한 그 일반 원리들이 이제부터는 (한층 협소한 부르주아적 의미에서의) 역사와 사회에도 "적용"되는 양 보는 견해를 뜻하는 것은 결코 아니다. 이러한 "적용"을 통해서 이른바 "역사적 유물론"의 학설이 생겨난다. 스탈린은 그 유명한 《당사》(黨史)의 제4장에서 이 문제복합체들을 서술하면서 그런 입장을 취했다. 그는 다음과 같이 상술(詳述)한다. "역사적 유물론은 변증법적 유물론의 기본원칙들을 사회생활에 대한 연구로 **연장**한 것이며, **변증법적 유물론의 기본원칙들을** 사회의 생활현상들, 사회연구, 사회의 역사에 대한 연구에 **적용**한 것이다."[7]

---

6) 이것이 예컨대 나의 책 《역사와 계급의식》의 근본적 오류 가운데 하나다.
7) *Geschichte der KPdSU*, *Moskau*, 1939, 126쪽. 강조는 게오르크 루카치.

마르크스 자신과 관련해서 보자면, 내가 알기로 그는 "변증법적 유물론"이라는 표현을 사용한 적이 없다. 물론 그는 변증법적 방법에 관해 자주 이야기한다. 특히 엥겔스의 글에서 빈번히 나타나는 "역사적 유물론"이라는 표현은 늘 학설 전체와 관계가 있는 것이지, 특수한 영역으로서의 역사 "영역"에의 특수한 "적용"을 의미하는 것은 결코 아니다. 〔277〕 역사를 모든 존재의 보편적 운동원리라고 생각하는 마르크스의 경우, "적용"이라는 표현만 하더라도 이미 그 자신의 근본원리와 모순되는 것일 터이다. 따라서 그가 역사과정이라고 말할 때 그 말로써 그가 뜻하는 것은 일반적으로 우주의 불가역적 과정 전체다. 특정한 (결국 또한 우연적인) 상황하에서 새로운 존재방식으로서 인간, 노동, 사회 등등의 역사시대가 그 과정에서 펼쳐져 나온다. 그리하여 《경제학-철학 수고》에는 다음과 같이 적혀있다. "그러므로 역사 전체는 '**인간**'이 **감성적** 의식의 대상이 되기 위한, 그리고 '인간으로서의 인간'의 욕구가 욕구가 되기 위한 준비사다. 역사 자체는 **자연사의 현실적** 일부, 자연이 인간으로 되는 과정의 현실적 일부다."[8] 이러한 역사 과정은 시작도 끝도 없다. 지구에서 살아갈 수 있을 가능성의 종언, 그럼으로써 또한 우리 인류역사의 종언은 자연고찰에서 지극히 실재적인 개연성이 있는 측면에 속하지만 이 점을 일단 제쳐 놓는다면, 마르크스주의는 이러한 역사적 과정 자체 내에서 어떠한 종결도 인정하지 않는다. 모든 유토피아주의와의 대립은 마르크스의 글에서 모든 "역사의 종언"이 엄격하게 불가능한 것으로 천명되고 있다는 점에서도 표현된다. 마르크스

---

8) *MEGA* 1/3, p. 123. 〔《경제학-철학 수고》, 140쪽〕

의 눈에는 공산주의 또한 인류의 (역사의 종언이 아니라) 전사(前史) 의 종언일 뿐이며, 따라서 본래적인 인류사의 시작이다.

따라서, 과정으로서의 모든 존재의 불가역적인 (역사적인) 근본 성격은 지금까지의 이론들이 존재의 가능성의 전제조건으로서 규정 했던 저 모든 표지(標識)를, 그리하여 의식, 가치, 개체성 등등의 역할을 피할 수 있다. 그렇기 때문에 마르크스의 존재론에서는 대상 성의 현존재 형식이자 실존규정으로서의 범주의 특성이 모든 존재 의 불가분한 표지로서, 모든 존재의 존재론적 특성인 일반적 역사성 으로부터 생겨나는 근본적인 규정들에 속한다. 이때, 존재와 대상 성의 파기될 수 없는 원래적 통일성(모든 존재는 구체적으로 대상적이 다. 헤겔의 이론적 출발점인 추상적 존재는 진정한 존재방식일 수 없다. 헤겔은 한갓 추상적인 사유구성을 목표로 한다) 또한 존재 문제를 전혀 건드리지 않는다는 점이 특히 강조될 수 있고 또 강조되어야만 한 다. 존재의 이 모든 본원적 표지에서 자연히 생겨나는 결과는, 규정 된[특정한] 존재형식으로서 범주란 그 구체성에서 유일무이하게 개 별적인 대상성들의 지속적이고 과정적인 상호관계 속에 존재하는 과정적 일반성의 계기에 다름 아니라는 것이다.

본원적인 존재규정으로서의 일반성

[278] 따라서 일반성과 개별성이란 본원적인 존재규정들이지 사유 를 통한 추상행위의 산물이 아니며, 따라서 단지 사유를 통해 대상 들에 대해 — 대상들을 규정하면서 — 말해진 것이 아니라 존재 자체

의 구체적이고 직접적인 규정들이다. 이 말이 부르주아적인 사고습관에서 보면 처음에는 심지어 역설적으로 들릴 수도 있을 것이다. 그렇지만 하나의 예 — 물론 실천적으로 극히 중요한 예인데 — 만 증거로 끌어와서 보자면, 실험을 생각해 볼 수 있다. 그러면 실험이란 구체적으로 진행과정 중에 있는 존재복합체에서, 실천적으로 경험된 규칙들에 따라서 볼 때 통상 그 존재복합체 속에서 지속적으로 작용하지 않는 그런 존재계기들을 최대한 완전히 배제하는 것에 다름 아니라는 것을, 그리하여 (존재상 범주적으로) 그와 같이 "정화(淨化)된" 환경 속에서 (마찬가지로 통상) 지속적으로 작용하는 성분들의 상호관계를 그 상호관계의 그와 같이 "정화된" 형식 속에서 관찰하고 이를 결과로서 — 그 비율에 따라 — 인식 가능하게 만들 수 있는 것이라는 것을 금방 알 수 있다. 이때 또한 마찬가지로 분명한 것은, 실험에서 탐구된 존재는 현실에서는 통상적으로 그와 같이 "정화된" 방식으로 결코 있지도 작동하지도 않는다는 점이다. 그러나 또 마찬가지로 분명한 것은, 비록 이렇게 "정화된" 형식 속에서 이루어지긴 하지만 어쨌든 실험에서는 우리의 현실적 자연환경에 대한 우리의 정상적인 실천적 태도 속에서 이루어지는 것과 똑같이 존재연관이 탐구된다는 점이다. 실험에서 나타나고 사유를 통해 파악 가능하게 되는 일반성은 따라서 일차적으로 우리 사고의 산물이 아니다. 설사 어떤 존재연관 속에서 정점에 이르는, 존재에 대한 이러한 경험이, 실험을 준비하는 과정에서 결정적인 역할을 한다고 할지라도 말이다. 그런 경험이 하는 역할은 존재요소들을 목표의식적으로 "정화하는" 편성에 지나지 않는다. 이에 따라 또한 결과는 어떤 존재연관을 드러내는 것이지, 존재를 사유 속에서 추상화를 통해 파악하려는 단순한 시도를 드러내지는 않는다. 실험 준비에서 사유 계기들이 얼마나 큰 역할을 하든 간에 이로 인해 진정한 존재연관의 드러냄이라는 결과의 성격에서 바뀔 수 있는 것은 아무것도 없다. 이 점은 실험이 존재 "정화"의 근저에 놓여 있는 "가설"을 확증하거나 반박할 자격을 가진다는 사실에서 이미 드러난다. 사고의 진리성에 대한 결정은 여기에서도 존재 자체에 의해 내려진다.

여기에서 존재인식과 관련된 몇 가지 결과가 우리에게 중요해진다. 첫째, 대상성들의 규정들에서 일반성은 그 대상성들의 존재적 총체성 자체의 즉자적인 존재적 계기이지, 사유를 통해 그 총체성 속에 투사된 것이 아니라는 점이 무엇보다 중요하게 된다(만약 그렇지 않다면, 실질적이고 생산적인 실험들은 불필요할 것이며 심지어 불가능할 것이다). 둘째, 여기에서 눈에 띌 수밖에 없는 것은, 진행과정 중에 있는 대상성들의 복합체에서 이 일반성은 존재자로서, 〔279〕특정한 한정적 계기들에도 불구하고, 동시에 다른 계기들과도 구체적 대상성의 성질을 공유한다는 점이다. 그것은 한갓 추상적 일반성이 결코 아니며, 단순 보편적인 것이 결코 아니다. 그것은 언제나 동시에 구체적 대상성 방식들의 하나의 구체적 존재다. 따라서 그것은 결코 사유상의 일반성 자체가 아니라 언제나 존재해 있는 어떤 것의 존재해 있는 일반성이며, 구체적 대상성들 및 그 상호관계와 상호작용들의 일반성이다. 따라서 그것의 작용은 마찬가지로 구체적인 작용, 곧 각각의 구체적인 연기적(緣起的) 연관관계의 부분이자 계기이다. 이는 전반적인 존재인식에 있어 중요한 결과를 가지는데, 각각의 그러한 일반성은 성공적인 실험에서는 그 고유의 성질을 순수한, 교란되지 않은 형식으로 전개할 수 있지만, 전체 존재 자체에 있어 이 "순수성"은 언제나 왕왕, 아니 빈번히, 지배적인 경향으로서만, 다시 말해 결코 이 "순수성" 자체로서가 아니라 이질적 계기들의 상호작용으로부터 그때그때 발생하는 전체과정의 계기로서만 유효하게 될 수 있다는 것이 그것이다. 그런데 이로써 일반성의 실재 존재적 작동은 전체과정의 한 계기로 바뀌며, 수많은 실험에서 명명백백하게 나타나는 그 필연성은 이러한 역동적 총체성의 더 크거나 더 작은 확률의 ─ 경우에 따라서는 결정적으로 중요한 ─ 부분계기로 바뀐다. 물론 그렇게 해서 생겨나는 편차들은 아주 작을 수 있으며, 그 실천적 영향은 아주 긴 기간에 걸쳐 있을 수 있다. 사태의 이 측면이 직접적인 실천 자체에서 실제로 별반 중요하지 않은 것으로 입증될 정도로 말이다. 이에 반해 현실 자체에 대한, 존재에 부합되는 존재론적 인식이 추구될 경우, 그와 같은 편차들이 실제로 지각될 수 있는 강도에서 효력을 발휘하는 것이 며칠 안에 이루어지는 일인지 아니면 몇백만 년이 걸리는 일인지는 순수 이론적으로 결코 결정적으로 중요한 일이 아니다. 과정들의 그러한 기간들의 무의미성이 지니는 실천적 중요성은 하나의 순수 실천적 문제로, 인간 실천 그 자체의 한 규정으로 머물러 있다. 이론적으로 우리는 어떤 과정의 시간적 연장에서 존재적 사실을 알아내고, 또 진행과정의 시간적 길이의 차이들을 인간연관적인 주석(註釋)들로서 평가할 만큼 이미 많이 나아갔다.

무기적 자연에서의 개별성과
유기적 자연에서의 개별성의 차이

물론 무기적 자연에서만 이런 형식으로 일반성의 문제가 나타난다. 무기적 자연에서 개별성은 대상성 형식으로서 실존하긴 하지만, 개별 대상의 직접적인 존재과정 속에서 직접적으로 존재를 변화시키는 효과나 결과는 갖지 않는 그런 대상성 형식으로서 실존한다. 어떤 바위가 대략 천 조각으로 분쇄되면, 이 천 개의 돌은 이전에 그것들이 바위 속에서 하나로 결합된 존재로 있었던 것과 똑같이 무기적 존재 내에서 존재하는 대상들이다.

〔280〕물론 이때 존재상(上)의 결과들도 생겨날 수 있다는 것을 부인해서는 안 된다. 이전에는 존재하는 바위 하나가 있었고, 지금은 천 개의 작은 돌들이 있다. 대상성의 계기로서 정량(定量)이 존재과정에서 일정한 역할을 하는 것은 의문의 여지가 없다. 이에 반해 어떤 짐승이 죽거나 나무가 말라죽는 경우, 그것들은 유기적 존재의 과정에서 최종적으로, 완전히 떨어져 나가는 것이며, 이미 그 순간 무기적 존재 내에서 물리·화학적 과정들의 단순한 대상이 된다. 이 두 경우에서 무엇보다 중요한 것은, 추상적으로 보면 두 존재방식에 똑같이 현존하는 존재규정으로서의 개별성이다. 하지만 개별성은 각 존재체계에서 서로 다르게 현존하며 그럼으로써 전체과정들에서도 존재적 변화들을 야기한다. 이런 점은 마르크스의 범주관에서 지극히 중요하다.

이때 무엇보다도 두 가지 근본적인 차이에 주목해야만 한다. 첫째 ― 지배적인 방식의 세계적 척도에서 볼 때 ― 무기적 존재는 다른 존재양식과 일체 대면하지 않더라도 자립적인 존재로서 존립할 수 있으며, 또 고유한 존재에 부합되게 작동할 수 있다. 그러나 유기적 존재는 무기적 존재복합체의 발전결과로서만 발생할 수 있으며, 또 후자와의 부단한 상호관계 속에서만 하나의 존재로서 존립한다. 따라서 무기적 존재는 유기적 존재에서 유기체들의 환경이라고 지칭될 수 있는 것의 한 본질적 부분이 된다(유기적 세계의 개별표본들과 유들에 대해 유기적 세계 자체도 환경으로 나타난다고 해서 이러한 사태가 바뀌진 않는다). 이것은 무기적 존재에서는 아직 전혀 없는 존재연관이다. 둘째, 이러한 존재기반 위에서 전체 존재는 상호 영향을 미치지만 서로 다른 방식으로 작동하는 두 가지 존재양식으로 나누어진다. 무기적 존재의 토대 위에서 하나의 새로운 존재가 발생하는데, 이 존재는 비교적 단기간 작동하고 진행되는 대상성과정들로 구성된다. 이 대상성과정들에서는 일정한 시작과 일정한 끝이 불가피하게 모든 개별 대상성의 존재과정 자체의 일부를 이룬다. 이것만으로도 존재형식으로서의 개별성은 근본적으로 변했으며, 또 이에 따라 그 개별성에 조응하는 구체적 일반성 곧 유는 무기적 존재에서 그럴 수 있었던 것과는 전혀 다른 방식으로 모든 개별표본의 총합이 된다. 즉, 여기에서 유는 그 개별표본들의 발생과 소멸의 과정 속에서 보존되며, 따라서 무기적 존재에 특징적인 저 기계적으로 작용하는 연속성을 갖지 않는다. 유기적 존재에서 모든 개별자의 이 단기적인, 처음부터 한계가 설정되어 있는 과정성은, 한편으로는 대상성의 현상방식의 영역 전체에서 그 개별성을 선명하게 부각시킨다. 〔281〕라이프니츠가 자연에는 서로 똑같은 두 개의 대상은 없다는 사실을 실증하고자 했을 때 나뭇잎을 예로서 끌어낸 것은 분명 우연이 아니다. 자연에는 완전히 똑같은 두 개의 돌은 없다고 말하는 것과, 이웃사람들과 똑같은 지문(指紋)을 가진 사람은 없다고 말하는 것은 똑같이 정당할 수 있을 것이다. 세 가지 존재양식 모두에서 볼 수 있는 단순한 개별성 범주의 이러한 직접적 연속성에도 불구하고, 유기적 존재의 이러한 종류의 개별성은 이 범주의 역사에서 하나의 질적 전환을 의미한다. 우리가 보았다시피 마르크스가 식물세계에서 생산과 소비의 변증법과 유사한, 그 변증법을 구조적으로 선취하는 어떤 면을 본 것은 이미 이 방향을 가리키는 것이다.

유기적 자연에서의
개별성과 유적 성질

그러나 존재의 객관적 발전과 관련하여 더욱더 중요한 것은, 유기적 존재세계의 재생산 과정들이 더 이상 식물의 경우처럼 장소에 엄격히 매여 있지 않게 되자마자 완전히 새로운 존재관계가 생겨난다는 사실이다. 즉, 물리적·화학적인 객관적 작용방식이 생물학적으로 "주체적"인 작용방식으로 바뀌는 변형이 생겨나는데, 시각, 청각, 후각 등등이 그것이다. 물론 여기에서 주체성 및 객체성 일반에 관해 말하는 것은 엄격하게 존재론적인 의미에서는 정확하지 않으며 확실히 약간 오도된 것이다. 게다가 이러한 변형들은 전적으로 생물학적인 재생산법칙성들을 따르고 있다. 마르크스는 동물과 인간 사이의 이러한 차이를 정확하게 구별했다.[9] 인간의 경우 이러한 변형

---

9) 우리가 앞에서 다루었던 자연적 한계들의 후퇴는 바로 이러한 변화의 과정을 중요한 계기로서 내포하고 있다.

과정이 그의 인간적 존재의, 그의 실천의 생물학적 · 자연적인 전제 조건을 이루는 것이 사실이지만 그러나 이미 그 이상의 필연적 변형들이 생겨난다. 하지만 동물의 경우 이러한 변형은 자연적인 생물학적 수준에서 결코 벗어나지 못한다. 마르크스는 이러한 차이에 대해 다음과 같이 말한다. "동물은 무(無)와 '**관계**'하며, 아무런 관계도 없다. 동물의 경우 그것이 다른 것들과 맺는 관계는 관계로서 실존하지 않는다."10) 따라서 이러한 존재수준에서 벌써 주체와 객체에 관해 말하는 것은 성급한 추상일 것이다. 그도 그럴 것이, 환경에 대한 능동적 적응에서야 비로소 주체가 그와 같은 변화들을 의식적으로 이끌고 조정하는 힘으로서 발생하며, 그 주체의 목적론적 정립들에서야 비로소 대상은 — 그것이 어떤 존재방식에 속하든 — 그의 객체가 되기 때문이다. 유기적 자연에서는 아직 생명체들의 생물학적 재생산 과정이 (개별표본들에서는 직접적으로, 유에서는 이 개별표본들에 의해 매개되어) 환경에 맞서 그들의 재생산 조건들을 어떻게 관철시키는지만 중요할 뿐이다. 〔282〕 물론 이때 그 환경이란 결코 재생산의 실현을 위해 있는 것이 아니라 기껏해야 그 실현의 가장 일반적인 가능성을 산출하는 것이다. 따라서 재생산 과정은 이러한 현실에 대한 순수한 수동적 적응으로서, 사정에 따라서 해당 생명체의 재생산 과정에 유리하게 작용하거나 불리하게 작용할 수 있는 생물학적으로 규정된, 물리적 · 화학적으로 작용하는 활동들 속에서 이루어진다.

　유기체와 환경 간의 상호작용에 내재하는 이러한 대립이 이러한 재생산 과정의 특징인바, 그것은 노동의 목적론적 정립들을 통해 이

---

10) *MEGA 1/5*, p. 20.

164

루어지는 환경에 대한 사회적, 능동적 적응과는 다른 것이다. 이미 노동은 효과적인 적응이냐 실패한 적응이냐 하는 양자택일을 산출한다. 따라서 유리함-불리함은 아직 자연 내부의 대립성으로 머물러 있는 것이지만, 성공이냐 실패냐는 사회와 자연 간의 신진대사에서만 발생한다. 하지만 여기에 내포된 그 모든 대립성에도 불구하고 양자는 무기적 자연에서는 유사한 것이 있을 수 없는 어떤 것을 표현한다. 따라서 유기적 자연 영역의 이러한 과정이 — 일반적으로 보자면 — 무기적 자연의 과정들과 마찬가지로 순수하게 인과적인 특징을 내보이며 그럼으로써 목적론적 정립들의 존재적 의의와 대립한다 할지라도, 그 과정은 생물학적 과정이 그때그때의 유기체의 재생산을 자신의 수단들과 가능성들을 통해 촉진하려 애쓰는 한 무기적 자연의 과정들에 비해 새로운 특징들을 표현한다. 무기적 자연의 과정들에서는 발견될 수 없는 어떤 경향을 표현하는 것이다. 그렇게 생겨나는 역설적 상황을 지금까지 가장 적절하게 표현했던 사람은 칸트이다. "목적 없는 합목적성"을 이야기함으로써 말이다. 여기에서 역설적으로 나타나는 상황은, 어떠한 의식적 정립 없이 자기 자신을 재생산하는 살아 있는 복합체에는 자신의 재생산 조건들을 관철시키려는 내적 경향이 내재한다는 존재적 성질을 보여준다. 이때 이것이 성공하는지, 또 성공한다면 얼마만큼이나 그런지, 그리고 해당 개별유기체(또는 유)가 자신을 보존하는지 사멸하는지 등은 물론 그때그때의 내·외적 상황에 달려 있다. 그러나 이 모든 것은 이러한 새로운 특징들에도 불구하고 한낱 자연적 발전의 한낱 자연적 존재의 틀 내에 머물러 있다. 유들은 사멸할 수도 있고 새로운 유들로 성장·전환할 수도 있다. 그러나 이때 자연존재의 한계들을 넘게 되는 일은 결코 없다. 자기를 보전하고 재생산하는 적응방식들이 비교적 오랫동안 유지될 수 있다. 하지만 그것들은 자연적 한계들을 부수어 버릴 상향 발전으로의 내적 경향은 전혀 갖고 있지 않다.

　노동에서 이루어지는 목적론적 정립들의 힘으로 자연에서 탈퇴하게 됨에 따라 비로소 사회성을 초래하는 새로운 정황이 생겨난다. 즉, 이러한 토대 위에서 발생하는 새로운 유 유형(*Gattungstypus*)의 무한해 보이는 발전가능성들이, 〔283〕 그리고 그 유 유형의 영역 내에서 그 유 유형을 이루고 있는 개별표본들의 무한해 보이는 발전가능성들이 생겨나는 것이다. 다른 맥락들에서 이미 우리는 어떻게 그와 같은 발전을 통해 한낱 자연적·원래적인 개별성에서 인간적 개체성이 산출되는지를 보여준 바 있다. 이때 당연하게도, 역시나 이미 앞에서 설명했듯이, 유 유형의 존재적 변형이 동시에 일어난다. 즉, 자연의 침묵하는 유로부터 유적 표현을 할 능력이 있는, 경향적으로 통일적인 유가 발생한다. 무기적 자연은 존재적으로 유의 파기할 수 없는 복수성에 근거하고 있다. 우리가 보았다시피 사회적 존재에는 인류를 하나의 ― 그 통일성을 의식하는 ― 유로 통합하는 경향이 내재한다. 여기에서도 모순적이며 불균등한, 그러나 불가역적인 과정이 문제라는 것 역시 앞에서 설명되었다. 여기에서 서술된 유기적 자연의 개별성과 유적 성질은 객관적으로 존재상 어디까지나 자연이면서, 새로운 (사회적인) 존재적 성질과의 역사적 연결고리이기도 하다.

인과성과 목적론

여기에서 서술한 일반성과 개별성 같은 범주들의 변화는 또한 존재의 성질을, 존재의 운동과정들에서 이루어지는 지속과 변화를 볼 수 있게 한다. 이때 모든 것을 가동시키고 유지하는 운동 원리는, 우리가 까마득한 옛날부터 통상 인과성이라 부르는 그것이다. 대상성복합체들의 내적 역동성, 그것들이 쌍방 간에 가하는 물질적 영향, 이 영향의 상호작용 등등은 우리가 통상 인과적 과정이라 부르는 것을, 그것도 이제는 이미 일반적으로 인식된 형태로 산출한다. 즉, 우리가 지금 사상상으로는 통상 통계적 확률들로 알게 되는 그런 — 대개 극히 다양하고 복잡한 — 상호작용들로 이루어진 불가역적 과정들로서 그것을 산출하는 것이다. 자연에서 그러한 인과적 과정들은 형식화하거나 심지어 규정하는, 여하한 종류의 살아 있는 의식도 전제로 하지 않는다. 그 과정들은 객관적·물질적인 과정들이며, 그 과정들의 성질은 그 산물이 객관적으로 인과적 과정인 그런 대상성들, 과정들 등등에 의해 완전히 규정되어 있다. 우리가 방금 다루었던 생물학적 과정들의 특징들 역시 인과적 과정들의 이러한 근본 성질에서 본질적인 것을 전혀 바꾸지 못한다(이때 그 과정들 속에서 개별성에 모종의 중요한 역할이 맡겨지는데, 그럼으로써 아마도 내적인 분화들은 생겨나겠지만, 여기에서 결정적으로 중요한 인과적 과정들의 일반적 문제는 건드려지지 않는다).

사회적 존재에서 목적론적 정립들이 접하는 근본적 의의와 더불어 비로소 의식은 사회적 인과성의 한 중요한 계기가 된다. 그러나 이러한 대립적 이원성을 올바르게 파악하려 한다면, 사회적 존재에서도 〔284〕 목적론적인 부류의 과정들은 전혀 있을 수가 없고, 다만 특수한 시동(始動) 걸기와 이를 통해, 목적론적 정립들에 의해 착수된 저 인과적 과정들에 영향을 미치는 것만이 있을 수 있다는 것을 결코 잊어서는 안 된다. 물론 목적론적 정립들은 사회적 존재의 모든 과정에 — 자연의 진행에 영향을 끼치고자 하는 그런 과정들에도 당연히 — 특수한 성격을 부여하지만, 그렇다고 해서 결코 실재 과정들의 인과적 성질을 제거할 수는 없다. 물론 원래의 인과과정들에서 아주 광범위한 변양(變樣)들(Modifikationen)이 발생할 때가 자주 있다. 그러나 이러한 변양들도 그 인과성을 결코 폐기할 수 없다. 자연에는 구체적인 과정들 그 자체가 전혀 없는 경우들, 다시 말해 구체적으로 진행과정 중에 있는 복합체가 전적으로 목적론적 정립 자체의 결과인 것처럼 보이는 경우들에서조차도 이러한 상황은 변함이 없다. 예컨대, 이미 앞에서 거론했던 바퀴의 예를 생각해 보라. 바퀴 그 자체는 자연에서는 결코 발견될 수 없는 것이며, 따라서 전적으로 목적론적인 정립의 산물인 것처럼 보인다. 하지만 그렇게 계획되어 현실화되는 바퀴의 운동은 그럼에도 불구하고 그 존재기반에 있어서는 목적론적으로 영향만 받았을 뿐인 자연적인 인과적 과정들과 범주적으로 결코 구별되지 않는, 순수 인과적 과정에 지나지 않는다.

인과성과 목적론 간의 유일한 존재적 연관관계에 대한 이러한 존재론적 인식을 통해 비로소 존재 일반과 관련하여, 특히 인과성과 목적론 양자가 실제로 입증가능하게 상호결정 관계 속에 있는 유일한 존재방식인 사회적 존재와 관련하여, 그 양자의 상호관계들을 보다 정확하게 규정할 수 있는 가능성이 생겨난다. 더 구체적으로 말하면, 객관적인 측면에서는 공통적으로 야기된 과정들의 존재적 성질과 관련하여 그럴 수 있는 가능성〔인과성과 목적론 양자의 상호관계들을 보다 정확하게 규정할 수 있는 가능성〕이 생겨나며, 주체적인 측면에서는 인과성이 순수 객관적 과정으로서 작동할 수 있음으로써 — 순전히 과정으로서 보자면 — 그 발생과 진행을 위한 여하한 주체도 필요로 하지 않는 상황의 결과로서 그럴 수 있는 가능성이 생겨나는 것이다. 이에 반해 주체에 의해 주도된 정립에 의해 야기되어 발생하지 않는 목적론이란 결코 있을 수 없다. 그 결과, 세계의 인식과 관련해서 보자면, 자연적 과정들 속에 목적론을 집어넣어 해석하려는 모든 시도는 필연적으로, 자연과는 낯선 어떤 초월적 주체를 설정하기에 이른다. 존재론적으로 보자면, 이를 통해 과학과 종교의 순수하고 명백한 분리가 생겨난다. 그도 그럴 것이 보편적인 목적론적 과정이란, 시작 전에 이미 정확하게 규정된 목표를 모든 단계와 계기에서 실현할 수 있는, 다시 말해서 모든 단계와 계기에서 목표 정립적 주체에 의해 사실상 그 목표 쪽으로 유도되는 그런 진행의 과정일 수밖에 없을 것이다. 목적론적으로 작동되는 성질을 지닌 존재 과정들의 그와 같은 보편적 구성에서 생겨나는 해결 불가능한 문제들의 여러 변종을 다 헤아리거나 다만 암시라도 하는 것 또한 여기에서 우리의 과제일 수 없다. 〔285〕여기에서 본질적으로 중요한 것은 두 가지 문제복합체이다. 첫째, 목적론적으로 진행되는 과정이 있다면 그것은 모두 다 그 과정에 의해 지배되어야 하는 존재에 대해 독자적으로 행위할 능력이 있는 어떤 주체를 전제로 할 것이다. 노동 및 인간의 제반 활동으로부터의, 실천 전반에서 필요한 독립성 속에서, 주체는 노동과 동시에 발생한 사회적 존재를 산출한다. 이때 문제는 결코 가동된 목적론적 과정들이 아니라 인과적 과정들에 목적론적으로 적절하게 영향을 미치려는 노력뿐이라는 점은 아무리 반복해서 강조해도 지나치지 않는다. 인과적 과정들 자체를 목적론적 과정들로 바꿀 수 있을 정립 주체는, 모든 존재에 대해 그것들을 완전히 초월해 있는 실존과 전지전능함을 틀림없이 가질 것이며, 따라서 그 존재에 있어 유대·기독교적인 신의 유형에 속할 수밖에 없을 것이다.11) 그리하여 모든 자연적·사회적 과정의 내용, 연관, 방향 등등에서 근본적인 전환이 일어날 수밖에 없을 터인데, 이는 이러한 전제조건들에서 저절로 생겨난 결과이다. 그런데 지금까지는 이와 같은 것은 말할 것도 없고 비슷하기만이라도 한 것조차도 실제 과정들에서 발견된 적이 없으며 제시된 적도 전혀 없다. 이와는 반대로 사회적 존재의 형성, 제반 존재과정에 대한 인류의 점증하는 실천적 지배(그리고 그 기반을 이루는 이론적 지배)는, 초창기에 비슷하게 받아들여졌던 객관적·초월적인 목적론적 표상들이 감소하고 있음을 곳곳에서 보여준다. 이러한 맥락에서 엥겔스는 다윈을 읽고 난 후 마르크스에게 보낸 편지에서 다음과 같이 적고 있다. "목적론은 한쪽도 아직 파괴된 적이 없었는데, 이 일이 지금 일어났습니다." 이어지는 다음과 같은 말은 모든 존재 문제와 존재의 역사성의 연관관계를 특징짓는 말이다. "게다가 자연의 역사적 발전을 입증하려는 그렇게 거창한 시도는 지금까지 단 한 번도 행해진 적이 없었습니다."12) 존재의 모든 과정에서 이루어지는 인과성의 일반적 지배는

---

11) 그리스·로마의 신들은 단지 고양된 인간적 실존을 가질 뿐이며, 그와 같은 — 존재의 근본적인 규정들을 바꾸는 — 통찰과 힘은 기껏해야 예외적으로만 요구한다.

인류의, 그리고 모든 실천 — 그것이 자연을 향한 것이든 사회를 향한 것이든 — 의 아주 오래고 실로 확고부동한 경험이다. 따라서 우리는 대략 다음과 같이, 즉 현실인식의 발전, 자신의 환경에 대한 올바른 태도의 구축(構築)은 본질적으로 인과적 과정들의 본질에 대한 점점 더 확장되고 점점 더 개선되는 인식과, 그리고 존재의 모든 부분계기에서 그 과정들을 발견하는 것과 불가분하게 결합되어 있다고 말할 수 있다. [286] 이 점이 의식적인 방식으로 적절하게 인식되었던 것이 언제이든, 또 얼마만큼이나 그러했든 간에, 이러한 인식은 점점 더 인간의 모든 실천을 지배한다. 그러한 인식의 확장과 작동은, 우리의 환경이 우리의 목적론적 정립을 통해 우리에 의해 현실적으로 지배되기 위해서는, 또 그 환경에 대한 우리의 능동적 적응이 외연적으로나 내포적으로나 더 확장되기 위해서는, (어떤 존재에서이든) 어떠한 인과과정들이 인식되어야만 하며 또 그 인과과정들이 어떻게 사용되어야만 하는지에 대한 통찰 외에 다른 것에는 결코 근거하지 않는다. 노동의 개선은 목적론적 정립이 어떤 인과계열을 어떤 비율로 가동시킬 수 있는지, 배제하거나 약화시킬 수 있는 인과계열은 어떤 것인지에 대한 인식의 구체화에서 이룩되는 발전에 본질적으로 근거를 두고 있다. 그렇기 때문에 인과계열에 대한 적합한 인식은 언제나 인간 실천의 토대이자 이 실천의 기초를 이루는 인식의 토대, 이러한 역할로부터 유효한 사회적 힘으로 피어나는 현실인식의 토대가 되었으며 계속 그랬다. 인과적 과정들에 의해 존재가 규정받는 것은 극복할 수 없는 일인데, 사회적 존재에서 이러한 극

---

12) *MEGA* Ⅲ / 2, pp. 447~448.

복불가능성은 목적론적 정립들에 의해 인과적 과정들이 영향받을 가능성, 아니 조정될 수 있을 가능성이 점차 커지는 것과 불가분하게 결합되어 있다. 이 극복불가능성으로 말미암아 목적론적 정립들에서 변증법적 이원성이 생겨나는데, 우리가 거듭 보았다시피 마르크스는 이 변증법적 이원성을, 인간들은 자신들의 (자연의 단순한 역동성과는 다른) 역사를 스스로 **만들지만** 자신들이 선택한 상황하에서 그럴 수 있는 것은 아니라는 식으로 표현한다. 이러한 존재상황은 존재에 대한 인식가능성과 실제적 인식에서 다음과 같은 식으로 반영된다. 즉, 자연과 사회의 존재과정은 — 그 모든 상이성에도 불구하고 — 이러한 가장 일반적인 방식에서는 통일적·법칙적으로, 그리고 그 법칙성에서는 원칙적으로 인식 가능하게 진행되는데, 하지만 이러한 인식은 그 직접적 본질에 따라서 볼 때 역사적 인식, 상황에 매여 있는 인식, 사후적(事後的) 인식(*eine Erkenntnis post festum*)일 수밖에 없다. 경제와 사회에 대한 자신의 견해를 설명하는 최초의 위대한 작업을 위한 — 우리가 수차례 인용했던 — 서설에서 마르크스는 이에 대한 자신의 의견을 다음과 같이 정식화한다. "부르주아 사회는 가장 발전되고 가장 다양한 역사적 생산조직이다. 따라서 그 사회가 지닌 관계들을 표현하는 범주들, 그 사회의 편성에 대한 이해는 모든 몰락한 사회형식들의 편성과 생산관계들에 대한 통찰을 동시에 보장한다. 부르주아 사회는 이 몰락한 사회형식들의 잔해와 요소들로 구축(構築)되며, 또 부르주아 사회 안에서 그 사회형식들 중 일부 아직 극복되지 않은 잔재들은 계속 존속하고, 단순한 암시들은 완성된 의미들로 발전되었다. 인간의 해부에는 원숭이의 해부를 위한 하나의 열쇠가 있다. 이에 반해 하급 동물종에서 보이는 보다 고차적인 것들에 관한 암시는, 고차적인 것 자체가 이미 알려져 있을 때에만 이해될 수 있다. 그러므로 부르주아 경제는 고대 경제 등등을 해명하기 위한 열쇠를 제공한다. 〔287〕 그러나 모든 역사적 차이를 희석하고 모든 사회형식에서 부르주아적 사회형식을 보는 경제학자들의 방식으로 그런 것은 결코 아니다. "13) 마르크스가 사회의 발전이 그의 중심문제를 이루고 있는 여기에서도 부단히 역사의 전체과정을, 따라서 또한 자연을 가리키고 그 전체과정의 궁극적 통일성을 결코 시야에서 놓치지 않는 것은 마르크스의 존재론에 특징적인 점이다.

인식의 사후적 성격

그 대상에 있어서나 주체에 있어서나 항상 역사적인 것일 수밖에 없는 모든 인식의 사후적 성격(*post-festum-Charakter*)은 모든 실천적 활동이 지닌, 위에서 암시된 존재적 성질을 이론적으로 표현한다. 자연과 사회의 존재는 그 속에서 작용하는 인과과정들이 인식하는 의식에 의해 올바로 파악되는 만큼 인식가능하다. 인간 실천의 역사는 이를 보여주는 하나의 실천적인, 반박할 수 없는 증거다. 그런데 모든 그와 같은 인식은, 인과과정들 속에서 그때그때 구체적으로 규정된 종합에 이르는 유효한 구성요소들의 무한성 속에서 그때그때 명확하게 그어진 한계를 가진다. 과정들이 가능적 구성요소들의 무한

---

13) *Rohentwurf*, pp. 25∼26. 〔《정치경제학 비판 요강 I》, 76쪽〕

성으로 인해 결코 완전히 예견될 수 없다는 것은 처음부터 명백해 보인다. 다른 이유는 들 것도 없이, 구성요소들의 비율, 구성요소들 중에서 각각의 것이 점하는 그때그때의 비중은 실재적으로 된 작용연관에서만, 따라서 사후적 인식에 대해서만 드러날 수 있다는 것만 생각해 봐도 그렇다. 하지만 이 말이 가능적 구성요소들의 현실화에서 예견 불가능한 것은 그 참된 형태, 진정한 비율 등등이 사후적으로 밝혀질 수 없다는 것을 뜻하는 것은 결코 아니다. 인식의 사후적 성격은 존재의 현실적 운동법칙들, 즉 그때그때 존재하는 정황을 토대로 하여 지금까지 존재하지 않았던 존재형식, 존재관계, 존재방식 등등도 부단히 산출할 수 있는, 불가역적 과정들로서의 그 현실적 운동법칙들과 정확히 조응한다. 진행과정 중에 있는 존재의 이러한 불가역성은 그 존재에 대한 적합한 인식의 사후적 성격에서 표현된다.

그러나 만약 사람들이 모든 인식의 이 불가피한 역사적 성격으로부터 정돈되지 않은, 따라서 단지 사실적·경험적으로 파악될 수 있을 뿐인 성질을 추론하거나 심지어 존재과정들의 비합리성을 추론한다면, 신구(新舊)의 인식론적 편견들에 대해 해서는 안 되는 양보를 하는 셈이 될 것이다. 왜냐하면 이 사후적 성격은 결코 존재를 배제하지 않으며, 이에 따라 일반적 연관관계들에 대한 인식을 배제하지 않기 때문이다. 그런데 이 일반적 연관관계들은 진행과정 중에 있는 존재 속에서 "영원한 대(大) 철칙"으로, 이미 그 자체로 초역사적이고 "시간을 초월한" 타당성을 요구할 그런 "영원한 대철칙"으로 나타나는 것이 아니라, 불가역적 과정들의 인과적으로 결정된 구간(區間)들로서 나타난다. 〔288〕 이러한 구간들 속에서, 선행했던 과정들로부터의 실재적 발생과 이로부터 생겨나는 새로운 것이 동시에, 같은 방식으로, 존재적으로 가시화되며, 그렇기 때문에 인식 가능하게 된다. 따라서 그것들이 단지 사후적으로만 파악될 수 있다는 것은 사실들을 기록하는 것으로 그칠 수밖에 없는 "경험주의"에 들러붙어 있음을 뜻하는 것이 결코 아니다. 실은 이와 반대다. 실제로 진행된 과정들이 사후적 인식에서 그 모든 역동적 규정과 함께 가시화되고 파악 가능하게 됨으로써, 이제 과학은 사유를 통해 그 과정들을 재생산하고 분석하는 가운데 그 속에 있는 경향들을 존재의 실재적 힘들로 인식할 수 있다. 그렇기 때문에 사후적 인식은 실행되고 있는 과정들을 실제로 파악하는 그 성격과 불가분하게 하나의 이론적 측면도 가진다. 과정들과 그 변화들의 특성을 서술하는 가운데 올바른 사후적 인식에서 그 변화들의 결과로서 드러나게 되는 일반적 규정들(범주들)에 대한 인식이 바로 그것이다.

작용하고 있는 규정들의 일반성과 개별성 간의 바로 이 해소될 수 없는 변증법적·실제적인 상호관계가 이러한 과정들에 그와 같은 성격을 각인한다. 지금까지 우리의 분석은 이전의 존재에서 발원하는 모든 존재는 그 범주적 구성을 개별성들에서뿐만 아니라 그것들의 상호작용에서도 점점 더 복잡하게 형성한다는 사실을 수많은 개별사례에서 밝혔다. 이러한 사실은 한편으로 다음과 같은 결과를 가진다. 즉, 일반성에서 불가역적인 과정적 성격은 점점 더 복잡하게 나타나서, 어떤 의미에서는 즉자적으로만 역사적이었던 자연의 불가역적 과정들로부터 — 그 과정들 고유의 발전이 진행되는 중에 — 인류의 자기의식적인 역사, 대자적으로 존재하는 역사로서 사회적 존재가 등장하기에 이른다. 다른 한편 우리는 개별성의 측면에서 점증하는 구체화를 보게 되는데, 이는 사회적 존재 속에서 개별성의 철저히 개별과정적인 생물학적 규정들을 넘어서, 더 이상 침묵하지 않는 인간 유의 개체성과 그 종합이 점차적으로 이루어짐으로써 일어나는 일이다. 전반적인 불가역적 과정들의 점점 더 복잡해지는 그러한 범주들 사이에서 벌어지는 상호작용은, 각 존재방식의 특징들에서는 과정들 자체가 복잡해지는 것으로서 표현된다. 마르크스는 사회적 과정의 이러한 성격을 우리가 자주 인용했던 서설에서 불균등 발전의 중요한 문제로 제기했다. 그곳에서 그가 이 불균등성을 무엇보다도 경제적 토대와 이로부터 생장하는 이데올로기적 형태들(법, 특히 예술) 간의 불균등성으로서 서술하고 있긴 하지만,[14] 그의 저작 전체는 여기에서 문제는 모든 사회적 과정들의 일반적 특성이라는 것을 보여준다. 〔289〕 경제구성체들 자체의 "고전적" 실현이라는 그의 개념을 생각해 보라. 그리고 어떠한 구성체도 모든 곳에서 똑같은 방식으로 구성되지도 발전하지도 않았다는 것을 정확하게 보여주는 그의 구체적인 분석들을 생각해 보라.

그와 같은 과정들 속에서 그때그때 필요한 실천을 상황에 맞게 성취하기 위해서는 사후적 인식 역시 세분화되어야만 했다. 역사가 진행되는 가운데 구체적인 개별성들(물론 그것들에 내재하는 구체적인 유적 성질들과 더불어)로 향해진, 점차 정제(精製)되어 정점에 이르게 되는 초기의 경험들로부터 일반성의 처리방법들이 생겨났다. 그 후 시간이 흐르면서 그 처리방법들은 마찬가지로 매우 불균등하게 과학과 철학으로 발전했다. 과학과 철학으로 발전하는 경향이 지배적 경향이 되면 될수록 더욱더 분명하게 드러나는 것은, 여기에서도 문제

---

14) *Ibid.*, pp. 29~31. 〔《정치경제학 비판 요강 I》, 81~83쪽〕

는 사회적 실천에서 발원하는, 존재를 대하는 태도(이 또한 불균등 발전의 모습을 보여주는데)라는 점이다. 그런데 인간들이 자신들의 유적 성질을 대하는 전반적인 태도에서 지금까지는 늘 어떤 소외가 다른 어떤 소외로 교체될 수밖에 없었듯이 여기에서도 발전의 자생적 불균등성이 다음과 같이 나타난다. 즉, 개별성의 경험들 및 그렇게 만들어지고 보존되는 경험들에 대한 소박한 일반화와 존재의 일반적 규정들에 대한 과학적 해명, 이 양자는 가장 합목적적이게 서로 단순히 보완하는 대신 상호 대립적인 관계 속에 빠져들 수 있으며, 양자의 발전 또한 불균등한 발전이 되었다. 이와 관련해서는 사회의 지배적 조작체계들이 과학의 방향도 효과적으로 관리하려 시도하고 있는 현 상황을 지적하는 것으로 충분할 것이다. 그 조작체계들은 점점 더 추상적으로 되어가는 일반화를 위해서 구체적 경험들을 모든 현상에 대한 인식으로 연장하며, 또 인식하는 인간을 단지 불완전한 인공두뇌기계로 여기는 경향이 있다. 그런 것은 인식론적으로, 추상적이게 방법론적으로 어렵지 않게 "정초"(定礎)될 수 있다. 이때 간과되는 것이라고는, 예컨대 모든 유기체의 개별성은 이미 생물학적인 존재영역에서만 하더라도 이 계기〔개별성〕에 대한 부단한 고려 없이는 과학적 곤경에 빠질 수밖에 없다는 사실과 같은 "사소한 것"뿐이다(한 가지 단순한 예를 들어 말하자면, 결국 치유되어야 하는 것은 병 일반이 아니라 병자들이다. 곧 파기할 수 없는 개별성을 띤 개개의 유기체들이 치유되어야만 하는 것이다). 물론 모든 유사한 문제복합체에서 이미 오늘날 비판적인 반대의 목소리들이 있다. 하지만 그러한 반대의 목소리들은 조작의 보편적 지배에 대항할 능력이 거의 없거나 전혀 없다.

〔290〕현실인식의 과학적 발전에서 잘못된 경향들에 대한 진정한

극복은 결국 언제나 현실 자체에 의해 수행되었다는 사실은 더 이상 우리에게 놀라운 일이 아니다. 더 자세히 말하자면, 그러한 극복은 다름 아니라 사회적 존재 자체의 (여하한 목표정립도 포함하지 않는) 인과적 성격에 따라서 수행되었는데, 이 점 또한 사회적 존재의 ─ 선행 존재방식들과의 그 모든 차이에도 불구하고 ─ 폐지될 수 없는 존재적 성격에 기인한 것이다. 존재과정들이 어떤 초월적 정립자에 의해 철저하게 목적론적으로 조정된다면, 모든 종교적 또는 반(半) 종교적 세계관에서 그러하듯이 오직 그 정립자만 존재 자체를 벗어나는 "그릇된 발전"을 정정하고 인식의 오류를 판정할 수 있거나 또는 기껏 해봐야 그가 그 능력의 일부를 선별된 사람들에게 위임할 수 있을 것이다. 사회적 존재에서도 작용하는 인과계열들은 과정적인 그 존재성에 있어, 목표에 따른 여하한 완성 혹은 자기정당화의 그와 같은 경향 일체로부터 벗어나 있다. 그러나 인식론상으로나 논리상으로 보면 완전히 역설적이게도 어떤 체제나 어떤 발전단계의, 인간에 의해 인식되지 않은 결정적 결과들이 바로 그 인과계열들의 단순한 사실성 속에서 드러난다. 경우에 따라서는 이것이 아시아적 생산관계들이나 그리스·로마의 노예경제에서 볼 수 있는, 막다른 골목에 처해 있는 해당 구성체의 성격일 수 있다. 그리스·로마의 노예경제에서는 하나의 우연, 즉 이리저리 떠돌아다니는 게르만 종족들과의 대면만이 객관적인 출구를 보여주었다. 그런데 발전도정에 있는 구성체에서도, 누구도 그것들이 실재하리라고 생각할 수 없었지만 해당 구성체의, 혹은 그 발전단계 중 한 단계의 극히 중요한 특성을 드러내는 그런 인과적으로 필연적인 계기들이 중요하게 될 수 있다. 예컨대 1812년부터 1929년까지 자본주의에서 경제공황들이 갑작스레 발발한 것을 생각해 보라. 가장 위대한 부르주아 경제학 이론가인 리카도[15]는 이러한 현상을 대하자 도무지 어찌할 바를 몰랐다. 그 현상이 한갓 우연적인, 한갓 사실적인 성격을 띤 게 아니라는 것이 분명했음에도 불구하고 말이다. 마르크스는 경제공황에 대해 심지어 다음과 같이 — 물론 사후적(事後的)으로 — 말하고 있다. "따라서 공황은" 자본주의의 "서로 자립화된 계기들의 통일성을 분명하게 보여준다."[16] 지금 세세하게 다룰 수는 없지만, 경제의 모든 현상과 현상군(群)에서처럼 여기에서도 사후적 인식은 한 구성체의 새로운 작용형식들이 고정되는 것을 설명할 수 있을 뿐만 아니라 이와 동시에 과정적으로 변해가는 그 구조에 내재하는 (그와 같은 "의외의" 변화들의 합법칙성 및 새 범주들의 발생과 낡은 범주들의 소멸을 해명할 수 있게 해 주는) 구체적 모순들을 설명할 수 있다는 것이 드러난다. 〔291〕 그러므로, 과학에서 "예측하는"(추론하는) 사고방법들만이 과정들의 법칙들을 발견하고 정식화할 수 있는 것처럼 생각하는 것은 인식론적 편견이다. 오히려 그 반대이다. 실재적 연관관계들을, 다시 말해 적어도 일시적으로나마 지속적으로 작용하는 전체과정들의 계기들을 인식할 수 있게 해 주는 것은 바로 사후적 인식이다. 이에 근거하고 이를 철저하게 의식적으로 이용함으로써 비로소, 가령 외삽법이 어떤 곳에서 그리고 얼마만큼이나 현실적 과정을 발견 혹은 은폐하는지를 정할 수 있다. 물론, 사후성(*das post festum*)이라는 보편적 원

---

15) 옮긴이 : 리카도(David Ricardo, 1772~1823)는 영국의 대표적인 고전학파 경제학자로, 고전학파의 창시자인 아담 스미스의 학설을 계승·발전시킨, 고전학파의 완성자로 알려져 있다.

16) Marx : *Theorien über den Mehrwert*, Bd. *II*/2, Stuttgart, 1921, p. 274.

리는 직접적으로 나타날 수도 간접적으로 나타날 수도 있다는 말을 덧붙여야 한다. 그런데 사회적 존재에서는, 우리의 순수 사회적 활동들의 직접적 환경에서는 주로 직접적인 방식으로 나타난다. 물론 훨씬 나중의 역사발전이 이전 단계들의 중요한 계기들을 사후적으로 명백하게 만들 수 있는 경우도 있긴 하지만 말이다.

후자의 경우와 같은 간접성 때문에 많은 사람들이 자연인식에서도 사후성의 원리가 적용된다는 사실을 못 보게 된다. 사회와 자연의 신진대사는 매개하는 매개체이기 때문에, 일반적으로 말하자면, 자연과정들에도 보통 그때그때 당장 중요한 목적론적 정립을 위해 인식토대로서 반드시 필요한 만큼만 가시화된다. 그러나 생산의 발전은 계속해서 새로운 과제들을 제기하는데, 이 과제들에서는 자연과정들의 계기들 중 이전에는 전혀 고려할 수 없었던 계기들도 사유를 통해 지배되어야만 한다. 이때 중요한 것은, 객관적으로 이전에 새로 발견되는 방식으로 진행되었던 자연과정들에 대한 사후적 고찰의 변화다. 그런데 그 자연과정들을 발견하고 사유를 통해 이용하기 위해서는 사회와 자연의 신진대사의 상향발전이 필요했다. 따라서 여기에서 사후성의 인식관점은 역사적으로 매개된 방식으로 관철된다. 이때 물론 이데올로기적 동인들 역시 적잖은 역할을 한다. 그런데 이 이데올로기적 동인들의 기능은, 이 글에서 지금껏 늘 그래왔듯이 이데올로기를 "허위의식"으로 (인식론적으로) 파악하는 것이 아니라 (마르크스의 학설에 따라) 경제적 발전에 의해 제기된 갈등들을 의식하고 싸워내는 수단으로 파악할 때에만 이해될 수 있다. 그래서 고대사회에서는 태양계의 태양중심적 성질에 대한 산발적인 통찰들이 관철될 수 없었던 데 반해 자본주의 발생기는 그러한 통찰들을 일반적으로 관철시켰던 것이다. 새로운 이론을 필연적으로 필요로 했던 것은 광범위하고 중요한 경제적 계기들이었다. 그런데 일차적으로 고려되었던 것은, 자본주의 구성체의 이데올로기를 확대하기 위해서는 [292] 지구중심적 세계관과의 단절이 점점 더 필수불가결하게 되었다는 사실이다. 자연과정들에 대한, 자연에서의 범주적 연관들에 대한 올바른 과학적 처리는 사후적 성격을 보여주는데, 그 사후적 성격이 언제나 과정들 자체의 진짜 객관적인 변화들에 대한 의식화인 것은 아니다. 아니, 그럴 때는 지극히 드물다. 오히려 사회의 발전에 따라 사회적으로 생겨난 보다 올바른 인식에 대한 욕구와 그 충족수단들의 발생으로서 사후적 성격을 보여준다. 역사는 사회적 존재의 새로운 성질들이 직접적으로(사후적으로) 유적 의식의 소유물이 되게 하는 효과를 가진 그런 직접적 변화들과 마찬가지로 매개과정들도 사회적으로 필연적이라는 것을 — 재차 사후적으로 — 보여준다. 따라서 객관적 과정과 이에 대한 올바른 인식가능성 간의 직접적 관계와 매개적 관계의 차이는, 직접적으로 사회적인 활동과 사회와 자연의 신진대사 활동 사이의 존재차이에 의해 일차적(일반적)으로 조건지어져 있다 (과도적 현상들이 있다고 해서, 존재인식에서의 사후성의 일반적 지배 내에 있는 근본적 차이가 본질적으로 변하지는 않는다).

이 모든 것은 인식 자체에 대한 마르크스의 완전히 새로운 입장을 뚜렷하게 보여준다. 종교적 초월성이 존재론적으로 지배했고 최고의 인식은 그 초월성이 인간들에게 적용되는 것으로서 나타났던 시기에 뒤이어, 세계에 대한 사고를 존재론적으로 독자적인 것으로, 더 이상 다른 것에서 연역될 수 없는 세계원리로 파악했던 근대적 혁명이 일어난다. 스피노자가 이에 해당하는데, 비록 그가 사고를 연장(延長) (존재의 물질성) 과 함께 궁극적인 신 또는 자연 실체(*Deus-sive-natura-Substanz*) 의 속성으로 규정하긴 하지만, 그는 이러한 연역불가능성의 입장에 서 있다. 이와 달리 마르크스의 저작에서 우리는 어떻게 사고(사고를 통한 존재인식) 가 실존조건들 속에서 그리고 이에 능동적으로 반응하는 실천방식들 속에서 점차 하나의 — 물론 궁극적으로는 상대적인 — 자립성으로 발전해나갔는지 하는 문제와 관계하게 된다. 모든 존재의 근본적인 과정범주로서의 역사를 수미일관하게 끝까지 밀고 나가면, 사고하는 의식도 그 성질에 — 외관상 독자적인 것처럼 보이는 최고단계들에서도 — 규정적으로 작용하는 존재적이자 존재에 제약된 발생사를 가질 수밖에 없다는 결과가 필연적으로 나온다.

노동 · 언어 · 과학

그러한 발생사에서 존재론적 출발점을 이루는 것은 사회적 존재의 기본적 운동방식으로서의 노동이다. 바로 이것을 통해 사회적으로 된 생명체들의 능동적 적응이 표현되며, 그럼으로써 새로운 행위방식들에는 선행 존재과정들이 전혀 제시할 수 없었던 새로운 규정들이 발생한다. 이때 객관적으로 결정적인 계기인 목적론적 정립의 객관적 존재방식, 그것이 정상적 인과성과 맺는 관계는 〔293〕 이미 우리가 상세히 분석한 바 있다. 그런데 목적론적 정립은 사회적 존재의 존재론과 관련하여 대단히 중요한 주체적 결과들을 가진다. 그러한 정립들은 "노동과정의 시초에 이미 노동자의 표상 속에 존재했던, 따라서 이미 관념적으로 존재했던 결과가 노동과정의 마지막에 나온다"[17])는 말로 특징지어져 있다. 마르크스는 또 같은 대목에서, 환경에 대한 생물학적인 수동적 적응에는 그 생산물에 외적으로 뭔가 비슷한 것이 있는 것처럼 보일 때에도(꿀벌의 예) 이러한 결정적 계기가 없다는 점을 곧바로 지적하고 있다. 그런데 실제의 과정 자체를 위해 방향을 부여하는 것으로서의 목적 정립은 관념적 계기다. 물론 이 계기는 물질적 대상들과 과정들의 연관관계들에서 중요한 비율 등등을 바꿀 수 있고, 또 그럼으로써 자연적 대상들 및 과정들과 마찬가지로 인과적으로 결정되어 있긴 하지만, 자연에서는 그와 같은 형식으로는 결코 존재하지 않거나 여하튼 그러한 방식으로는 존재하지 않는 그런 물질적 결과들을 낳을 수 있음으로써, 물질적 대상들과 과정들을 새로운 방식으로 작동시킨다.

이로써 하나의 근본적으로 새로운 실재적 동인이 과정적 존재의 복합체들 속에 들어오게 된다. 그것은 물질적으로 존재하는 과정들에 직접 작용할 수는 없고 특정한 물질적·인과적인 과정들을 — 처음에는 직접적으로, 이후에는 많은 경우 아주 복잡하게 매개된 방식으로 — 가동시킴으로써 존재에 작용할 수 있다. 그렇다고 해서 무기적 자연 및 유기적 자연에 비할 때 질적으로 새로운 존재의 운동체계가 발생했다는 사실에서 바뀌는 것은 아무것도 없다. 이 새로운 상황이 객관적으로 존재적인 측면에서 지니는 의미는 목적론과 인과성을 비교할 때 이미 고찰했다. 특별히 사회적 존재와 관련해서 보자면, 이 새로운 과정들이 인과적인 자연과정들에서 일어나는 변화들을 엄청

---

17) *Kapital I*, p. 140. 〔《자본 I -1》, 266쪽〕

나게 가속화시키곤 한다는 것은 널리 잘 알려져 있다. 이때 당장 분명한 것은, 그 변화들이 새로운 과정들의 직접적 결과 그 자체로서 성사되지는 않는다는 사실이다. 그 변화들은 자연과는 달리 개별과정들 자체가 외연적 확장 및 내포적 완성(더 효과적으로 되기)으로서의 부단한 변화를 야기함으로써 생긴다. 객관적인 인과적 과정들의 변화들은 목적론적 계기를 정립하는 주체들의 능동적 매개를 통해서만 그 성격의 그와 같은 변화를 경험할 수 있지, 자연에서처럼 자생적으로 작용하는 과정들의 직접적인 결과로 그럴 수는 없기 때문이다. 물론 이러한 질적 차이를 강조할 때는 이와 동시에 변화 내의 일정한 역사적 연속성도 지적되어야만 한다. 〔294〕 목적론적 계기를 정립하는 주체들의 이러한 주도적 역할을 그들이 우선적이고 자생적으로 활동을 시작하는 것으로 파악한다면 그것은 일종의 신화가 될 것이다. 자연과정들에서 일어나는 변화들 대부분은, 선행한 자생적 과정들이 존재 자체에서 객관적 변화들을 불러일으키고 오직 이러한 변화들을 통해서만 과정들 자체에서 새로운 반응들을 발생시킴으로써 생겨난다. 이런 식으로 ― 이러한 최고의 추상성 속에서 ― 두 과정양식 간의 모종의 유사성이 창출된다. 이때 질적인 새로움이 간과되거나 과소평가되어서는 결코 안 된다. 즉, 사회적 존재 속에서 이뤄지는 이러한 반응들은 더 이상 순수하게 자생적·물질적인 반응이 아니라 새로운 유형의 목적론적 정립들을 유발하는 계기로서, 변화들 자체에 대해서뿐만 아니라 무엇보다도 이 변화들로 인해 야기된 정황들, 그 정황들에서 발원하는 욕구들과 과제들 등등에 대해서도 새로운 목적론적 정립들을 통해 의식적인 방식으로 대답한다.

환경에 대한 능동적 적응은 이러한 대답들 속에서 그 본래의 실제적·존재적인 모습을 간직하는데, 이 모습은 이렇게 구체화되는 가운데 이미 자연과정과 유사한 것은 더 이상 거의 보여주지 않는다. 바로 그렇기 때문에 바로 이 대답이라는 계기는 능동적 적응의 고유성에, 목적론적 정립을 통한 역동성의 고유성에 결정적으로 특징적인 것이다. 존재과정 자체로부터 이루어지는 사고의 발생 — 이는 마르크스에 의해 제기된 것인데 — 은 그런 한에서 벌써 여기에서 결정적으로 특징적인 성질을 내포하고 있다. 즉, 그러한 사고의 발생은 목적론적 정립을 통해 존재(및 그것의 모든 과정적 변화들)에 능동적으로 반응하자면 꼭 필요한 준비다. 직접적으로는 이미 존재의 구체적 형식들과의 모든 관계가 사라진 것처럼 보이는 극단적 추상들에까지 이르는, 규정들의 그 모든 구체화가 이로부터 생겨난다. 그런데 일반화로 향한(객체들 각각의 일반적인 유적 성질을 파악하려는) 바로 이러한 경향은 조심스레 나타나는 노동의 최초 현상방식들 속에 이미 창조적으로 현존했다.

엥겔스는 올바르게도, 언어는 노동의 존재적 전제들과 조건들 및 결과들에서 발생했다는 것을 지적한다. 그는 이것을 단순하고도 적절한 방식으로 다음과 같이, 즉 인간들은 이제 "서로 **뭔가 말할 것**"[18]을 가졌다고 정식화한다. 그런데 뭔가 말할 것을 가진다는 것은, 어떤 현상과 그 고유의 유적 성질 간의 연관관계를 직접적인 반응을 넘어서는, 일반적으로 이해 가능한 형식 속에 명백히 전달 가능하게[19]

---

18) *Anti-Dühring*, *MEGA*, p. 696.
19) 옮긴이 : 원문에는 '간접적으로'로 옮겨질 수 있는 'mittelbar'로 적혀 있는데, 이는 '전달(소통) 가능한'을 뜻하는 'mitteilbar'의 오식일 듯하다.

고정시킨다는 것을 의미한다. 〔295〕 우리가 알고 있다시피 노동과정
도, 그 물질적 도구들과 생산물들도 이미 그 직접적인 물질적 존재에
있어 그러한 일반적 전달가능성[20]의 욕구와 능력을 동시에 포함하
고 있는 사회성을 가지고 있다. 그렇기 때문에 노동의 가장 간단하고
가장 단순한 작동능력을 위하여 일반성을 표현하기 위한 이 지극히
중요한 매체는 노동과 동시에 발생할 수밖에 없었다. 이러한 사실은
현재의 사회적 존재에서는 진부할 정도로 당연해 보인다. 그래서 사
람들은 말하기에서 쓰기로, 쓰기에서 인쇄로, 정보의 대중매체로 이
어지는 이 사회·역사적 과정을 노동에서 발원하는 역사적 존재과정
으로 안 보기 쉽다.

　그러나 언어와 더불어 일반적인, 일반적으로 명백하게 규정될 수
있는 전달가능성의 도구가 생겨났을 뿐이다. 인간들의 사회적 교통
(交通, *Verkehr*)의 보편성으로 나아가는 언어의 역사적 전개는 직접
적인 재생산 과정 속에서 일반적 효력을 발휘하게 될 뿐만 아니라 또
한 재생산의 극히 다양하고 폭넓은 매개들을 자체 내에 받아들이고
또 그 과거 및 전망과 관계할 수 있게 되었는데, 이럴 수 있게 하는
결정적 동인들은 바로 노동 자체의 발전에 있다. 노동은 노동의 실
현을 위한 점점 더 고차적이고 폭넓게 분화된 조건들을 산출한다.
그리고 우리가 보았다시피 인간들은 그 과정이 진행되는 중에 개체
성으로 발전하는 유의 표본으로서 몰락의 형벌에 처해지더라도 그
조건들에 점점 더 많이 적응하지 않을 수 없게 된다. 그와 같은 과정

---

20) 옮긴이 : 이 단어도 원문에는 'Mittelbarkeit'로 적혀 있는데, 'Mitteilbarkeit'
　　를 잘못 적은 것으로 보고 옮겼다.

의 존재상(上)의 전제조건은, 현실을 대하는 어떤 태도, 즉 나중에 과학적 태도로서 사회적으로 폭넓게 자립화된 그런 태도가 목적론적 정립의 가장 원초적이고 원시적인 준비행위 속에 이미 새로운 태도로서 작용했음에 틀림없었다는 것이다. 그 당시에 어떠한 돌도 노동에 쓰이기에 가장 중요한 그 객관적 특성이 경험(기만할 때가 자주 있는 직접적인 현상형식들을 간과하고 이를 비본질적인 것, 아니 방해하는 것으로서, 목적론적 정립의 내용에서 멀리 떼어 놓는 그런 경험)을 통해 확인됨 없이는 노동의 도구로 창조될 수 없었다는 것은 너무나 당연한 일이다. 채집시기 때조차도 동물성 먹거리건 식물성 먹거리건, 아직은 몹시 원시적이지만 그러나 객관적인 그와 같은 선행조사 없이는 유용하거나 유용하지 않은 특성들을 드러낼 수 없었을 것이라고 말할 수 있다. 물론 여기에서는 동물세계의 — 이러한 시점에서 보자면 — 아직 의식화되지 않은 순수 생물학적 선별행위와의 자연적 발전연관이 노동 자체에서보다 더 뚜렷하다. 노동에서는 이전 단계와의 모든 유사성이 사라진다. 하지만 이행계기들은 여기에서도 확인될 수 있다.

〔296〕노동 자체에서 이러한 사고상(上)의 준비는 아주 분명하게 드러난다. 단순 생물학적 재생산 과정의 포괄적인 안정성과는 달리, 환경에 대한 수동적 적응과는 달리, 능동적 적응은 부단한 완성화 과정을 제시할 수 있다는 점에서 이미 노동의 전혀 새로운 성질이 드러난다. 촉진의 기관(器官)으로서 이러한 완성화 과정은 노동 자체의 사회적(목적론적으로 정립된) 성격을 지닌다. 그리고 그것은 노동에서 출발하고 노동에 의해 매개되는 가운데 분업과 그 사회적 결과들 속에서 각 사회의 전반적인 분업적 구성을 위한 추동력을 갖는다. 이

러한 발전이 진행되는 와중에 노동과정과 노동결과를 적절하게 비판적으로 관찰하는 목적론적 정립의 "이론적" 준비는 사회적으로 이미 자립적인 것으로 나타나는 과학으로 이행한다. 예컨대 어떻게 이러한 발전이 정량(定量, *Quantum*)이라는 아직 본질적으로 직접적인 경험적 범주로부터 이미 과학적으로 객관화된 양(量, *Quantität*)을 발전시켰고 또 그럼으로써 기하학과 수학을 위한 토대를 창출했는지를 생각해 보라.

물론 이러한 과정은 즉시 이론에 반영되는데, 이는 노예제에 기반을 둔 폴리스의 이데올로기적 욕구들로 인해 전도된 방식으로 이루어진다. 이와 관련해서는, 기하학 등등을 실천적으로 이용하는 행위 일체에 대해 플라톤이 보여준 원칙적 경멸을 상기시키는 것으로 충분할 것이다. 그러나 플라톤과 같은 견해들은 그러한 구성체의 실천에서마저도 유일하게 지배적인 것이 될 수 없다. 이미 플루타르크는 아르키메데스가 역학을 진지구축장비에 실천적으로 적용하는 일을 어떻게 — 물론 약간은 궤변적으로(장난스럽게) — 옹호하고 있는지를 (마르셀루스의 전기에서) 기술한다.[21] 마르크스는 평화지구에서

---

21) 옮긴이 : 플루타르크(Plutarch, 46~120)는 《영웅전》의 저자로 유명한 고대 그리스 시대의 철학자이자 정치가 겸 작가이다. 아르키메데스(Archimedes, BC 287?~212)는 '아르키메데스의 원리'로 널리 알려져 있는 고대 그리스의 수학자이자 물리학자이다. 마르셀루스(Marcus Claudius Marcellus, BC 268?~208)는 로마와 카르타고 사이에 벌어진 제2차 포에니 전쟁에서 로마군을 이끈 장군이다. 제2차 포에니 전쟁 때 아르키메데스의 고향인 시라쿠사는 카르타고 편에 섰다. 이에 로마군의 대대적인 공격을 받게 되는데, 아르키메데스는 시라쿠사를 구하기 위해 각종 투석기, 기중기 등 지렛대를 응용한 신형무기를 고안하여 로마군을 크게 괴롭혔다. 그는 이 전쟁에서 목숨을 잃었다.

행해진 노예노동과는 달리 장인들의 단체에서 조합제도가 도입되었고 "기계장치가 대량으로 처음 이용"[22] 되었던 전시(戰時) 생산의 특수한 발전을 강조해서 지적한다. 그리고 이 글에서 자주 인용된 서설에서는 이러한 견해가 이미 방법론적으로 분명하게 장차의 연구를 위한 프로그램으로서 나타나며, 그밖에 또 방금 인용한 편지에서도 엥겔스에게 하는 권유로서 나타난다. 서설에서 그는 다음과 같이 말하고 있다. "평화보다 일찍 발달한 **전쟁**. 전쟁을 통해 그리고 군대 등에서 임노동, 기계장치 등과 같은 모종의 경제적 관계들이 부르주아 사회 내부에서보다 더 일찍 발전되는 방식. 생산력과 교통관계들의 관계도 군대에서 특히 명확하다."[23] 여기에서 마르크스는, 과학의 발생 및 발전이 사회의 재생산 과정과 맺고 있는 이러한 불가분한 결합은〔297〕해당 구성체의 발전의 주노선과 그 이데올로기가 이러한 경향들과 모순되는 것처럼 보이고 그것들에 맞서 실제로 저항을 전개할 때에도 관철된다는 것을 설득력 있게 보여준다. 이 문제 또한 여기에서는 자세하게 다룰 수가 없고 다만 엥겔스가 노예제(그리고 그 속에서 생겨나는 이데올로기적 장애들)의 발생이 어떻게 자본주의의 탄생 이전에 이미, 다시 말해 "암흑의 중세"에 이미 바로 이러한 연관관계들에서 비교적 큰 약진을 낳았는지를 몇 마디 말로 아주 명확하게 보여주고 있다는 점만 지적해 두도록 하자.[24]

---

22) *MEGA* Ⅲ / 2, p. 228.
23) *Rohentwurf*, p. 29. 〔《정치경제학 비판 요강 Ⅰ》, 80쪽〕
24) *Anti-Dühring*, *MEGA*, pp. 645~646, pp. 647~648.

인식의 기능을 둘러싼
그릇된 딜레마와 보편적 조작의 시대

이러한 사유과정에서 과학에 대한 공리주의적 평가가 문제인 것은 결코 아니다. 그와는 반대이다. 편협하게 아카데믹하고 "내재적"이며 "자기목적" 지향적인 견해들에 맞서, 완전히 전개된 진정한 유적 성질로 나아가는 인류의 발전에서 과학이 점하는 대체할 수 없는 중요성이 밝혀져야 한다. 그러나 이는 이러한 발전을 실제로 수행하는 인간들의 과정적 활동들의 저 체계 속에서 과학이 중요하고 영향력이 큰 요소로서 그 의의에 걸맞게 자리매김될 때에만 가능한 일이다. 이러한 과정을 인간들 자신의 활동으로, 물론 관념론적으로 기능을 수행하는 인간들이 아니라 현실적 인간들의 활동으로 파악하는 마르크스의 학설과 방법에 의해서야 비로소 사회적인 것 속에서 과학이 하는 진정한 역할이 오해의 여지없이 구체적으로 제시될 수 있다. 사회적 존재의 역사과정이 목적론적 정립을 통한 인간의 활동, 이 활동의 인과적 작용, 이 작용에 의해 야기되는 새로운 목적론적 정립 등등이 함께 작용한 결과로서 나타난다면, 실제로 존재하는 것은 무엇인지, 그것은 어디에서 와서 어디로 가는지에 대한 사고와 지식은, 인간들을 그 형식뿐만 아니라 내실에 있어서도 동물적 침묵을 넘어서는 진정한 유적 성질로 이끄는 과정 속에 있는 일군의 근본적 힘들로서 입증된다. 마르크스는 인간 정신이 거둔 최고의 업적들을 이 거대한 과정을 밀고 나가는 능동적 계기들로 파악하는데, 바로 그렇기 때문에 그는 초월적 세계관으로 넘어가는 이전의 단계를 실로 근본적으로 극복할 수 있었던 최초의 사람이다. 데카르트의 "코

190

기토"(Cogito) 로서, 스피노자주의적인 "신 또는 자연"의 속성으로서, 비(非) 파생적인, 따라서 존재 자체에 대해 은밀히 초월적인 본질을 대표했던 사고는 마침내 인간의 인간화의 현세적·실재적이고 실제로 작용하는 계기로서 나타난다. 사고 고유의 존재가 실제로 무엇인지에 대한 마르크스의 인식이 이를 위한 불가결한 전제조건을 이룸으로써 말이다. [298] 따라서 초월적 존재의 전능함에 대한 믿음이 사라진 후에 사고와 지식의 상상된 전능함 또한 인간의 의식과 자기의식에서 사라진다면, 이는 사고와 지식의 진정한 성질에 대한 통찰의 결과로서만 일어날 수 있는 일이다. 이 새로운 학설, 곧 인간이 스스로를 진짜 자기 자신의 창조자로서 파악할 수 있는 이 최초의 학설은 인식의 실질적 기능들에 대한 존재적으로 그릇된 딜레마, 즉 궁극적으로 인간은 구체적 사회의 구체적 개체성으로서 자기 자신의 생산자인지 아니면 그와 소원한 힘들(그것이 정신적 성질의 것이든 물질적 성질의 것이든)의 생산물인지 하는 딜레마를 마침내 인간이 정신적, 실천적으로 극복할 수 있는 긴 역사적 발전을 전제로 하고 있다. 역사의 진행 속에서 극히 다양한 방식으로 제기되고 답변되었던 이러한 딜레마는, 사회적 발전이 개체성이라는 존재방식을 창조한 이래로 특히 매혹적이고 모순적인 해석들을 갖고 있다. 인간의 이 새로운 사회적 삶의 방식을 모든 참된 인간성의 유일한 척도로 만든 이론들이 생겨났는가 하면, 인간을 궁극적으로 객관적 필연성의 한갓된 산물로 파악하려 한 이론들도 생겨났다. 이 두 극단은 객관적으로 동일한 사회적 기반을 갖고 있다. 그렇기 때문에 그것들은 일상생활의 수준에서 아주 쉽게, 인간존재의 단순한, 직접적으로 주어진 개별특수성의 수준에서 주관적으로 이중 날조된 정신적 협력을 하게 될 수 있다. 이것이 바로 현대 자본주의에서 벌어지고 있는 일이다. 보편적으로 된 조작은 인간들의 모든 욕구와 특히 욕구충족의 방식을 아주 광범위하게 관리하는 것을 목표로 삼는데, 그 성과가 없지 않다. 그런데 이러한 지배는 마치 인간이 조작권력들에 아무런 저항 없이 복종함으로써, 바로 그 속에서 그리고 그것을 통해서 진정한 개체성을 표현하는 것처럼 보이는 형식을 띠고 나타난다. 진정한 인간존재에서 벗어나게 하는 이러한 조작이 그것에 의해 사용되는 인식방식의 물신화와 더불어, 그리고 이와 동시에 "탈(脫) 이데올로기화"라는 투쟁구호와 더불어 등장해서 효력을 발하게 되었던 것은 우연이 아니다.

이데올로기와 과학의 관계

객관적으로 올바른 사고와 이데올로기 사이의 관계와 관련하여 폭넓게 퍼져 있는 수많은 편견이 이러한 문제복합체에 대한 마르크스의 해결책을 이해하는 것을 방해한다는 것은 의문의 여지가 없다. 따라서 비록 아직은 몹시 대략적인 수준에서이긴 하지만 이데올로기 문제를 무엇보다 이데올로기와 과학의 관계 측면에서, 이데올로기와 과학적 사고의 객관성 문제의 관계 측면에서 조금 더 자세하게 살펴보는 것이 필요하다. 이 글의 독자들은 경제・사회적 존재에 의해 제기된 갈등들을 의식하게 하고 싸워내는 수단이라는, 이데올로기에 대한 마르크스의 규정을 이미 오래전부터 알고 있다.〔299〕이 규정은 이데올로기와 과학에서 요구되는 사고의 객관성 및 실제적 정확성 간의 관계와 관련하여 중요한 결과들을 가진다. 무엇보다 이데올로기적 사고와 과학적 사고 둘 다 똑같이 내용과 방법에 따라서 올바르거나 그릇될 수 있으며 또 중요하거나 피상적일 수 있다. 이데올로기적 의도는 깊이, 포괄성, 정확한 사실 파악 따위를 배제하지 않는다. 한편, 무조건적 필연성으로 이데올로기적 의도를 극복하라는 그런 요구들의 성공적 관철은 그 어떤 "순수" 과학적 입장으로부터 나오는 결론이 아니다. 과학과 이데올로기는 사실 ― 각자 그 직접성에 있어 ― 서로 달리 설정된 목표를 갖고 있긴 하지만, 양자 모두 지속적으로 유효할 수 있기 위해서는 성공적으로 수행된 다음과 같은 경향, 곧 존재를 특정한 발전단계에서 그것이 적절하게 인식될 수 있는 만큼 정확하게 파악하는 경향을 전제로 한다. 과학과 이데올로기의 이 공통의 전제조건들이 정확히 실현되는지, 그렇다면 언제 어디에서 그렇게 실현되는지는 그때그때 하나의 역사적 사실이며, 각각의 개별경우에서만 따로따로 결정될 수 있는 사후적 인식이다. 실제로 두 영역에 수많은 실패 사례가 있다는 것은 의심의 여지가 없다.

방법의 문제들에서도 정확하게 분리하는 것은 거의 불가능하다. 이데올로기적 입장이 존재의 사상적 처리를 위해 새롭고 생산적인 시각들을 제공했던 경우가 극히 많았음에 틀림없으며, 또 막다른 골목으로 귀착될 수밖에 없었던 경우들도 적지 않았음에 틀림없다. 그런데 동일한 것이 비(非)이데올로기적으로 의도된 과학성에도 유효하다. 어떤 연구가 주로 이데올로기적으로 작동하는지 아니면 "순수" 과학적으로 작동하는지는, 특히 사회적으로 중요한 경우들에서는 결코 의도에 달려 있지 않다(코페르니쿠스, 다윈 등등). 한마디로, 이데올로기와 과학 사이에 정확하게 규정될 수 있는 경계선을 그을 수 있으리라 생각하는 것은 일종의 편견이다. 여기에서도 그때그때의 실천적 결정을 관철시키는 것은 갈등이 첨예화되는 사회적 상황이다. 결코 이데올로기가 되지 않을 뿐만 아니라 그것을 야기하는 갈등들과는 아무 관계도 없이 있을 수 있는 과학적 연구들, 특히 세부적 문제를 다루는 과학적 연구들이 많이 있다는 것은 분명 논란의 여지가 없는 사실이다. 뭔가 과학적인 것을 표현한다는 주장을 객관적으로 결코 제기하지 않은 것처럼 보이는 이데올로기적 표현들 역시 무수히 많다는 것 또한 분명 논란의 여지가 없는 사실이다. 하지만 그렇다고 해서, 한편으로 사회의 운동들이 이데올로기들을 발생시키고 과학의 발전에 빈번히 아주 주요하게 작용하며(내용, 상황 등등에 따라 그 작용은 유리한 것이 될 수도 있고 불리한 것이 될 수도 있다), 다른 한편으로 순수 과학적 확인들이 이데올로기 발전의 결정적 계기가 될 수 있다고 하는 근본적 사실에서 바뀌는 것은 아무것도 없다.〔300〕여기에서는 그렇게 발생하는 다양한 상호작용들에 대한 분석이 중요한 것이 아니라, 과학과 이데올로기 양자는 존재에 대한 사회적 처리에서 능동적으로 작용하는 힘이라고 하는 근본사실을 확인하는 것만이 중요하다. 그래서 우리는 우리의 설명을 여기에서 중단할 수 있다.

마르크스의 보편적 역사이론과
방법에 대한 오해와 왜곡

우리가 한 설명의 가장 중요한 결과는, 사고행위의 작동에 대한 그와 같은 존재론적 관점을 통해서야 비로소 사고행위를 사회적 존재의 발전과정에 필수불가결한 계기로 이해할 수 있게 된다는 것이다. 이제부터 인간의 정신적·물질적 활동은 그와 같은 방식으로 사회화된 인간이 사회적 존재의, 다시 말해 고유한 유적 성질의 — 토대로서의 자연을 전제로 하는 — 독특한 발전에 능동적으로 적응하는 데에서 생기는, 외연적·내포적으로 폭넓게 분화된 결과로서 나타난다. 이로써 마르크스의 사회적 존재의 존재론의 가장 중요한 업적 가운데 하나가 돌려 말해진 셈이다. 독특한 생명체인 인간의 발생사로부터, 인간의 본질적으로 새로운 유적 성질의 독특한 토대이자 결과인 사회의 발생사로부터 나오는 사고의 발생사가 그것이다. [25]

실로 발생론적·역사적인 이 근본적으로 새로운 관점은, 수백 년 동안 존속했던 대립적인 사고습관들에 따르면 관철되기가 어렵다. 서로 투쟁하는 주도적인 두 세계관, 곧 관념론과 유물론은 직접적으로 이질적인 존재계기들을 상호 유기적으로 도출할 수 없다. 뿐만 아니라 그것들을 가치와는 무관한 발생과 이로부터 생장하는 과정 속에 가치중립적으로 머물면서 순수하게 존재에 따라 도출할 수도 없다. 철학적 관념론은 그럴 시도조차 하지 않는다. 철학적 관념론

---

[25] 이 문제는 여기에서는 극히 일반적으로 암시될 수 있을 뿐이다. 이 설명의 후속작업으로 계획되어 있는 사회·역사적 인간행위이론을 통해서야 비로소 실재적인 연관관계들이 실제로 드러날 수 있다.

에서 정신적인 것은 본래 창조되지 않은 것, 발생되지 않은 것으로서 실존한다. 철학적 관념론은 물질적 존재를 직관이나 표상으로 깎아내리거나 혹은 개념으로 끌어올리는데(이때 인식될 수 없는, 따라서 실질적으로 중요하지 않은 존재 자체가 같이 설정되는지 여부는 아무래도 상관이 없다), 그럼으로써 정신적인 것이 스스로 물질적 존재를 산출한다. 유물론에서 정신적인 것은 ─ 기껏해야 ─ 물질적 존재의 단순 생산물로 환원되며, 왕왕 존재적으로 물질적인 것의 운동에 따른 일종의 부수현상으로 단순화된다. 따라서 마르크스의 근본적으로 역사적인 새로운 존재론에 대한 이해를 어렵게 만들기에 충분할 정도로 많은 수와 작용방식을 지닌 편견들이 효력을 발휘하고 있다.

그런데 마르크스의 방법과 학설의 확산 조건들은 이러한 오해와 그로부터 생겨나는 저항을 강화하는 데에도 기여했다. 〔301〕 마르크스주의는 원래 헤겔에 맞선, 그리고 무엇보다도 그가 남긴 관념론적 영향에 맞선 비판적 투쟁 속에서 방법의 고유성을 조탁(彫琢) 하게끔 되어 있었다는 사실을 결코 잊어서는 안 된다. 방법론상으로 이미 개진된 마르크스주의는 이제 부르주아적 사고의 여러 관념론적 경향들에 맞서 부단히 투쟁했다. 그래서 생겨나는 필요성, 곧 헤겔의 변증법을 때때로 기계적・형이상학적인 관념론적 사고에 맞서 이용할 필요성은 차치하더라도, 이러한 인식〔마르크스의 방법과 학설〕의, 그리고 그것을 노동운동에 방법론상 적용할 수 있는 가능성의 전반적 확산과 혁명적 운용은, 그 인식이 ─ 통속적으로 만드는 왜곡 없이 ─ 혁명 능력이 있는 대중들에게 이해 가능하게 될 뿐만 아니라 특정한 목표지향적 활동을 위한 동력이 되도록 하는 그런 표현방식이 노동운동에 보존되어 있기를 요구했다. 이러한 이중적 경향의 동시성을 마르크스의 문필활동의 중심점으로 파악하지 못하면 그를 이해할 수가 없다. 사람들은 마르크스의 "철학적인" 청년기 저작과 《자본》의 엄밀하게 과학적이고 순수 경제학적인 정신의 대립을 자주 이야기한다. 그런 식으로 설정되는 대비는 지탱될 수 없으며, 그의 이른바 철학에서 경제학으로의 선회와도 아무 관계가 없다.

그러나 더 뒤에 쓴, 출판하기로 정해진 텍스트들과 모든 문제들에 대한 자기이해를 위해 그 문제들을 파악 가능한 최대치까지 세세하게 다룬 텍스트들 사이의 서술상의 차이는 재삼재사 확인될 수 있을 것이다. 그 차이는 사고방법에 있는 것이 아니라 다만 표현방식에 있는 것임을 분명하게 보기 위해서는 이른바 "초안"(*Rohentwurf*)과 가령 《자본》 제1권을 비교해 보는 것으로 충분할 것이다. 26) 〔위에서 동시적인 이중적 경향이라 말한〕 그러한 경향 때문에 마르크스의 보편적 역사이론의 특정 계기들은 대중적 효과를 노린 특수한 표현방식을 띨 수밖에 없었다. 사회에서 경제발전이 지니는 인과적 우선성, 모든 이데올로기에 대해 경제발전이 점하는 존재상(上)의 우위, 자본주의 사회의 발전이 맞이하는 출구 없는 위기의 필연성, 자본주의 사회를 교체하는 구성체로서의 사회주의와 공산주의의 무조건적 필연성 등이 그러한 것들이다. 이때 마르크스 자신은 그와 같은 불가피한 단순화 경향들에 가능한 한 최소한의 외적 양보만 하려고 부단히 노력했다. 그러나 그 스스로도 이러한 상황에 따른 결과들을

---

26) 그렇기 때문에 《자본》 집필을 위해 쓴 원본 수고(手稿) — 약 10권이 있다고 사람들이 내게 말했는데 — 를 아직도 연구에 완전히 사용할 수 없도록 만든 것은 스탈린주의 체제에 의해 마르크스주의의 발전이 당한 가장 큰 피해 가운데 하나다.

항상 분명하게 완전히 피할 수 있었던 것은 아니다. 한 가지 예만 들겠다. 〔302〕《자본》제 2판 서문에서 마르크스는 리카도를 "사회적 자연법칙들"에 대한 관점 때문에 비판한다. 그럼으로써 "부르주아 경제학이 뛰어넘을 수 없는 한계에 도달"했던 것이라고 마르크스는 설명한다. 동일한 서문의 몇 쪽 뒤에서 마르크스는 자신의 저작에 대한 어떤 러시아 비평가의 말을 인용하는데, 그 비평가의 설명을 마르크스 자신은 "정확하다"고 말하고 있다. 그런데 그 비평에서 결정적인 대목은 다음과 같다. "마르크스는 사회적 운동을 하나의 자연사적 과정으로, 즉 인간들의 의지나 의식, 의도와는 무관한, 아니 오히려 반대로 이들의 의욕과 의식과 의도를 규정하는 그런 법칙들이 조정하는 과정으로 간주한다. … 만일 의식적 요소가 문화사에서 이처럼 종속적 역할을 수행한다면, 문화 그 자체를 대상으로 하는 비판이 다른 그 어떤 것보다도 더욱더, 의식의 어떤 형식이나 어떤 결과를 자신의 토대로 삼을 수 없을 것은 당연한 일이다."27)

여기에서처럼 마르크스의 방법을 그 객관적 총체성의 차원에서 고찰한다면, 그와 같은 삽화적 불일치들은 서술에서 아무런 역할도 하지 않는다. 우리는 그와 같은 불일치들을 지금까지 아주 정당하게도 간단히 무시할 수 있었다. 그러나 마르크스주의의 역사적 운명을, 그리고 아직도 널리 퍼져 있는 마르크스주의의 해석방식들을 생각하면 상황은 바뀐다. 진정한 마르크스적 토대 위에서 경제 일반, 현재의 사회, 이 사회의 모순들, 이 사회의 발전가능성들 등등을 올바르게 파악하고자 할 경우, 그러한 해석방식들 중 압도적 다수는 마르크

---

27) *Kapital I*, p. XI, p. XVI. 〔《자본 I -1》, 53쪽, 58쪽〕

스주의에는 이질적인 첨가물로서 제거되어야만 하는 것들이다. 지금 우리는 이미 앞서 다른 맥락들 속에서 최소한 암시라도 되었던 문제들은 건너뛰도록 한다. 지금 우리 관심의 중심에 있는 것은 사회적 존재의 과정들에 있어 의식(사고, 인식 등등)의 본질과 역할이다. 자연에서 진행되는 객관적인 과정들은 그 존재의 견지에서 보면 어떠한 의식과도 관계가 없다. 자연대상들과 자연과정들에 대한 인식은 사회와 자연의 신진대사로 인해 비로소 생겨났다. 인식의 객관적 정확성에 대한 요구는 이러한 신진대사의 진행 중에 생겨나는 목적론적 정립의 실효성을 위한 불가결한 요청이다. 그런데 범위, 내용, 형식 등등에 따라서 볼 때 그 요구는 [303] 구체적인 신진대사가 일어나는 사회적 존재의 발전단계가 지닌 그때그때의 경제적이고 이데올로기적인 상태가 허락하는 만큼만 실현될 수 있다. 마르크스가 의식과 존재의 전반적 관계에 대해 규명한 것은 따라서 올바른 자연인식의 형식들에도 유효하다. 마르크스는 아주 일반적으로 다음과 같이 말한다. "인간들의 의식이 그들의 존재를 규정하는 것이 아니라 반대로 인간들의 사회적 존재가 그들의 의식을 규정한다."[28] 여기에 덧붙여 말해야 할 것은, 사회적 존재에 의한 의식의 규정은 사회적 과정으로서, 가령 무기적 자연에서처럼 익숙한 방식 곧 직접적이고 단순한 인과적 방식으로는 나타날 수 없다는 점이다. 자연적 과정의 결과로 바위 하나가 산에서 굴러떨어지는 경우와 공황으로 인해 누군가가 자신의 유가증권을 파는 경우를 예로 삼자면, 추상적으로 인식론의 차원에서 보면 그 두 경우에서 문제는 인과적 연관의 과정

---

28) Marx: *Zur Kritik der politischen Ökonomie, Ibid.*, p. Ⅳ.

이다. 그런데 첫 번째 경우에 인과적 연관의 과정은, 그 일반적 규정들이 법칙적 결과들을 명확하게 지정하는 그런 순수 물질적 대상들과 과정들의 단순한, 다소간 직접적인 상호작용 속에서 생겨난다. 두 번째 경우에 사회적 존재는 다만 선택적 결정의 필연성을 강제할 수 있을 뿐이다. 해당 인간은 그릇된 결정을 할 수도 있으며 또 이에 따라 망할 수도 있다. 따라서, 사회적 존재에 의한 규정이란 언제나 선택적 결정의 한정일 "뿐"이며, 선택적 결정 가능성들의 구체적인 여지이자 하나의 작용방식이고 자연에는 결코 없는 그 어떤 것이다. 이로써 사고가 우선적인가 존재가 우선적인가 하는, 순수 인식론적인 모든 양자택일은 잘못된 문제설정으로서, 본질적 차이들을 사라지게 만드는 추상화로서 입증된다. 여기에서 마르크스에 의거해 서술했듯이, 사고란 사회적 존재 속에서 이루어지는 인간활동이 발생하고 발전되는 저 과정들의 구성부분으로서, 그러한 테두리 내에서 존재에 의해 규정되는 것이라고 한다면, 사고와 존재 사이에서 추상적으로 구성된 모든 우선성 문제는 현실적인 문제를 간과하는 것으로 입증된다. 왜냐하면 사고가 작용한다는 것은 이미 특수한 고유성을 띤 사회적 존재를 전제로 하는 것이기 때문이다.

그런데 보다 구체적인 인식론적 문제, 곧 현실적 존재를 적합하게 파악하는 사고의 능력 문제 또한 이에 비추어 보면 사이비 문제로 입증된다. 사회와 자연의 신진대사는 과정으로서의 사회적 존재의 실재적, 존재적 전제조건이다. 직접적으로 존재상 그 과정은 또한 존재해 있는 인간들의 존재적 재생산으로서, 그들의 활동 속에서 실현되는, 그것도 고유한 환경의 존재에 대한 그들의 능동적 적응의 형태로 실현되는 그런 하나의 과정이다. 사고는 원래 이러한 적응방식

200

이 유일하게 실현될 수 있는 저 목적론적 정립을 위한 준비기관이다. 〔304〕 그것은 인간의 공동생활 속에서 사회화의 과정이 진행되는 가운데 인간활동 전체와 관련하여 점점 더 보편적인 기능들을 획득해나간다. 존재상(上)의 사태를 여기에서 필요한 평범한 사실성의 차원에서 표현하자면 다음과 같이 말할 수 있다. 환경에 대한 이러한 능동적 적응은 인류의 몰락이 아니라 인류의 영향력(우리에게 이것이 많은 측면에서 아직 몹시 문제적인 것으로 보인다 할지라도) 이 외연적·내포적으로 엄청나게 확장되는 결과를 낳았다는 것은 이미 입증된 사실로서, 이 사실은 인간들에 의해 이루어지는 현실 처리의 전체 노선이 현실을 최소한 포괄적으로나마 정확하게(비교적 정확하게) 사유 속에서 재생산하는 데에 의거했다는 것을 보여준다. 그리고 이를 지향하는 과학적 인식들의 사후적 인식은 그 결과들이 보여주는 모든 상대성에도 불구하고 이러한 연관관계들의 실재성을 확인해 준다. 따라서 인간의 사고가 존재를 정확하게 재생산할 수 있는지를 묻는 것은 불필요한 일이다. 물론 모든 대상성은 무한한 수의 규정들을 내포하며, 존재과정들 속에서 그 규정들 사이에 벌어지는 상호작용들의 양상은 당연히 이러한 상황의 결과들도 표현한다. 그렇기 때문에, 마르크스가 확언하다시피, 모든 인식은 언제나 대상에 대한 다소간 포괄적인 접근에 지나지 않는다. 그리고 이러한 접근의 정신적·물질적 수단 또한 그때그때의 사회성이 지닌 객관적 가능성들에 의해 규정되어 있다. 따라서 주관적으로나 객관적으로나 모든 인식에는 다만 접근(따라서 상대적인 것)만이 있을 수 있다. 그런데 문제들과 대답들의 발원지인 객관적 정황들은 모든 개별 인간의 존재기반도 산출하는 객관적 발전에 의해 규정되어 있기 때문에, 그 속에 내포된 상대성은 같이 살아가는 사람들에게는 직접적으로 매우 빈번히 절대적인 성격을 띠는데, 이 절대적 성격은 재차 객관적인 발전단계에 의해, 그 운동조건들에 의해 절대적인 것으로서 고정될 수 있거나 아니면 상대적인 것으로서 추월될 수 있다.

따라서 자연적 인과성들과는 달리, 모든 의식과정이 사회적 존재의 그때그때의 (경향적인) 상황에 의해 규정되어 있는 상태 일체는 인간들에 의해 수행되는 목적론적 정립들과 관련된 새로운 선택적 결정들의 발생과 실효화를 위한 구체적인 여지를 의미한다.

마르크스주의의 속류화〔통속화〕는 여지(Spielraum)라고 하는 바로 이 결정적인 문제를 사라지게 만든다. 많은 경우 "정통"이라고 자처하는 이 속류 유물론은 경제적 과정들의 객관성에서 일종의 "제2의 자연"을 만들어내려 시도했다. 사회에서 경제는 (무엇보다 무기적 자연의) 물질적 합법칙성을 —〔무기적 자연과〕 유사하게 — 실현한다는 식으로 말이다. 〔305〕따라서 모든 "정신적인 것"은 여기에서 작용하는 물질적 힘들의 기계적 산물 외에 그 어떤 것일 수 없다는 것인데, 하지만 이는 마르크스주의의 진정한 본질의 구성요소가 아니다. 오히려 그것은 주관적으로 확신에 차서 마르크스주의의 추종자라고 자칭하는 사람들 중 영향력이 아주 큰 부분이 경제를 바로 그와 같이 기계적으로 작동하는 "제2의 자연"으로 만들고 마르크스주의 자체를 일종의 고차적인 자연과학(따라서 하나의 개별과학)으로 만든 데에서 생긴 것이다. 그 물질적 토대에 의한 사고의 "규정"에 대해 방금 주어진 분석은 경제가 실제로 무엇인지를 보여주며, 또 그럼으로써 그와 같은 견해들이 철학적으로 지탱될 수 없다는 것을 이미 분명하게 보여주었다.

마르크스주의의 참된 방법에 대해 해체적인, 아니, 파괴적인, 그러나 이론적으로는 선명한 견해들의 마지막 귀결에는 이 입장의 관념론적 변주가 있다. 마르크스의 경제학이 사회적 존재의 "물리학"으로 환원되면, 이제 부재하는 총체적 연관을 다음과 같은 식으로 보충할 생각이 떠오르기 때문이다. 즉, "정밀한" 개별과학으로 전락한 마르크스의 경제학을 보완하고 정초하며 확충하는 등등의 작업을 하기 위해 하나의 철학적 대용품이 구해지며, 그리하여 칸트, 실증주의 따위에서 그 대용품이 발견되기도 하는 식으로 말이다. 이러한 입장들이 ― 그 대표자들의 의도와는 무관하게 ― 서구의 "사회주의적" 사상에서 마르크스주의가 완전히 사라지도록 만들었다는 것은 오늘날에는 이미 더 이상 상세하게 논증할 필요가 없는 일이다. 철학적 토대에서, 무엇보다도 실증주의의 발전결과로, 노동운동의 이데올로기는 부르주아 이데올로기에 점점 더 가까워진다. 그리고 여기에서 훌쩍 더 나아가게 되면, 경제학이라는 "낡아가고 있는", 아니 "낡은" 개별과학을 보다 시류에 맞는, 이미 순전히 부르주아적인 과학으로 대체하기란 더 이상 그리 어려운 일이 아니다.

마르크스 이후의 마르크스주의 단계의 유물론적 변주에서는 경제의 순수하게 물질적인 성격과 관념적 상부구조의 배타적 대립, 경제에 의한 상부구조의 절대적인 "자연법칙적" 결정성이 철학적으로 결정적인 역할을 한다. 따라서 이러한 사고 모티프가 실제로 제거될 경우, "물질적" 경제와 "관념적" 상부구조의 그와 같은 배타적 대립이 존재상 지탱될 수 있는 것인지 하는 문제가 제기될 수밖에 없다. 마르크스의 경제학을 어느 정도 알고 있는 사람에게는 그러한 대립의 부정은 당연한 일일 수밖에 없다는 것이 우리의 생각이다. 물론 사회적 존재는 물질적 토대를 갖는다. 그렇지 않을 경우 그것은 결코 존재로서 고찰될 수 없을 것이다. 그러나 존재의 자연형식들은 물질적 토대를 갖는 것이 아니라 철저하게 물질적인 그 성질로 인해 그 자신의 "토대"를 형성한다는 것을 잊어서는 안 된다(유기적 자연에서는 생물학적 존재와 그것의 진행과정 또한 이 존재의 본질에 속하는데, 이러한 사실로 인해 이러한 근본적 정황에서 바뀌는 것은 아무것도 없다).

〔306〕사회적 존재에서야 비로소 모든 존재자는 목적론적 정립의 기반 위에서 발생하는데, 이 목적론적 정립의 불가결한 토대는 필연적으로 관념적 성질을 띤다. 물론 이 토대는 그것이 — 직접적으로 또는 간접적으로 — 현실적인 사회적·물질적 과정들을 작동시킬 때에만 존재 자체의 요소가 된다. 그러나 그렇다고 해서 그것의 관념적 성격이 폐기되는 것은 아니다. 마르크스의 방법에 따라 사회적 존재의 경제적 과정들에 대한 보다 자세한 연구가 이루어진다면, 그렇게 작동시키는 일이 단순한 일이 아니라는 것이 틀림없이 밝혀질 것이다. 그럼으로써 사회적 존재의 경제적 계기는 물리학적이거나 화학적인 의미에서 순수하게 물질적이기를 당연히 그칠 것이다. 그런데 내밀하게 뒤얽힌 관계는 훨씬 더 나아간다. 앞서 다른 맥락에서 우리는, 마르크스가 순수 경제학적 분석에서 경제 내의 "유령적 대상성들"에 관해 말하고 그럼으로써 순수 경제적 현존방식들조차 결코 동질적인 물질적 성질을 보여주지 않는다는 것을 분명하게 표현하고 있다고 지적한 바 있다. 경제적 존재방식에 대한 상세한 존재론적 분석에서 이러한 암시를 따르면 분명 극히 많은 것을 배울 수 있는 성과가 나올 것이다. 여기에서 우리는 한 가지 — 물론 아주 특징적인 — 사례에 국한해서 논의할 수밖에 없다. 마르크스는 예컨대

가격 같은 아주 순수하게 경제학적인 범주를, "손으로 만질 수 있는 실재 물체형식과 구별되는, 따라서 그저 관념적이거나 또는 상상으로 만들어진 형식에 지나지 않는 것"[29] 이라고 부른다. 사회적 존재의 경제 영역의 긴밀하고 동질적인 물질적 성격이란 따라서 일종의 속류 유물론적 신화처럼 보인다. 그리고 상부구조의 순수 관념적 성격이라는 것도 사정이 많이 다르지 않다. 다름 아닌 사회적 존재의 발전과 관련하여 사회적 존재의 물질적 현실에서는 [간접적으로뿐만 아니라 심지어] 직접적으로도 물질적 과정들을 야기하도록 사회적으로 위임받은 사회적 존재의 현상방식들, 특히 국가와 법이 결정적인 역할을 한다. 이와 관련해서는, 법이란 거부할 경우 "군모(軍帽)를 쓴 남자들"이 와서 사람들로 하여금 사회적으로 필요한 목적론적 정립을 수행하도록 강제하는 곳에만 있다는, 막스 베버(Max Weber)의 재치 넘치는 정식화를 상기시키는 것으로 충분할 것이다. 따라서 여기에서도 물질적 토대로서의 경제와 상부구조의 요소로서의 강제력 사이에 ― 인식론적으로 ― 만리장성을 세워서는 안 된다. 이미 다른 맥락에서 우리는 《자본》에서 마르크스가 한 설명을 증거로 끌어낸 적이 있는데, 이에 따르면 강제력은 예컨대 노임(勞賃)의 결정에서 폐기될 수 없는 경제적 계기다.

사회적 존재에서 경제가 점하는 존재적으로 우선적인 성격에 관한 마르크스의 학설은 이 모든 것을 통해 결코 논박되지 않는다. 그런데 마르크스에게 바치는 조사(弔辭)에서 엥겔스는 이러한 정황의 존재론적 의미를 [307] 정확하고 단호하면서도 단순하게 표현했다.

---

29) Marx: *Kapital I*, p. 60. 〔《자본 I -1》, 161~162쪽〕

그는 다음과 같이 말했다. "다윈이 유기적 자연의 발전법칙을 발견했듯이, 마르크스는 인간 역사의 발전법칙을 발견했다. 인간들은 정치, 과학, 예술, 종교 등등을 할 수 있기 전에 무엇보다도 먼저 먹고 마시고 주거하고 옷을 입어야만 한다는, 지금까지 무성한 이데올로기들 밑에 가려져 있었던 단순한 사실이 그것이다. 따라서 직접적인 물질적 생필품의 생산이, 그럼으로써 한 민족 혹은 한 시대의 매(每) 경제적 발전단계가 기초를 이루는데, 관련 인간들의 국가제도, 법률관, 예술 그리고 종교적 표상마저도 이 기초로부터 발생·발전했다. 그렇기 때문에 그것들은 그 기초로부터 설명되어야만 하지 지금까지 그래왔듯이 그 반대가 되어서는 안 된다."[30] 따라서 모든 이데올로기적인 것을 기계적으로 도출하고, 사회적 물리학으로 경화된 경제학에 이데올로기적인 것을 기계적으로 종속시키는 속류 유물론적인 마르크스주의 해석이 프롤레타리아 혁명의 학설로서 관념론에 맞서다가 정신적 패배를 당했다면, 이러한 패배는 아마도 당연한 패배였다. 하지만 거기에서 패한 것으로 드러난 것은 마르크스주의의 이러한 기계론적·유물론적인 왜곡일 뿐이지 마르크스주의 자체는 아니었다. 그리고 기계적 유물론이 여기에서 — 그것을 알지 못한 채 또는 그럴 생각 없이 — 정신적으로 종교적 유산도 상속했다는 바로 그 이유 때문에 그렇게 취약한 것으로 입증되었던 것은 이데올로기의 역사에서 희극적 순간 가운데 하나다. 그도 그럴 것이, 초창기의 인간발전이 노동의 목적론적 정립을 본보기로 하여 신들을

---

30) Marx: *Eine Sammlung von Erinnerungen und Aufsätzen*, Moskau / Leningrad, 1934, p. 21.

고안했던 한, 신들은 현실의 창조자로서, 자기가 만든 산물에 대해 가치상으로도 우위를 지닐 수밖에 없었다. 진정한 경제학도, 또 그렇기 때문에 경제에 대한 올바른 파악도 그러한 가치관계와는 아무 관계도 없다. 그의 전체 이론의 구성과 전망에 결정적으로 중요한 대목에서, 즉 그가 자유의 나라의 관계, 인류의 전사(前史)의 종언을 연구하는 곳에서, 마르크스는 이 거대한 전환이 일어날 때 경제가 하는 역할에 관해서도 이야기하는데, 그는 그 역할에 대해 다음과 같이 말하고 있다. "그러나 그것(경제 - 게오르크 루카치)은 항상 필연의 나라로 머물러 있다. 이 나라 저편에서 자기목적으로 여겨지는 인간적 힘의 발전, 곧 참된 자유의 나라가 시작된다. 그런데 이 자유의 나라는 그 토대로서의 저 필연의 나라 위에서만 꽃필 수 있다."31) 따라서 존재범주로서의 토대는 마르크스의 눈에는 사회적·인간적인 가치관계와는 아무런 관계도 없다. 그와 같은 가치관계는 종교적인 존재관에 의한 정신적 소외의 잔재에 불과한데, 〔308〕 이 종교적 존재관에서 "창조자"는 가치위계에 있어 그에 의해 "창조된 것"보다 무조건 더 높은 위치를 점해야만 한다는 이데올로기적인 신앙욕구가 생겨난다.

그러나 실재 존재과정들은 그처럼 단순한 가치위계와는 아무런 관계도 없다. 그 복잡한 불가역적 과정들은 계속해서 더 복잡한 존재연관들을, 세분화된 범주들을 산출하는데, 물론 여기에서도 가치관계들을 창출하지 않는다. 물론 사회적 존재에서 경우에 따라서는 존재

---

31) Marx: *Kapital* Ⅲ / Ⅱ, p. 355. 〔《자본 Ⅲ-2》, 강신준 옮김, 길, 2010, 1095쪽〕

변화들이 가치관계들도 생겨나게 할 수 있다는 것은 사회적 존재의
내적 성질에 속한다(앞서 우리는 아주 원시적 단계에서 그와 같은 가치정
립들이 모든 노동과정의 불가피한, 존재적으로 제거될 수 없는 결과적 현상
이 될 수밖에 없는 이유를 서술했다). [32] 그러나 마르크스주의에 있어서
는 변화시키는 반응을 야기하는 토대가 야기된 것에 비해 가치위계에
있어 우월하다는 결론이 그로부터 나오지 않는다. 조금 전에 인용했
던 마르크스의 발언, 곧 자유의 나라의 토대로서의 — 순전한 토대로
서의 — 경제에 대한 그의 발언은, 모든 그와 같은 명목상의 필연성이
마르크스주의와는 얼마나 거리가 먼 것인지를 보여준다.

따라서 사회적 존재에서 물질적 과정들과 "순수한" 사고 과정들을
정확하게 분리하려고 하는 것은 형식주의적 · 인식론적인 조야한 추
상화다. 사회가 사회화될수록 바로 물질적 생산에서 그 두 과정은 더
욱더 불가분하게 서로 얽히고설킨 채 있다. 그렇다고 그것들의 존재론
적 상이성이 부인되는 것은 물론 아니다. 그러나 사회적 존재의 영역
속에서(이 영역 바깥에는 정신적인 것도, 목적론적 정립에 의해 가동된 물
질적 과정들도 존재하지 않는다) 그 두 과정이 행하는 작용의 일차적인
존재론적 사실은 그것들의 불가분한 공존이다. 따라서 우선성 문제는
현상군(群) 연구에 있어 이 불가분한 공존을 인정할 때에만 합리적으
로 설정될 수 있다. 사회적 존재의 총체성에 있어 그와 같은 공존은—

---

32) 어떤 경로에서, 어떤 본질적 변화들을 통해서 사회적 존재 전체에 있어 이러
한 가치관계들이 인간활동의 본질적 계기들이 되는지는 구체적이고 상세한
분석이 있어야 비로소 밝혀질 수 있다. 우리가 현재 행하는 연구에서는, 가
치란 고도로 발달한 인간적 정신성의 산물이 아니라 가장 단순한 노동의 불
가결한 존재계기라는 것을 확인하는 것으로 만족할 수밖에 없다.

역사적 동력으로서 — 어디까지나 근본적인 존재요소다.

마르크스주의에 대한 정확한 전면적 해석에서 생긴 오해들은 변증법적 유물론에 관한, 지난 수십 년 동안 폭넓게 확산된 관념도 야기했다. 그러한 관념에 따르면, 변증법적 유물론은 마르크스주의의 철학적으로 포괄적인 절대적 근본학설로서, 사회문제들에 그 근본학설을 적용하는 데에서 이른바 역사적 유물론이 비로소 발생할 수 있었다. 〔309〕 우리가 앞서 스탈린의 글에서 인용했던 문구는 사회에 "변증법적 유물론의 기본원칙들을 적용"하는 것에 관해 이야기하고 있다. 이 입장은 두 가지 결정적인 지점에서 마르크스주의와 모순된다. 첫째, 그 입장이 모든 존재에 똑같은 방식으로 적용되어야 할 확언들을 지닌 일반적·추상적인 철학적 범주론을 취하기 때문이며, 둘째, 역사성 계기가 존재의 단순한 개별 문제가 되고 말기 때문인데, 이럴 경우 역사성 계기는 변증법적 유물론의 보편적인 초역사적 일반원리들이 이러한 "특수영역"에 적용됨으로써 비로소 본래의 대상성 내실을 가질 수 있게 되며, 따라서 그 사상적 정식화의 가능성도 가질 수 있게 된다. 변증법적 유물론의 본질에 대한 이러한 법전화(法典化)는 그 원리들의 엄격한 명확성〔일의성〕으로 나타난다. 계속 역사적 과정을 가리키는 마르크스의 고찰과 비교되고, 또 그 진행과정의 본질적 특징들을 수많은 측면에서 점근적(漸近的)으로 파악하려 한 레닌의 탐색 시도33)와도 대립되는 이러한 법전화는, 따라서 범주들의 명확한〔일의적인〕규정들을 확실하게 고정시키려는 시도로서 나타난다. 실상 그러한 법전화는 추상적으로 경직되고 그래서 실천에 무용한 부르주

---

33) Lenin: *Aus dem philosophischen Nachlaß*, Wien/Berlin 1932, p. 144 이하.

아적 규정들이 지닌, 이론적·원리적으로 풀 수 없는 해묵은 대립성으로 되돌아간다. 우리가 지금 — 진정한 존재론의 역사적 구체성과, 그러한 법전화의 필연적인, 과정과는 이질적인 인식론적 추상성 사이의 원리적 차이를 조명하기 위하여 — 칸트의 예를 끌어댄다면, 어떻게든 구체적으로 스탈린의 입장과 비슷하기만이라도 한 것을 제시하고자 그러는 것이 아님은 물론이다. 여기에서는 구체적인 범주규정에 있어 구체적·역사적인 과정성과 추상적인 일반성 사이의 대립이라는 가장 일반적인 문제만이 중요하다. 이미 헤겔은 초기에 그와 같은 종류의 방법론상 전형적인 칸트의 한 가지 규정에 반대했는데, 그 규정에 따르면 공탁물의 인식론적 개념에서 착복의 무조건적인 도덕적 금지라는 결론이 필연적으로 생겨나게 된다. 방법론상으로 헤겔의 비판은 — 이러한 견지에서 보면 스탈린의 구상도 그 비판의 대상이 되는데 — 결국은 다음과 같은 것이 된다. 즉, 여기에서 사회적·실천적으로 이질적인 과정들은 논리적으로 동질화된 연속으로서, 하나의 추상적인 개념규정에 종속되고, 그럼으로써, 구체적인 역사적 과정의 구체적 계기들이자 그렇기 때문에 또한 변화에 내맡겨진 사회적 실천의 계기들이라는 그 실재적 본질을 잃어버리게 된다.34)

〔310〕 이런 식의 과도한 추상화는 너무 쉽게 사회·역사적인 추상적 궤변론의 도구가 될 수 있는데, 이 점은 이제 역사적으로 너무나 잘 알려진 사실이다. 이러한 위험을 레닌은 이렇게 경직되어가는 체계화 이전에 이미 분명하게 보았다. 궁극적으로 레닌의 중요한 결정

---

34) 청년 헤겔을 다루는 연구에서 나는 여기에서 발생하는 문제들을 구체적으로 설명하려 시도했다. G. Lukács: *Der junge Hegel*, *Werke*, Bd. 8, Berlin/Neuwied, 1967, pp. 369~370.

들은 모두가 다 사회·역사적 발전의 주요경향들에 대한 마르크스주의의 원리론에서 출발해 이루어진 것이긴 하지만, 그는 지치지 않고 부단히 계속해서 "구체적 상황의 구체적 분석"을 요구했다. 여기에서 "구체적 상황의 구체적 분석"은 일반적 원리들의 적용가능성을 위한 불가결한 매개이자, 사회·역사적 발전이 이러한 실천적 여지의 변화와 더불어 그 대상을 다소간 역사적으로 수정하지 않을 수 없게 되는 그런 여지를 제시하는 것이다. 이에 반해 스탈린적 실천에서는 — 우리가 기회가 있을 때 여러 차례 밝히려 시도했다시피 — 그때그때 권한이 있는 최고기관이 내린 전술적 결정이 교조적으로 절대화된다. 그 존재적 본질상 역사적인 범주들에 대한 추상적 규정은 이를 통해 스탈린적 방법의 이론적 보조수단이 되었다. 사상적 교조체계로 일반화된 마르크스의 이론은 — 그 체계의 교조적·추상적인 경직성을 보존하는 가운데 — 이를 넘어서 순전히 자의적이고 추상적인 주의주의(主意主義)적 성격까지 가지게 된다. 35) 따라서 이러한 변증법적·역사적 유물론관은 — 실천의 이론에서 실현된 전술의 우선성을 통해 강화되어 — 앞서 거론했던 사회민주주의적 왜곡들 못지않게 오늘날 마르크스적 방법의 올바른 이해를 가로막는 장애물이다.

---

35) 히틀러와의 협약 이후 스탈린이 히틀러에 맞선 세계전쟁을 어떻게 제 1차 세계전쟁과 이론적으로 동일시했는지, 또 프랑스와 영국의 공산주의자들에게 어떻게 리프크네히트적 전술을 지시했는지를 생각해 보라. 〔옮긴이: 리프크네히트(Karl Liebknecht, 1871~1919)는 독일의 혁명가다. 제 1차 세계대전에 대한 반대운동을 벌이다가 독일사민당에서 제명되고 결국 투옥되었다. 석방 후 독일공산당을 창설하고 혁명운동에 참가했다가 학살당했다. 여기서 루카치가 '리프크네히트적 전술'이라 한 것은, 제2차 세계대전을 제1차 세계대전과 마찬가지로 제국주의 전쟁으로 규정하고, 제1차 세계대전 때와 마찬가지로 반전운동을 전개하도록 지침을 내린 것을 말한다.〕

마르크스 존재론의 근본문제 재론: 대상성 · 범주 · 역사성(불가역성) · 인식의 사후성 · 존재의 우선성 등을 중심으로

이제 우리가 지금까지 다루었던 마르크스적 방법의 왜곡들은 옆으로 밀어 놓고 마르크스 존재론의 근본문제로 되돌아가 이야기를 하자면, 자연히 우리는 지금껏 조금이나마 다루어진 것들을 총괄적으로 다시 한 번 더 말하지 않을 수 없다. 출발점으로 이용되어야 하는 것은, 대상성은 모든 물질적 존재의 비(非) 발생적인(그렇기 때문에 사유를 통해 연역될 수 없는) 근원형식이라는 단언이다. 마르크스가 보기에 존재〔있음〕란 대상적 존재〔대상적임〕과 동의어이다. 마르크스의 선행자들 대부분이 ─ 내용상으로나 형식상 서로 몹시 다른 방식으로 ─ 생각하는 것과는 달리, 어떤 방식으로든 그 자체 무형식적인(카오스적인) 존재에게 "바깥에서부터" 대상성을 각인하는 "다른 힘"은, 그것이 정신적인 것이든 물질적인 것이든 간에 존재하지 않는다. 우리가 이러한 근본형식에서 출발해 더 나아가려 할 때 우리 앞에 있는 것은, 범주란 현존재 형식, 실존규정이라는 마르크스의 보다 포괄적인 모토이다.

〔311〕 여기에서, 다시 말해 일반화된 단계에서 마르크스와 그의 선행자들의 대립은 더욱더 뚜렷하게 드러난다. "범주"라는 표현만 하더라도 이미 이러한 대립을 표현하고 있다. 즉, 범주는 말 그대로 언명을 뜻하며, 따라서 존재하는 세계에서 영속적인 것, 본질적인 것을 사유를 통해 말로 정식화한 것을 뜻한다. 이러한 본질성으로 인해 범주는 존재하는 세계의 항구적이고 지속적인 규정이다. 그렇기 때문에 여기에서 사고가 현실에 다가가 그 현실에 이러한 본질성을 각인한

다는 것이 대체로 당연하게 여겨진다. 이와 달리 마르크스의 견해에 따르면 대상의 이러한 보편적이고 가장 일반적인 본질 표지(標識)는 사고하는 의식과는 무관하게 실존하는 객관적인 존재규정, 더 정확히 말하면, 우리가 모든 존재자에 내재하는, 존재와 분리될 수 없는 계기라고 알게 되었던 그런 대상성복합체의 일반성 계기들이다. 따라서 범주의 존재적 성격은 특정한 구체적 범주들에 대한 이해와 직결된다. 이 경우에 특히 직결되는 것은, 일반성과 개별성, 유와 표본은 모든 존재자의 연역 불가능한 대상성에서 직접적·존재적으로 생겨나는 규정들이라는 점이다. 36)

범주문제의 영역에서 구체화가 조금이라도 이루어진다면 그 구체화는 마르크스 이론의 핵심문제, 곧 모든 존재의 근본원리로서의 역사와 바로 통한다. 그 원리는 이미 아주 일찍이(《독일 이데올로기》에서) 마르크스에 의해 일반적이고 정확하게 말해졌다. 실제로 존재에 대한 그의 설명을 처음부터 끝까지 지배하고 있는 것이 바로 그 원리다. 그가 규명한 것이 정식화되었던 당시에는 그 존재적 토대, 곧 항구적인 불가역적 과정으로서의 존재가 일반적으로 인정되기는커녕 자연의 근본적 존재성질로도 인식되지 않았다. 이런 한에서 그의 규명은 천재적·예언적인 성격을 갖는다. 존재 전체의 일반적 역사성의 문제를 마르크스 전에 이미 제기했던 사람은 물론 헤겔이었다. 이

---

36) 이러한 설명을 쓸데없이 복잡하게 만들지 않기 위해 여기서는 일반성과 개별성만 말했다. 그것들을 존재적으로 매개하는 특수성(*Besonderheit*)을 다루는 일은, 한 전문연구에서 이미 이 문제를 다루었기 때문에 여기에서는 건너뛸 수 있었다. *Über die Besonderheit als Kategorie der Ästhetik*, in Georg Lukács: *Probleme der Ästhetik, Werke, Bd. 10*, Neuwird/Berlin, 1969, pp. 539~786.

문제복합체를 해명하는 데 있어 헤겔이 이룬 그 모든 위대한 업적에도 불구하고 이 구상의 실행에서 선명하게 드러나는 그의 한계들을 잊어서는 안 된다. 지금까지의 설명에서 우리는 그 구상이 무엇보다 논리적 연관과 존재적 연관의 지속적인 공존 속에 존립하며, 대다수의 경우에는 전자 곧 논리적 연관의 우세로서 존립한다는 것을 거듭 보여주었다. 이는 헤겔의 체계 전체에 목적론적 성격을 부여한다. 〔312〕만약 논리적 범주들이 "창조물에 대한 신의 생각"이며 전체과정에서 실현되는 것이라면, 이 목적론적 성분들은 전체과정에서 제거될 수가 없다. 이 성분들은 여타의 관념론적·논리주의적인 계기들과 마찬가지로 체계 및 방법의 구성에서 아주 중요한 역할을 한다. 마르크스는 물구나무 선 헤겔의 철학을 바로 세웠다고 하는 대중적 표현이, 마르크스의 방법을 이해할 때 아주 쉽게 오도하는 모티프가 되었을 정도로 말이다. 의심의 여지없이 마르크스가 헤겔로부터 받았던, 많은 경우 결정적으로 중요하기까지 한 그 모든 자극들에도 불구하고, 《자본》 제2판 서문에서 마르크스가 두 사람의 관계를 두고, 그의 방법은 헤겔의 방법과 단지 다르기만 한 것이 아니라 "그것과 정반대"라고 정식화한 것이 우리에게는 그 관계를 올바로 조명한 것으로 보인다. 37)

이제 마르크스가 사상적으로 얽매이는 데가 전혀 없이, 불가역성을 과정들의 복합체로서 유지되고 전개되는 존재가 나타나는 과정들의 가장 본질적인 특징으로 파악할 때, 그는 사람들의 일상생활의 가장 본원적인 경험 가운데 하나에서 바로 출발하고 있다. 일어난 일은 〔이미〕일어난 것이지, 실천적·실재적으로 더 이상 일어나지 않은

---

37) Marx: *Kapital I*, p. XVII. 〔《자본 I -1》, 60쪽〕

일로 여겨질 수 없다. 이것은 사람들의 가장 본원적이고 반박하기 가장 힘든 생활경험에 속한다. 물론 여기에서부터 객관적 존재과정들의 불가역성에 대한 인식까지 가기에는 아직 먼 길이 놓여 있다. 이와 관련해 특수한 경우들에서 주술적이거나 종교적인 조작을 통해 이러한 사태를〔객관적인 존재과정의 불가역성을〕없애려 한 초기의 시도들을 거론해서는 안 된다. 자연존재가 그 전체성에 있어 궁극적으로 정태적인 것으로, 그 총체성에 있어 영원히 동일하게 머물러 있는 것으로 여겨졌던 때보다 훨씬 나중의 한층 더 발전된 단계들에서도, "일어난 일은 〔이미〕일어난 것"이라는 단순한 체험은 예외 없이 유지될 수 있었으며 불가역적 과정으로 인식되고 인정될 수 있었다. 그리하여 예컨대 생명과정들에서도 그랬는데, 그 생명과정들에서 유의 개별표본들에서 이루어지는 재생산 과정의 불가역성은 확실히 인정되었다. 하지만 유의 존재(Gattungssein)에서는 모든 그와 같은 과정이 전적으로 불변성을 지닌다고 보는 인식방향이 오랜 시간 동안 지배적 인식방향으로 남아 있었다(린네,[38] 퀴비에). 오랜 이데올로기 투쟁들을 거친 후 불가역적 과정들은 다윈 이후에야 비로소 일반적으로 확고한 지반을 얻었다. 무기적 자연과 관련해서는 사정이 더 복잡하다. 비록 여기에서도 그러한 과정들에 대한 사후적 인식을 통해 이 존재방식에 대한 중요한 사실들이 부단히 획득되긴 했지만(이와 관련해서는, 우리 행성의 존재가 이미 불가역적 과정으로 나타나는 지질학의 성과들을 생각해 보는 것으로 충분하다), 〔313〕오늘날에도 아직은

---

38) 옮긴이 : 칼 폰 린네(Carl von Linné, 1707～1778)는 스웨덴의 식물학자로서 오늘날 사용하는 생물 분류법인 이명법의 기초를 마련한 생물학자다. 주요저서로는 《자연의 체계》(Systema naturae)가 있다.

유기적 자연에서처럼 그렇게 전면적이고 명확한 상(像)을 이야기할 수는 없다. 물론 원자 연구의 성과들은 우리의 "사물적" 세계의 현실적 존재양식을 예전 그 어느 때보다도 본질적으로 더 명확하게 밝혔다. 그러나 우리의 인식 앞에는, 우리에게 포착될 수 있는 과정들에 대한 부단히 확장되는 관찰을 통해 그와 같은 전체상(全體像)에 더욱 더 가까이 가는 과제가 놓여 있다. 하지만 여기에서도 문제는 실제로 진행된 과정들에 대한 사후적 인식이기 때문에, 이러한 언명은 오늘날 일종의 전반적 전망으로서의 성격을 지닐 수 있을 뿐이다.

　사회적 존재가 구축(構築)되어 나오는 과정들에서 인식상황은 한층 더 복잡하다. 한편으로, 보다 발전된 이 존재형식에서 개별과정들 및 그 총체성의 불가역성은 과정적 존재의 보다 단순한 단계들에서보다 훨씬 더 분명하게 드러난다. 다른 한편, 여러 사회체제들 속에서 그 체제 자체를 사상적으로 영원하게 만들 것을 요구하는 이데올로기적 욕구들이 발생한다. 존재의 본질인 부단한 불가역적 발전과정을 부인하거나(경우에 따라서는 "역사의 종언"에 대한 요구로까지 나아갈 수 있다) 이미 추월된 사회상태의 복원을 출구로 여기는 견해가 그런 것들이다. 이러한 견해들에 따라 객관적 과정들 자체의 불가역성이 빈번히 반박된다. 계급사회가 존속하는 한, 그와 같은 이데올로기 조류들이 발생하고 공공연하게 되는 것은 불가피한 일이다. 비록 과정들 자체의 실재 진행방식 및 그 사후적 인식이 사회적 존재 또한, 아니 무엇보다 사회적 존재야말로 불가역성이 부인되면 적절하게 파악될 수 없다는 것을 점점 더 분명하게 보여주고 있지만 말이다. 사회의 운동과정들의 이러한 불가역성이 그렇게 발생한 "순수한 과학성"에 의해 제거되지 않는다면, 점점 더 이러한 인식은

216

실천적으로 정확한 목적론적 정립을 위한 기반이 된다. 그런데 바로 이 "순수한 과학성"을 통해 —"비판"이나 "탈이데올로기화"에 관한 그 모든 의기양양한 구호들에도 불구하고 — 과학은 바로 지금 지배하고 있는 경제적, 정치적 등등의 권력들에 직접적으로 예속되고 마는데, 이러한 사실은 주술적 조작에서부터 신실증주의적 조작에까지 이르는 긴 역사의 진행 속에서 비판적으로 고찰되기는커녕 언급조차 되지 않는다. 39) 지금 시작되고 있는 조작체계의 실천적 위기는 그와 같은 문제복합체들에 대한 이론적 해명도 진작(振作) 시킬 것이라고 기대해 볼 수 있지 않을까 싶다.

---

39) 물론 인식수단에 대한 비판은 진지하고 중요한 문제인데, 하지만 그 문제는 존재 자체와의 대질을 통해서만 현실적으로 설정되거나 심지어 해결될 수 있다. 여기에서는 이 문제복합체를 상세히 다룰 수 없고, 다만 다음과 같은 점만 언급해 두겠다. 예컨대 존재규정들로서의 정량들을 추상적으로 동질화하는 데에서 생겨난 수량화는 수학의 기반으로서, 모든 양적 규정들과 더불어 또한 존재의 인과적 과정들도 그 방법에서 배제한다. 이로부터 예컨대 이 사고영역에서는 외삽법의 무한정한 가능성이 생겨나는데, 이 외삽법이 중요한 인식을 가능하게 만들 때가 자주 있는 것은 사실이지만 그러나 그것이 무비판적으로 일반화되어 사용될 경우 구체적인 존재과정들에 대한 총체적인 오인을 낳을 수 있다. 따라서 "과학기술적 이성에 대한 비판"은 사고와 과학성에 대한 전체적 관점을 위해 극도로 유익할 뿐만 아니라 또한 수많은 실천적 오(誤)결정을 막을지도 모른다. 그러나 이를 위해서는 사회적 존재에서, 특히 경제에서 기술이 하는 진정한 역할에 대한 올바른 이해가 첫 번째 전제조건이다. 나 자신은 이미 수십 년 전에, 그 당시 여기에서 거론된 구체적 문제들은 아직 다룰 수 없었지만, 경제에서 기술이 점하는 위치에 대한 부하린(N. Bucharin)의 그릇된 기본관점을 역사적으로 비판한 바 있다. 다음과 같은 말을 통해 그가 진정한 존재연관을 거꾸로 세우고 있음을 보여줌으로써 말이다. "기술의 불완전한 발전이 노예제를 가능하게 만드는 것이 아니라 오히려 거꾸로, 지배적인 노동형식으로서의 노예제가 노동과정의 합리화를 불가능하게 만들며 또 — 이를 통해 매개되어 — 합리적 기술의 발생을 불가능하게 만든다." Georg Lukács: *Frühschriften II, Werke, Bd. 2,* Berlin / Neuwied, 1968, p. 603.

〔314〕마르크스가 확정한 인식과 실천의 이러한 분리불가능성은 그의 역사적 존재관의 절정을 이룬다. 이때의 실천이란, 모든 진정하고 유효한 인식적 행동의 존재적 전제조건으로서의 사회적 실천이자, 사회적 존재 일반뿐만 아니라 또한 그것의 내·외적 자기전개, 그것의 지속적 과정(이는 점점 더 결정적이고 순수하게 사회적으로 되어가고, 사회 특유의 힘들에 의해 진행되는데)의 중요 계기로서의 사회적 실천이다. 만약 신이 있다면, 일체의 존재성에서 벗어난 사고를 통해 멋대로 사유조작을 실행할 수 있는 교수들을 거침없이 창조할 수 있었을 것이다. 존재의 불가역적 과정은 사고를 다만 실천의 근본적 계기로서만 산출할 수 있었다. 동력으로서의 그러한 활동〔곧 사고〕이 가능하게 되고 필연적이게 되는 그런 존재가 그 과정들 속에서 발생함으로써 말이다. 무기적 존재는 단지 인과적인 상호작용에서만 불가역적으로 운동하는 복합체들을 알고 있다. 유기적 존재에서는 환경에 수동적으로 적응하는 가운데 자기 자신을 재생산하는 개별 유기체들(이를 통해 매개되어 있는 유들의 개별유기체들) 간의 상호작용이 발전의 원동력이다. 여기에서 이미 하나의 〔새로운〕 존재방식이 나타나는데, 그 결과, 자기보존과 발전 혹은 몰락의 객관적 가능성으로서의 개별 유기체들(유들)의 적응능력은 무기적 자연에서 작용했고 또 지금도 작용하고 있는 것들보다 더 복잡한 존재전개의 조건들을 보여준다. 존재과정 자체의 객관적 동역학에서 벗어나지 않게 정식화하는 가운데 얼마간 역설적으로 다음과 같이 말할 수 있을지도 모르겠다. 즉, 어떤 주체적 요인 — 물론 엄격하게 즉자적일 뿐이며 대자존재의 흔적조차 실현하지 않는 — 이 이러한 과정들 속에 이미 맹아적으로 현존한다고 말이다. 〔315〕우리는 이 존재과정에서 유기

218

체 특유의 규정들이 전개되는 과정을 서술한 바 있는데, 이 전개과정은 마침내 환경에 대한 능동적 적응으로의 이행을 객관적으로 가능하게 만들었던 개별표본들(유들)을 산출하기에 이르렀다.

사회에 선행한 존재방식에서 이 정도는 인지해야만 새로운 것으로의 도약 가능성을 파악할 수 있었다. 우리는 이 새로운 것을 이미 여러 차례, 서로 다른 측면에서 이해하고자 시도했다. 따라서 우리는 반복을 피해 가능한 한 간략하게 다음과 같이 표현할 수 있다. 즉, 이 새로운 존재방식이 표현되는 새로운 범주들은, 한편으로는 존재의 모든 선행 발전단계에서의 범주들과 마찬가지로 객관적, 존재적, 물질적으로 발생하지만, 그것들과는 달리 예외 없이 의식적 정립행위의 결과들이기도 하다. 이러한 통합적 이중성, 또는 대상들 및 그 과정성에 있어 주체적인 것과 객체적인 것의 이중적 모습을 띤 이러한 통일성은, 보편성을 정초하는 목적론적 정립들로부터 언제나 인과적 과정들의 보편성만 생겨날 수 있다는 점에서 그 객체적 면모를 드러내며, 이 존재의 새로 생겨난 중심인물이 생각하면서 행위하는 또는 행위하면서 생각하는 존재라는 점에서 그 주체적 면모를 드러낸다. 이 후자의 측면을 마르크스는 〈포이어바흐-테제〉에서 환경의 변화와 인간활동의 변화 내지 자기변화는 일치한다는 식으로 표현한 바 있다. 40) 그러한 실천의 성질을 분석하면서 우리는 인간을 대답하는 존재라고 명명했는데, 그때 우리의 표현은 〔마르크스가 말한 것과〕

---

40) *MEGA I/5*, p. 534. 〔옮긴이 : 루카치는 "das Ändern der Umstände und die menschliche Tätigkeit …"(p. 315)라고 적고 있는데, 이는 "das Ändern der Umstände und der menschlichen Tätigkeit …"를 잘못 적은 것이다. 여기서는 후자로 바꾸어 옮긴다.〕

같은 것, 곧 대상들의 변화를 통한 자기발전을 뜻하는 것이었다.

이로써 우리는 — 그 기원과 그 본질에 따라서 볼 때 그것들이 어떤 존재양식에 속하는지와는 상관없이 — 사회적 존재 속에서 작용하는 범주들의 핵심문제에 도달했다. 그도 그럴 것이 인간은 대답하는 존재라는 바로 이 인식은, 존재발전의 이 단계에 있는 인간을, 존재하는 대상성 규정들의 일반적 계기들로서 객관적으로, 모든 의식과는 무관하게 실존하면서 보존되는 동시에 변화되는 범주들의 존재방식 및 작용방식에 유기적으로 끼워 넣는다. 왜냐하면 — 우리가 지금까지 몇몇 중요 사례에서 보여줄 수 있었던 것이 이것인데 — 존재 자체가 불가역적 방식으로 진행되는 성격을 지닌다면 그 존재의 가장 본질적인 규정들은 변화의 형식을 띠고 그 과정들에 참여할 것이 분명하기 때문이다. 전체 존재의 역사적 성격은 그 자신의 존재를 실현함으로써 범주들의 역사적 성격도 규정한다. 이러한 일반적 연관관계는 존재의 모든 형식을 똑같이 규정한다. 〔316〕 다만 — 당연하게도 — 서로 다른 존재형식들의 더 단순하거나 더 복잡한 성질은 그 범주들의 상대적인 단순성이나 복잡성에서 표현된다. 따라서 역사의 보편성은 또한 범주들의 보편적 역사성으로 나타난다.

사고하고 목적론적으로 정립하는 동력들을 가진 사회적 존재는 아직 추상적인 이러한 일반성의 수준에서는 이전의 덜 복잡한 존재방식들과 결코 근본적으로 구분되지 않는다. 이러한 관점이 구체화되면, 같은 사안이 더 명확하게 나타날 뿐이다. 범주들이 자연에서는 겨우 맹목적인 인과적 성질의 규정들로서 작동할 수 있는 반면 사회적 존재에서야 비로소 언명들로도 구체화될 수 있는데, 이러한 사실이 존재상 실체적인 차이를 생겨나게 할 수는 없다. 궁극적으로 범주

인식에 의거하는 목적론적 정립들은 과정의 진행에 자주 결정적으로 영향을 미칠 것이다. 그런데 이 일은 대답하는 존재의 활동으로서의 목적론적 정립이, 존재하는 과정들의 저 계기들, 즉 목적론적 정립이 영향을 미치고자 하는 바로 그 계기들을 그 존재에 따라서 정확하게 파악할 수 있을 때에만, 또 그런 만큼만 이루어진다. 우리가 실제로 현상에 더 가까이 다가갈수록 그만큼 더 분명하게 드러나는 것은, 여기에서 문제는 인식론적이고 논리적으로 정확한 인식들을 관련 활동의 대상들에 적용하는 것이 결코 아니라는 점이다. 인류의 역사 속에서 우리는 적용된 이론 자체는 잘못되었는데도 올바른 성과를 거둘 수 있었던 수많은 사례를 볼 수 있다. 그런데 여기에는 "기적적인 것"은 물론이고 우리를 깜짝 놀라게 할 만한 것조차도 들어 있지 않다. 왜냐하면 모든 목적론적 정립은 구체적이기 때문이다. 다시 말해 모든 목적론적 정립은 구체적으로 특정한 개별연관을 구체적·개별적인 계획의 목적들을 위해 유용하게 만드는 것을 목적으로 하기 때문이다. 이제 이론들도 그러한 상호관계의 경험들을 기반으로 하여 생겨나고 작동한다. 그렇기 때문에 이후의 발전이 보여주곤 하다시피 일반이론은 본질적으로 그릇된 것이지만 그럼에도 불구하고 그 이론이 해당 복합체의 몇 가지 계기들을 대체로 정확하게 파악할 수 있었던 일 — 과학의 역사는 그러한 경우들로 가득한데 — 이 아주 쉽게 일어날 수 있는 것이다. 그러한 경우들에서는 그릇된 이론을 통해 올바른 결과가 달성될 수 있다. 심지어 역사는, 일체의 이론 없이 단지 축적된 경험에 의하여 목적론적 정립에서 진정한 결과들이 달성될 수 있었다는 것을 보여주는 많은 사례를 알고 있다.

그렇다고 해서 사고를 통해 정확하게 파악되는 것의 가치가 과소

평가되어서는 결코 안 된다. 다만 — 인간이 현실과 맺는 관계를, 그리고 존재규정들(범주들)에 대한 파악의 성격을 올바로 평가할 수 있기 위해서 — 〔317〕 여기에서도 곳곳에서 지적해야만 했던 것은, 올바른 사고의 진정한 시금석은 궁극적으로 단 한 가지뿐이라는 점이다. 존재 자체 속에서 — 우리가 그것들을 정확하게 파악할 수 있는지 또 얼마만큼 그럴 수 있는지와는 무관하게 — 존재적으로 현존하고 작동하고 있는 그대로의 대상성 규정들과의 일치가 그것이다. 오직 이러한 의미에서만 범주들에 대한 인간 인식은 진정한〔현실적〕 인식, 참된 인식이다. 그리고 이 인식은 모든 것을 포괄하는 그 일반적인 역사성 속에서만 실천과 이론의 기반이 될 수 있다.

물론 마르크스주의는 지금 거론된 가장 중요한 일반적 존재규정들이 단순히 나열되어 있는 것이 아니다. 이와는 반대로 마르크스주의는, 역동적으로 같이 작용하고 있는 이 모든 규정이 인류가 자신의 전사(前史)의 장애물들을 극복하고 현실적〔진정한〕 역사를 시작할 수 있는 조건들을 점점 더 많이 창조하는 궁극적으로 — 물론 궁극적으로만 — 통일적인 과정을 낳는다는 것을 보여준다. 이러한 의미에서도 마르크스의 세계상에서 지배적인 것은 역사라는 실재적 과정이다. 사회적 존재에 선행했던, 그리고 그것들의 현실화를 통해 비로소 사회적 존재의 발생의 전제조건들 자체가 태어날 수 있었던 그 자연과정들은 이러한 시각에서 고찰되어야 한다. 그것들의 역사적 진행(이때 작용하는 모든 우연이 포함된)이 사회적 존재의 발생을 비로소 가능하게 만들었던 그런 존재과정들로서 말이다. 따라서 그것의 단순한 적용사례가 우리의 역사인 그런 일반적인 변증법적 학설이란 존재하지 않는다. 오히려 이미 자연에는 폭넓게 분화된 객관적이고 불가역적인 하나의 과정이 존재하는데, 우리 행성에서 그것이 없었다면 단 하나의 사회적 존재도 결코 발생할 수 없었을 그런 유기적 자연존재를 가능하게 만들었던 과정이 그것이다. 따라서 서로 상이하게 발전하는 여러 존재형식들은 하나의 일반적인 추상적 범주체계에서 도출될 수 없다. 그것들은 그러한 범주체계를 "특수영역"에 적용함으로써 이해될 수 있는 것이 아니다. 그것들은 오히려 고유한 법칙에 따라 전개되는 존재과정들, 발전의 특정 지점들에서 보다 복잡한 존재형식의 발생을 가능하게 할 수 있는 그런 존재과정들이다.

따라서 우리가 그 존재과정들에 대해 알고 있는 것은, 진행과정 중에 있는 그것들의 협력을 통해 비로소 모든 존재형식이 전개되고 새로운 존재형식으로 이행할 수 있는 그런 특수한 일반적 규정들의 역사에 다름 아니다. 이때, 이 모든 과정은 정말이지 (가장 일반적인 그 규정들에서도) 무엇보다 존재형식이라는 점, 그리고 그것들이 예외 없이 이미 여러 존재발전 속에서 존재방식으로서 실제로 나타나지 않았더라면 사고는 그것들을 관념적으로 산출할 수 없었을 것이며 본디 무규정적인 존재에 말을 걸 수 없었을 것이라는 점은 아무리 강조해도 지나치지 않는다. 〔318〕 따라서 존재에 대한 모든 인식의 사후적 성격은 현실에서 생장(生長)하는 마르크스적 방법의 근본적 구성요소이다. 그 방법 속에서는 현실적 과정들을 그 현실적 진행에 따라 가능한 한 정확하게, 가능한 한 일반화된 상태로 사유 속에서 재생산하려는 시도 외에 다른 것이 표현될 수 없다(표현되어서도 안 된다). 따라서 과거의 경험들이 너무 과감한 일반화를 조심하라고 경고한다 하더라도 단언할 수 있는 것이 있는데, 모든 한갓된 이론에 대한 존재의 우선성을 무조건 인정하는 것이야말로 여러 거대한 존재과정들의 본질적인 근본경향들에 대한 중요한 통찰을 낳을 수 있고 또 이미 그러한 통찰을 낳았다는 것이 그것이다.

여기에서 이 과정들의 두 가지 존재계기가 아주 분명하게 드러난다. 첫째, 이 과정들은 그 자신의 동역학에서 발원하지 않는 그 어떤 일반적 경향도 결코 실현할 수 없다. 미리 정해져 있지 않으며 일체의 목적론과 아주 거리가 먼, 그 과정들의 순수 인과적인 성격은, 각 존재방식의 전체과정과 관련된 개별과정들의 다양한 성질 속에서, 다시 말해 결코 확연히 동질적이지 않으며 언제나 불균등한 운동들을 포함하는, 우연들이 혼입된 그 성질 속에서 드러난다. 그리고 존재인식과 관련하여 존재의 이러한 우선성은, 인식이 궁극적으로 인과적으로 근거지워져 있는 본질적 과정들을 사유를 통해 파악할 수 있기 전에, 존재를 조심스레 관찰하는 사후적 인식이 자주 그 과정들을 정확하게 인지할 수 있다는 점에서도 드러난다. 범주들은 그것들이 인식되기 훨씬 전에 실제적 효과를 가진다. 이전의 고찰에서 이미 우리는 해당 현상군(群)의 존재적 성질 때문에 그릇된 의식에는 아직 존재기반이 없다 하더라도 존재규정들로서의 범주들은 운동들과 운동경향들을, 그리고 보다 복잡한 단계들에서는 심지어 적응방식들을 야기할 수 있다는 점을 지적했다. 그리고 비교적 진보한 현재의 인식적 발전단계에서도 우리는 중요한 경향들의 존재와 작용을 사후적으로 확인하는 데에 만족할 수밖에 없다. 그 경향들의 궁극적인 작용 동력을 아직 인과적으로 정확하게 밝힐 수는 없고, 그 연관관계들, 발전방향들을 분석하는 가운데 경향으로 설명하는 것으로 만족할 수밖에 없는 것이다. 우리는 우리의 사고를 사고와 무관하게 실존하는 것에 대한 적절한 파악으로 이렇게 ― 외관상 ― 제한하는 것을, 자연과 사회에 있는 객관적 연관관계들에만 국한된 일이라고 생각지 않는다. 심지어 모든 인간의 자기인식도 결국 같은 것으로 나타난다. 누구든 행위하려 하지 않는 동안에는 당연히 자기 자신에 대해 ― 깊게 혹은 피상적으로 ― 생각할 수 있는데, 그러한 시도를 할 때 그의 의식은 자생적으로 혹은 조종된 가운데 곧바로 생산된다. [319] 그런데 그가 그렇게 획득된 통찰을 행동으로 옮기려 할 때 빈번히 드러나는 것이 있다. 인간을 인격으로 만드는 것 또한 매우 광범위하게 실천의 경험들을 통해서만 현실적으로 확인될 수 있는 아주 복잡한 대상성 방식이라는 것이 그것이다. 물론 운동의 여지가 여기에서는 가령 무기적 자연에서보다 훨씬 더 탄력적인 것처럼 보인다. 비록 나날의 실천이, 예컨대 너무 많이 먹거나 너무 기름지게 먹거나 하는 등등에 대해 유기체가 의식과는 완전히 무관한 방식으로 거의 외적 자연의 복합체로서 반응하는 듯한 경우들을 아주 많이 보여주긴 하지만 말이다. 그런데 이것은 가장 섬세한 내면의 문제들과도 일정하게 관계가 있다. 물론 인간에게는 능력들이 우리가 예컨대 돌에서 관찰할 수 있는 것처럼 그렇게 명확하게 주어져 있지는 않다. 하지만 탁월한 재능을 가진 사람들의 삶을 보더라도 개발시킬 수 없는 "부적절한 성향"이 있는 것을 목도할 수 있다. 참조를 위해 여기에서는 괴테와 고트프리트 켈러[41]에서 볼 수 있는, 때때로 깊은 확신에 의해

---

41) 옮긴이 : 고트프리트 켈러(Gottfried Keller, 1819~1890)는 스위스의 소설가다. 시적 리얼리즘의 대표적 작가로 '스위스의 괴테'라고 일컬어진다. 《녹색 옷의 하인리히》, 《젤트빌라의 사람들》 등이 유명하다. 루카치는 1939년에 켈러를 포괄적으로 고찰하는 비평을 발표한 바 있다. G. 루카치, "고트프리트 켈러", 《리얼리즘 문학의 실제 비평》, 게오르크 루카치, 반성완 외 옮김, 까치, 1987, 294~385쪽 참조.

뒷받침되었던 성향, 즉 화가가 되고자 하는 성향만 말해 두겠다. 수많은 사람들의 실패한 인생살이는 많은 경우, 그들이 즉자적으로 존재하는 그들의 인격을 대자존재로 발전시키지 못하고 그들이 본래 무엇인지에 대해, 이에 따라 그들 자신의 삶을 어떻게 세워야 할지에 대해 분명히 알지 못한 채 전체 삶을 탕진하는 데에서 일어난다. 괴테처럼 그렇게도 의식적으로 삶을 살아가는 천재가 이론적인 자기인식에 대해서는 늘 회의적으로 거부하는 입장을 취했으며, 자기 자신을 대체로 정확히 알게 되는 유일한 통로를 실천에서 보았던 것은 우연이 아니다.

이미 여러 차례 강조했다시피, 우리가 무기적 존재에서 지금껏 할 수 있는 것은 유의미한 불가역적 개별과정들을 사후적으로 확인하는 일뿐이다. 이때 사람들이 당장 구체적으로 증거로 끌어낼 수 있는 것은, 대상성들의 "사물"적 성격이 점차적으로, 과정적으로, 부단히 생겨났던 과정이 사실들에 의해 우리에게 강요되었던 우리 행성의 과정들 같은 것들뿐이다. 사후적으로 인지 가능한 연관관계 속에 있는 다른 천체들에서도 이러한 과정들을 연구할 전망이 이제는 구체적으로 생기는 것처럼 보인다. 그러나 그 과정들 또한 아직은 어디까지나 개별과정들에 불과하다. 우리의 인식이 어느 정도 접근할 수 있는 우주에 대한 관찰이, 과정들에 대한 확인 수단인 원자과학의 방법들을 통해, 이전에는 단지 상태만 지각될 수 있었던 경우들에서 우리 인식을 진척시킬 것인지, 또 어떤 성과들을 통해 그럴 것인지는 오늘날 아직 예견할 수 없다.

이와 달리 벌써 오래전에 (극히 결함이 많은 해석들에서도) 사실로서 명백해진 것이 있다. 유기적 자연의 존재과정들 속에서 개별표본들은 자기재생산을 하고 또 이를 매개로 그 유도 재생산하며, 그렇게 필연적으로 발생·소멸하는 〔320〕 비교적 독자적인 개별과정들로 구성되는데, 그럼으로써 유기적 자연은 그 존재의 근본적 과정방식으로서 유기체와 그 환경의 과정적 대립성을 존재상 산출한다는 것이 그것이다. 그런데 자기재생산하는 개별성과 그 환경의 존재관계들의 바로 이러한 운동은 — 이로부터 발원하는 — 하나의 중요한 발전에 종속되어 있다. 즉, 이러한 개별적 재생산 과정들이 순전히 장소에 매인 개별과정들 속에서 진행되는 한, 환경의 발전경향들은 이제부터 유기체들에 의해 존재상 새로운 적응방식에 부합되게 생물학적으로 가공되는 직접적인 과정들, 다시 말해 물리적·화학적인 과정들이다. 그런데 생명체들의 재생산 과정이 그 생명체들이 엄격하게 기계적으로 장소에 매여 있는 이러한 상태를 넘어선 이후, 자연과정들에서는 그때까지 그 어디서도 나타난 적이 없었던 변형들이 발생한다. 물리적·화학적인 과정들이 감성적 감각들로 변형되는 것이 그것인데, 이 감성적 감각들의 도움으로 이제 그 개별적 현존재가 더 이상 한 장소에 묶여 있지 않는 유기체들이 환경에 대한 적응과정을 수행할 수 있게 된다. 여기에서는 이러한 변화의 의의를 구체적인 형태로는 암시하는 것조차도 불가능하지만, 거기에서 지극히 중요한 발전경향을 (사후적으로) 확인할 수는 있다. 즉, 유기적 존재의 존재영역은 어떤 한 방향으로 발전하는데, 이 방향은 그 고유의 존재방식에 존재상 계류되어 있는 범주들, 따라서 세부과정들로서 보더라도 본질적으로 생물학적 성격을 지닌, 그렇지만 무기적 자연의 범주세계의 무기적 힘들을 생물학적 세계 속에 단순히 직접적으로 끼워넣은 것들은 더 이상 아닌 그런 범주들의 내적 지배가 점점 더 증대해

나가는 방향이다. 시각, 청각, 후각, 미각은 무기적 존재세계의 범주구성에서는 결코 존재규정으로 존재한 적이 없었던, 점점 더 일반적으로 작용하게 되는 (일반적인, 즉 범주적인) 반응방식들이다.

사회적 존재가 유기적 존재에서 일어난 그러한 변화들에 기반을 두고 있다는 것은 의문의 여지가 없다. 자기 환경에 대한 이런 식의 수동적 반응은 능동적 반응을 위한 토대로서 필수불가결한 것이다. 그런데 사회적 존재의 특성을 일반적으로 기술할 때 제거할 수 없는 계기가 또 하나 있다. 그렇게 발생하는 새로운 인간 유의 개별표본들은 그 직접적 존재에 따라서 보면 생물학적 의미에서의 생명체일 수밖에 없다는 것이 그것이다. 두 존재영역의 이 중요한 존재적 결속은 그러나 동시에, 점점 더 첨예하게 되는 양자의 분리를 낳는 존재상(上)의 동인이기도 하다. 이러한 분리는 환경에 대한 능동적 적응 속에서 완전히 새로운 종류의 범주들이 발생함으로써 생겨난다. 이 범주들은 — 선행했던 발전과의 흥미로운 유사점이 여기에 있는데 — 육성·발전됨으로써, 사회적 존재 특유의 사회적 생활방식 및 재생산 방식에서 지배적으로 됨으로써, 〔321〕 완전히 고유한 존재규정들에 종속된 본래적 존재방식을 형성한다. 마르크스의 천재성은 그가 노동을 인과적 과정에 영향을 미치고 그 방향을 다른 쪽으로 돌리는 목적론적 정립방식으로 분석하는 가운데 이 새로운 존재방식의 근본 범주들을 정확하게 인식했다는 점에서 드러난다. 노동과정에는, 그리고 그 준비, 그 결과 등등에는 그 노동과정의 나중의 현존재, 심지어 가장 발전한 현존재의 가장 중요한 최고 범주들도 맹아적으로 내포되어 있다는 것을 보지 않으면, 인류의 발전을 그 존재에 따라 이해할 수 없다. 참고로, 활동 자체뿐만 아니라 그것의 지속적인 의식적 준비의 필요성도 노동과정 및 노동생산물 속에서 이러한 활동들의 척도이자 내적 규제자로서 가치와 당위를 이미 같이 정립했다는 점만 여기서 말해 두도록 하겠다. 42)

사회적 존재의 세 가지 발전경향

사회적 존재가 역동적으로 구축(構築)되고 진행되는 가운데 특수하게 사회적인 범주들의 헤게모니가 발생하는 이러한 — 전혀 목적론적이지 않고 오히려 철저하게 인과적인 — 과정을 좀더 자세히 살펴보려 할 때, 우리는 마르크스의 견해와 상론들을 재생산하기만 하면 되는 행복한 처지에 있다. 앞서 우리가 밝혔다시피 마르크스는 유의미한 발전노선들에서 그러한 경향들이 지배적으로 되는 것을 논증했다. 알다시피 이때 일차적 계기〔첫 번째 경향〕는 부단히 성장하는 노동생산성인데, 이것은 — 전체적으로 보아 소비욕구가 현저히 높을 때조차도 — 발전의 와중에 재생산을 위해 사회적으로 필요한 노동〔사회적 필요노동〕을 지속적으로 감소시킨다(생물학적 존재단계와의 중요한 차이는 — 다른 모든 차이, 심지어 대립들도 도외시한다면 — 여기에서 재생산 욕구 및 그 충족의 생물학적 불변성이 역동적 발전과정으로 교체된다는 점이다). 두 번째 경향을 마르크스는 명확하게 자연적 한계들의 후퇴라고 말했다. 인간이란 어디까지나 스스로를 생물학적으로 재생산할 수밖에 없는 생명체이다. 그런데, 인간의 생물학적 성

---

42) 인간의 활동들에 대한 체계적 분석에서야 비로소 여기에서 나타나는 문제들을 어느 정도 상세히 연구하는 것이 가능해질 것이다.

질과 다소간 느슨하게 연관되어 있을 뿐 그로부터 결코 직접적으로 도출될 수 없는 그런 활동, 욕구 등등(예컨대 청각과 음악)이 내포적·외연적으로 부단히 성장하는 것은 차치하더라도, 본질적이고 극복할 수 없게 생물학적으로 정초된 삶의 표현들 또한 점점 더 강력하게 사회화된다(영양섭취, 섹스 등등). 〔322〕 세 번째 경향은 원래는 소규모였던 사회집단들의 통합, 궁극적으로는 통일적 인류가 실재사실이 되는 그러한 통합인데, 이 경향 또한 특수하게 사회적인 대상형식들과 과정들의 증대를 표현한다. 노동과 더불어 ─ 마르크스가 밝혔다시피 ─ 자연의 침묵하는 유적 성질이 중지되고 스스로를 분명하게 표현하는 유적 성질에 의해 교체된다는 사실을 제쳐 놓고 보자면, 자연에서는 단지 존재 그 자체로서만 있을 수 있었던(유의 표본들은 모두가 다 그 자체로 하나의 유에 속하며, 이 유는 그러한 표본들의 총합이다) 유적 성질은 이미 사회적 존재의 가장 원시적인 현상방식들에서 의식적으로 생성된 존재적 공속성을 보여준다. 왜냐하면 그러한 공동체의 각 구성원은 그 공동체에 자신이 소속됨을 의식하게 될 수밖에 없을뿐더러 이 소속성은 그의 생활방식 전체를 결정하는 중요한 규정이 되기 때문이다. 인류의 통일적인 유적 성질의 경제적 기반 곧 세계시장은 개별집단들 간의 대립을 처음에는 완화시키거나 지양하기보다는 격화시킨다. 그럼으로써 세계시장은 오늘날까지 지극히 모순적인 형태로 나타나긴 하지만, 그러나 바로 이를 통해, 그리고 개개인의 생활 속까지 파고들어오는 실재적인 상호작용들로 인해 그것은 현재의 사회적 존재에서 하나의 중요한 존재계기가 된다. 이 마지막 언급들은 이러한 과정들의 순수 인과적 성격을 다시 한 번 강조하는 데에도 쓰여야 한다. 존재에 부합하는 규정들(현존재 형식들로서의 범주들) 자체의 존재적 상호관계는 이처럼 사회적 존재가 점점 더 사회화되는 것을 확고하게 만든다. 인간의 인식은 — 사후적으로 — 그러한 발전경향들을 실재로서 확인할 수 있으며, 또 그로부터 이 존재방식〔사회적 존재〕의 역동적 성질을 추론해낼 수 있다. 그 인식은 사회의 그렇게 생겨나는 새롭고 순수한 사회적 존재형식들 또한 고유한 인간적, 사회적 활동들의 산물이라는 것을 — 마찬가지로 사후적으로 — 확인할 수 있으며 또 그래야만 한다.

실천과 인식

점점 더 순수하게 사회적인 성질을 띠는 범주들이 결정적인 과정들에서 객관적으로 우세해지는, 사회적 존재의 바로 이러한 객관적 발전은, 우리로 하여금 인간 의식의 사회적 발생과 작용에 관한, 그리고 같이 작용하여 사회적 존재를 구축하는 저 객관적 과정들의 가장 중요한 계기인 사회적 실천과 인간 의식의 불가분한 결속에 관한 마르크스의 이해라는 문제로 돌아가게 만든다. 발생과 작용 양 측면에서 분리 불가능한 이 연관관계는 사회적 존재의 가장 중요하고 가장 핵심적인 객관적 존재규정 가운데 하나이다. 〔323〕 철학에서 빈번히 분리된 것으로 파악되었던 복합체들, 즉 객관적 현실과 사상적 세계상은, 역사적인 본질적 특성을 지닌 궁극적으로 통일적인 과정의 존재상 분리 불가능한 계기들이다. 그렇기 때문에 현실이 의식되는 것을 단지 무엇에 "대한"(über) 사고에 지나지 않는 것으로 파악하는 것은 결코 올바른 것일 수 없다. 오히려 이 "대한"을, 필연적으로 인간들의 사회적·인간적인 활동들에서 출발해서 마찬가지로 필연적으로 그곳으로 합류하는 사고의 전체과정의, 물론 불가결한 계기이긴 하지만 단지 하나의 계기에 지나지 않는 것으로 보아야만 한다. 마르크스는 사고의 작용과 결과들의 현실적 근거인, 사고의 이 근본적인 존재상황을 이미 아주 일찍이 분명하게 인식했다. 그는 〈포이어바흐-테제〉에서 이에 관해 다음과 같이 말하고 있다. "대상적 진리가 인간의 사고에 들어오는지 여부의 문제는 — 이론의 문제가 아니라 **실천적** 문제다. 실천 속에서 인간은 진리를, 즉 자신의 사고의 현실성과 힘 그리고 차안성을 증명해야만 한다. 사고 — 실천과는 유리된 — 의 현실성이나 비현실성에 관한 논쟁은 순전히 **스콜라주의적인** 문제다."[43] 마르크스의 비판이 그 당시의 논쟁에 응해서 우선적으로 겨냥하고 있는 것은, 언제나 통속적으로 고찰되고 그럼으로써 경멸적으로 다루어진 모든 실천으로부터 이른바 최후·최고의 철학적 문제인 사고의 문제를 추상적이고 관념론적으로 교수연하면서 오만하게 분리시키는 행태이다.[44] 그런데 이러한 마르크스의 비판을 일체의 기술만능주의(Technizismus), 실천주의(Praktizismus) 따위도 겨냥하고 있는 것으로 파악한다면, 이 또한 마르크스가 한 비판의 진정한 의도에 부합하는 것이다. 왜냐하면 기술만능주의와 실천주의 따위에서도 포괄

---

43) *MEGA I/5*, p. 534.

44) 마르크스의 이러한 비판적 입장이 올바르다는 것을 전적으로 인정한다 하더라도 진정한 위대한 철학은, 그것이 비록 많은 경우 관념론적으로 과장된 방식으로, 또 그렇기 때문에 다름 아닌 실천의 문제를 직접적으로 자주 왜곡하는 방식으로 그럴지라도 어쨌든 사회적 실천의 중대한 문제들과 깊이 유기적으로 연관되어 있다. 이 점은 인간의 활동들이 상세히 분석되는 가운데 비로소 그 의의에 걸맞게 평가될 수 있다.

적인 전체과정은 인위적으로 격리되어 고찰된 세부운동들에 의해 축출됨으로써 진정한 실천적 계기가 인간의 사고에서 사라져 버리기는 마찬가지이기 때문이다. 그 결과, 사고와 존재의 관계에서 다름 아닌 가장 본질적인 계기들이 사라지며, 전체 관계는 특정한 인식수단들의 직접적인 적용가능성으로 축소되고 만다. 이를 통해 사고와 과학은 나날의 기술적 문제들을 처리하기 위한 도구로서만 취급되며, 그 필연적 결과로, 현실적 존재에 대한 모든 숙고는 "비과학적인" 것으로 과학의 영역에서 제거되고 만다. 범주들의 존재적 성질은 인간 사고의 장애물도 방해물도 아니다. 〔324〕 인간이 자기 자신을 실제로 인식하고자 한다면, 심지어 전설이 어리어 있는 자기인식에서도 인간은 자기 자신의 범주적 성질의 즉자존재로, 고유한 실천을 통한 그 성질의 시험으로 환원되어야 한다. 그의 현실적, 본래적 존재는 그 자신에게 대해서도 즉자적으로 있는 존재로서 주어져 있는 것이지, 결코 그가 자기 자신에 대해 가지고 있는 표상이나 사유의 산물이 아니기 때문이다. 따라서 인간은 자기 자신도 고유한 실천 속에서만 올바로 인식할 수 있다. 그리고 실천을 통해서만 그는 실천을 실제로 발전시킬 수 있다. 열정조차도 여기에서는 존재에 대한 증명력을 갖지 않는다. 부적절한 성향들을, 괴테와 고트프리트 켈러의 삶에서 화가가 되려는 소망이 어떻게 — 부적절한 성향으로서 — 유의미하게 되는지와 관련하여 생각해 보라. "이론적" 자기인식에 대해 그렇게도 깊이 회의적이었던 바로 그 괴테가 오로지 실천만을 자기인식의 기관으로 여겼던 것은 놀라운 일이 아니다. 에피메테우스(Epimetheus)가 프로메테우스(Prometheus)에게 프로메테우스 자신의 현실적〔진정한〕 존재를 어떻게 생각하는지를 물었을 때, 그 대답은 다음과 같다.

"나의 활동을 가득 채우고 있는 원(圓)!

그 아래에 아무것도 없고 그 위에도 아무것도 없다!"

따라서 존재론상으로 모든 것의 토대를 이루는 역사성의 의의에 관한 마르크스의 방법론적 근본사상을 범주론을 위해 구체화하고자 한다면, 우리는 역사란 범주변화들의 역사라고 말해야만 한다. 전 (前) 마르크스주의 철학은 범주들의 체계를 고안해내는 것을 주된 과제로 여겼다. 거기에서 어떤 무엇(*etwas*)은 그 체계의 영역 내부에서, 그 체계에 의해 결정되어 실존할 수 있고 또 ― 그러한 철학이 역사를 존재방식 일반으로서 인정했던 한 ― 역사적으로 될 수 있다. 마르크스에게 역사는 보편적인 불가역적 과정 자체인바, 그 과정의 진행 내에서 범주들은 그 진행에 의해 규정된 역사의 개별과정들을 연속성과 변화들의 동시성 속에서만 수행할 수 있다. 범주들은 오직 주체의 사고 속에서만 자각될 수 있다는 것은 사회적 존재의 지극히 중요한, 존재적으로 극복할 수 없는 존재계기다. 하지만 그렇다고 해서 전체과정 및 (그 과정 내에서 일어나는 대상성 형식들의 역사적 변화가 그때그때마다 존재해 있게 되는) 범주들의 객관적인, 즉자적으로 존재하는 성질에서 바뀌는 것은 아무것도 없다.

한국어-독일어
· · · · · ·
용어 대조표

가역성	Reversibilität
가치성	Werthaftigkeit
강제력	Gewalt
개별성	Einzelheit
개별자, 개별적인 것	das Einzelne
개별특수성	Partikularität
개별특수적	partikular, partikulär
개인, 개체	Individuum
개인성, 개체성	Individualität
개체화, 개인되기	Individuumwerden
객관화, 객관화물	Objektivierung
경향	Tendenz
경향성	Tendenzartigkeit, Tendenzhaftigkeit
경향적 성격	Tendenzcharakter
공속〔성〕(共屬〔性〕)	Zusammengehörigkeit
과정	Prozeß
과정성	Prozeßartigkeit, Prozeßhaftigkeit
과정적 성격	Prozeßcharakter
과정적	prozeßhaft, prozessierend, prozessual
관조(觀照)	Kontemplation
규정	Bestimmung

235

규정성	Bestimmtheit
근본사실	Grundtatsache
내용	Inhalt
내실	Gehalt
대상성	Gegenständlichkeit
대상성 형식	Gegenständlichkeitsform
대상적	gegenständlich
도약	Sprung
동역학	Dynamik
목적론	Teleologie
목적론적 정립	teleologische Setzung
무기적 자연	anorganische Natur
무상(無償)의 행위	action gratuite
문제복합체	Problemkomplex
물신화(物神化)	Fetischisierung
범주	Kategorie
범주성	Kategorialität
법칙성	Gesetzlichkeit
변양(變樣)	Modifikation
병렬	Koordination
병렬적	koordiniert
보편성	Universalität
보편적	allgemein, universell
복잡성	Kompliziertheit
복합성	Komplexität
복합체	Komplex
복합체성	Komplexartigkeit, Komplexhaftigkiet
복합체적 성격	Komplexcharakter
불가역성	Irreversibilität
불가역적	irreversibel
불균등 발전	die ungleichmäßige Entwicklung

불균등성	Ungleichmäßigkeit
비규정성	Unbestimmtheit
비동질적	heterogen
사물	Ding
사물성 (事物性)	Dinghaftigkeit, Dingheit
사물적	dinghaft
사물형식	Dingform
사물화	Verdinglichung
사회성	Gellschaftlichkeit
사회화	Vergesellschaftung
사후적 (事後的)	post festum
생성	Werden
선택적 결정	Alternativentscheidung
성질	Beschaffenheit
세계관	Weltanschauung
세계상 (世界像)	Weltbild
소외	Entfremdung
속성	Attribut
숙명론	Fatalismus
실상 (實相)	Geradesosein
실존	Existenz
실존규정	Existenzbestimmung
양 (量)	Quantität
양상성	Modalität
양상의	modal
여지	Spielraum
역능	Potenz
역사성	Geschichtlichkeit, Hisrorizität
역사적	geschichtlich, historisch
연기적 (緣起的) 필연성	Wenn-Dann-Notwendigkeit
연기적 성격	Wenn-Dann-Charakter

요소	Element
요소성	Elementarität
우선성	Priorität
유(類)	Gattung
유기적 자연	organische Natur
유기적, 유기체적	organisch
유의 표본	Gattungsexemplar
유적 과정	Gattungsprozeß
유적 성질	Gattungsmäßigkeit
유적 의식	Gattungsbewußtsein
유적 존재	Gattungswesen
유적 형식	Gattungsform
유적인 것	das Gattungsmäßige
의식성형식	Bewußtheitform
이성적 상태	Vernünftigkeit
이질적	heterogen
인간 유(人間 類)	Menschengattung
인간연관적, 인간연관화하는	anthropomorphisierend
인간연관화	Anthropomorphisierung
인간화	Menschwerden, Menschwerdung, Vermenschlichung
인격	Persönlichkeit
인과계열	Kausalreihe
인과성	Kausalität
인과연관	Verursachung
인류	Menschengeschlecht, Menschheit
인식론	Erkenntnistheorie
일반성	Allgemeinheit
일반자, 일반적인 것	das Allgemeine
일반적	allgemein, generell
일반화	Verallgemeinerung

자생성	Spontaneität
자생적	spontan
전반적	generell
전체성	Ganzheit
정량(定量)	Quantum
정황	Konstellation
조작	Manipulation, Manipulierung
조작적 자본주의	Manipulationskapitalismus
존재	Sein
존재과정	Seinsprozeß
존재규정	Seinsbestimmung
존재기반	Seinsgrundlage
존재론	Ontologie
존재론적	ontologisch
존재방식	Seinsweise
존재 부합성	Seinsmäßigkeit
존재상(上)〔의〕	seinsmäßig
존재상(存在像)	Seinsbild
존재성	Seinshaftigkeit
존재양식	Seinsart
존재에 부합되는〔부합하는〕	seinsmäßig
존재연관	Seinsbeziehung, Seinszusammenhang
존재자	das Seiende, ein Seiendes, etwas Seiendes, Seiendes
존재적 성격	Seinscharakter
존재적 성질	Seinsbeschaffenheit, seinshafte Beschaffenheit
존재적	seinshaft
존재형식	Seinsform
진행과정 중에 있는, 진행되는	prozessierend
진행과정	Prozessieren

진행되는	prozessierend
총체성	Totalität
탈인간연관적, 탈인간관화하는	desanthropomorphisierend
탈인간연관화	Desanthropomorphisierung
특성	Eigenschaft
특수성	Besonderheit
특수자	das Besondere
편위〔偏位〕	Deklination
폭력	Gewalt
표본	Exemplar
표상복합체	Vorstellungskomplex
현실성 형식	Wirklichkeitsform
현존〔재〕	Dasein
현존재 형식	Daseinsform
활동여지	Spielraum
형식	Form
형태	Form, Gestalt
호미니즘	Hominismus
확률	Wahrscheinlichkeit

루카치의 '철학적 유언'
《프롤레고메나》와 마르크스주의 존재론[*]

1. 들어가는 말

나에 관해서 말하자면, 몇 달 안에 《사회적 존재의 존재론을 위한 프롤레
고메나》를 끝낼 수 있기를 희망하고 있습니다. 그러고 나서 하나의 이론
적 연속물(인간의 유적 성질의 발전)을 쓸지 아니면 나의 젊은 친구들이
몹시도 바라는 것(지적인 자서전)을 쓸지는 아직 확실치 않습니다. 이 세
가지 일을 모두 끝낼 수 있을 동안 일할 힘이 있으면 좋을 텐데 …. 1)

루카치가 청년시절 동학(同學)이었던 에른스트 블로흐(E. Bloch)
에게 보낸 1970년 12월 30일자 편지의 한 대목이다. 사상가로서 그의

---

  * 이 글은 《오늘의 문예비평》 2014년 여름호와 가을호에 연재했던 글을 수정·
  보완한 것이다.
  1) *Ernst Bloch Briefe 1903~1975 erster Band*, K. Bloch et al., eds., Frankfurt
     am Main: Suhrkamp, 1985, pp. 207~208.

마지막 소망을 적은 이 편지를 쓸 무렵 이미 그의 몸은 말기 폐암으로 고통받고 있었다. 위에서 말한 "세 가지 일" 중 자서전 작업은 병세가 악화되어 그가 더 이상 정상적으로 글을 쓸 수 없게 되었을 때에, 하지만 대화는 어느 정도 가능했던 시점에 이루어졌다(1971. 3∼5). 그 작업은 그가 초(草)를 잡아 둔 54쪽 분량의 메모를 실마리 삼아 제자들이 묻고 그가 대답하는 대담형식으로 진행되었다. 병상의 루카치가 보여준 경이적인 의지력과 제자들의 애정에 찬 노력 덕분에, "혁명들의 시대" 한복판에서 인류의 문제를 자기 자신의 문제로 받아들였던 한 거대한 지성의 역사적 회고와 자기해명이 《삶으로서의 사유》라는 제목으로 세상에 나올 수 있었다.[2] 하지만 루카치가 《사회적 존재의 존재론을 위한 프롤레고메나》(*Prolegomena zur Ontologie des gesellschaftlichen Seins*)[3] (아래에서는 《프롤레고메나》로 약칭)에 이어 그것의 "이론적 연속물"로서 쓸 수 있기를 희망했던 "인간의 유적 성질의 발전"을 다루는 윤리학은 발췌와 메모, 단편적인 구상으로 남을 수밖에 없었다.[4] 루카치가 죽기 전에 끝낼 수 있기를 바랐던 "세 가지

---

[2] *Georg Lukács. Gelebtes Denken. Eine Autobiographie im Dialog*, Frankfurt am Main: Suhrkamp, 1981. 《게오르크 루카치: 맑스로 가는 길》(김경식 · 오길영 편역, 솔, 1994)은 이 책의 번역을 포함하고 있다.

[3] Georg Lukács, *Prolegomena zur Ontologie des gesellschaftlichen Seins*, in *Georg Lukács Werke, Bd. 13, Prolegomena. Zur Ontologie des gesellschaftlichen Seins*, Darmstadt / Neuwied: Luchterhand, 1984. 앞으로 《게오르크 루카치 저작집》(*Georg Lukács Werke*, Darmstadt / Neuwied / Berlin: Luchterhand, 1962 ff.)에서 인용할 경우 본문 괄호 안에 권수와 쪽수를 표기하되 《프롤레고메나》에서 인용할 때에는 쪽수만 표기한다.

[4] 이 글들은 1994년에 공간되었다. *Georg Lukács. Versuche zu einer Ethik*, G. I. Mezei, ed., Budapest: Akadémiai Kiadó, 1994.

일" 중 그가 가장 먼저 착수했던 《프롤레고메나》는 그래도 사정이 나았는데, 비록 초고이긴 하지만 루카치가 손수 마지막 방점을 찍을 수 있었다. 하지만 그 이상의 작업은 불가능했다. 초고를 끝낸 후 그가 미진한 부분을 보충하고 수정할 수 있도록 제자들이 원고를 큰 활자로 타이핑해서 그에게 주었지만, 처음 몇 쪽을 읽은 뒤 그는 자신이 그 작업을 감당할 수 없다는 것을 깨닫게 된다. 그의 몸과 정신의 상태는 그로 하여금 자신의 작품을 "판단"할 능력이 더 이상 없다는 것을 자인하게 만들었다. 《프롤레고메나》는 그리하여 저자 스스로 만족할 만한 온전한 작품으로는 완성되지 못한 채 남았고, 그 상태 그대로 그의 사후(死後) 13년 뒤인 1984년에 출판되었다.

이 글에서 우리는 루카치의 '철학적 유언' 《프롤레고메나》를 통해 그가 구축하고자 시도한 마르크스주의 존재론을 소개하고자 한다. 루카치의 존재론이 포괄하고 있는 문제군(群)에 대한 전면적이고 구체적인 고찰은 한 편의 글로는 도저히 감당할 수 없는 일이기 때문에 차후의 과제로 남기고, 여기에서는 그의 존재론 기획 중 몇 가지 지점만 조명할 것이다. 그 전에 그의 생애 마지막 10년을 《사회적 존재의 존재론을 위하여》(아래에서는 《존재론》으로 약칭) 와 《프롤레고메나》의 발생사에 초점을 맞추어 재구성할 것인데, 한 학자적 삶 혹은 한 이데올로그로서의 삶의 치열함을 일별하는 기회가 되는 것만으로도 다소 장황한 소개가 무의미하진 않으리라 믿는다.

2. 윤리학의 구상에서 《프롤레고메나》까지: 루카치의 마지막 10년

《프롤레고메나》의 발생사는 윤리학 기획에서 시작한다. 원래 3부로 계획했던 미학의 제 1부 《미적인 것의 고유성》[5] 집필을 마친 루카치는 미학의 완성은 뒤로 미루고 윤리학 집필에 착수한다. 당시 그는 윤리학 작업을 끝낸 후 자서전을 집필하고 이어서 미학 제 3부를, 그리고 마지막으로 미학 제 2부를 쓸 계획을 가지고 있었다.[6] 윤리학에 관한 언질은 1960년 3월 18일 오스트리아의 마르크스주의자 — 우리에게는 《예술이란 무엇인가》(The Necessity of Art)로 알려진 — 에른스트 피셔(E. Fischer)에게 보낸 편지에서 확인할 수 있다.

> 그래서 〔미학 제 1부를 마친 후에〕 미학을 속행(續行)하지 않고 그동안 밀쳐 둔 윤리에 관한 비교적 작은 책자(《인간 행동의 체계에서 윤리의 위치》)를 쓰기로 결심했습니다. 여기에는 물론 모종의 경솔함이 표현되고 있습니다. 나는 이제 75세가 되는데, 아직 10~15년은 더 살 것처럼 행동하고 있습니다. 하지만 바로 윤리학이 우리 이론의 가장 약한 지점이며 그래서 좌우 양쪽에서 가장 큰 혼란이 창궐하고 있는 지점이라는 것을 생각해 보시면 본선(本線)에서 이렇게 벗어나는 것을 이해하실 겁니다. (…) 지금 나는

---

5) 《미적인 것의 고유성》(Die Eigenart des Ästhetischen)은 《게오르크 루카치 저작집》제 11권과 제 12권 두 권으로 1963년에 출판되었다. 참고로 말하자면, 《루카치 미학》(이주영 · 임홍배 · 반성완 옮김, 미술문화, 2000~2002)은 이 책에서 미메시스와 관련된 부분을 발췌해서 단행본으로 따로 낸 책을 우리말로 옮긴 것이다.

6) István Hermann, *Georg Lukács. Sein Leben und Wirken*, Wien / Köln / Graz / Bölau: Hermann Böhlaus Nachf., 1986, p. 201.

2년 안에 이 책을 끝낼 수 있을 거라고 생각하고 있습니다. 지금 내가 여기서 잘못 생각하고 있는지 아닌지는 시간이 가르쳐 주겠지요.[7]

루카치가 미학을 연기하고 윤리학 집필에 착수하기로 결정한 까닭은 무엇일까? 널리 알려져 있다시피 그의 윤리학 시도가 이번이 처음은 아니었다. 제1차 세계대전이라는 세계사적 사건을 배경으로 착수했던, 공교롭게도 그때도 집필 중이던 미학을 중단하고 착수했던, 그렇지만 결국에는 그 서론인 《소설의 이론》만 완성하고 본론은 구상과 메모로만 남은 미완의 기획 도스토옙스키론의 최종목표가 윤리학이었으며,[8] 루카치와 그의 친구들이 부다페스트에서 조직한 "일요서클"(Sonntagskreis)이 1917년부터 열었던 〈정신과학을 위한 자유학교〉(Freie Schule für Geisteswissenschaften)에서 루카치가 담당한 강의 주제도 "윤리학"(Ethika)이었다. 그렇게 단상과 단편으로 그치고 만 청년시절의 기획을, 지상에서 허여된 시간이 그리 길지 않음을 직감한 철학자로서 기어이 완성하고 싶었던 것일까? 미학 또한 청년기에 좌초됐던 꿈을 실현하는 작업이라 할 수 있다면, 그 미학의 완성을 뒤

---

7) *Werner Jung, Georg Lukács,* Stuttgart : Metzler, 1989, p. 141에서 재인용.
8) 1915년 3월 파울 에른스트(P. Ernst)에게 보낸 편지에서 루카치는 도스토옙스키론을 처음 언급하는데, 거기에는 다음과 같은 구절이 있다. "이제야 마침내 나의 새 책, 도스토옙스키를 다루는 책에 착수합니다. (미학은 일시적으로 중단 상태에 있습니다.) 한데 그것은 도스토옙스키보다 훨씬 더 많은 것을 포함하게 될 것입니다. 나의 — 형이상학적 윤리학과 역사철학 따위의 많은 부분을 말입니다." *Georg Lukács : Briefwechsel 1902~1917,* Éva Karádi and Éva Fekete, eds., Stuttgart : Metzler, 1982, p. 345. 《소설의 이론》과 도스토옙스키론의 관계에 관해서는 졸고, 《소설의 이론》을 읽기 위하여"(게오르크 루카치, 김경식 옮김, 《소설의 이론》, 문예출판사, 2007) 중 261~272쪽 참조.

로 미루고 윤리학 집필로 선회한 것은 이 문제가 마르크스주의의 발전을 위해 그만큼 절박하다고 생각했기 때문일까? 또는, 윤리학적 문제들과 내적으로 밀접하게 결부되어 있는 《미적인 것의 고유성》을 집필하는 과정에서 독자적인 윤리학의 가능성과 필요성이 보다 분명하게 인식된 것일까? 이도 아니라면, 아그네스 헬러(A. Heller)의 말처럼 미학 1부로 인해 2부의 집필이 불가능하게 된 것을[9] 직감한 탓에 미학 집필을 연기하고 그 대신 윤리학 작업에 착수한 것일까?

그 구체적인 사정이야 알 수 없지만, 윤리가 루카치의 일생의 사유 전체를 관통하는 문제설정이자 전체 저작의 근저에 놓여 있는 근본적인 동인인 것만은 분명하다. 《소설의 이론》의 그 유명한 첫 문장에서 "갈 수 있고 또 가야만 하는 길들"[10]로 표현된 그 문제설정은 그 이전인 이른바 "에세이 시기"의 주도적 물음, 즉 "오늘날 우리는 어떻게 살 수 있고 또 살아야만 하는가?"(wie kann und muß man heute leben?)[11]라는 물음에서부터 이미 시작된 것이며, 마르크스주

---

9) 아그네스 헬러는 미학이 제1부로 중단된 것은 루카치가 "소위 '변증법적' 유물론과 '역사적' 유물론의 이분화를 아무런 성찰 없이 받아들인" 탓에 제2부의 집필이 불가능해졌기 때문이라 한다. A. Heller, "Die Philosopie des alten Lukács", *Georg Lukács : Jenseits der Polemiken. Beiträge zur Rekonstruktion seiner Philosophie*, R. Dannemann, ed., Frankfurt am Main: Sendler, 1986, p. 139. 이와 관련해서는 졸저, 《게오르크 루카치: 과거와 미래를 잇는 다리》, 한울, 2000, 186~187쪽 참조.

10) 첫 문장은 다음과 같다. "별이 총총한 하늘이 갈 수 있고 또 가야만 하는 길들의 지도인 시대, 별빛이 그 길들을 훤히 밝혀 주는 시대는 복되도다."(게오르크 루카치, 김경식 옮김, 《소설의 이론》, 문예출판사, 2007, 27쪽)

11) G. Lukács, *Die Seele und die Formen*, Neuwied und Berlin: Luchterhand, 1971, p. 69.

의로 전향한 이후의 이론적 작업에서도 "역사과정 속에서 이루어지는 인간행위의 조건들과 가능성들에 대한 물음"[12]으로 계속해서 작동했다. 또, 우리가 위에서 인용한 편지에서 루카치가 말하고 있듯이 마르크스주의 이론의 "가장 약한 지점"이 윤리학이었던 것도 부인할 수 없는 사실이다. 따라서 마르크스주의 윤리학이라는 목표 설정은 루카치가 줄곧 고수해온 "마르크스주의의 보편성" 사상을 구체화·현실화하는 작업의 일환으로서의 성격도 지닌다. 그렇게 루카치는 "진정한 마르크스주의의 회복"을 위한, "마르크스주의의 르네상스"를 위한 발걸음을 내딛기 시작했다.

위의 편지에서 확인할 수 있듯이 그가 미학을 뒤로 미루고 윤리학 작업에 착수한 데에는 그 일이 그리 많은 시간을 요하지는 않을 거라는 판단도 한몫했을 것이다. 하지만 그것이 큰 오산이었음이 곧 드러난다. 같은 해 9월 8일 피셔에게 보낸 편지에서 루카치는 "사회적 삶의 범주들, 특히 실천의 범주들을 존재론적으로 연구하지 않고서는 이 문제들[윤리의 문제들 - 인용자]을 풀 수 없"다는 것이 밝혀졌는데, 이 "실천의 본질을 존재론적으로 파악하고자 한다면 완전히 새롭고 극히 착종된 문제들이 생겨납니다. 나는 지금 이 난관들 한가운데에 빠져 있습니다"라고 고백한다.[13] 윤리학적 문제들을 붙들고 작업하는 동안 부득불 존재론적인 문제틀이 부상하게 되면서 그는 "철학적 문제들의 회오리돌풍"[14] 속에 빠져들게 되었다.

---

12) Erich Hahn, "Das Ideologieproblem in der 'Ontologie des gesellschaftlichen Seins'", *Georg Lukács. Kritik der unreinen Vernunft*, Ch. J. Bauer, B. Caspers, W. Jung, eds., Disburg: Universitätsverlag Rhein-Ruhr OHG, 2010, p. 151.
13) W. Jung, *Georg Lukács*, p. 141에서 재인용.

루카치 생애 마지막 10년은 그 "회오리돌풍"을 뚫고 나아간 과정이었다. 그런데 그 과정은 1963년 봄, "삶과 사유, 일과 투쟁을 40여 년 이상 함께 한"15) 아내 게르트루드 보르츠티에베르(Gertrud Bortstieber) 의 죽음(1963. 4. 28) 으로 중단되고 만다. 자서전을 위한 메모에서 그녀에 관한 부분이 다른 그 어떤 사건보다 많은 양을 차지하고 있는 데에서도 엿볼 수 있듯이 그의 삶과 사유에서 그녀는 각별한 존재였다. 루카치 스스로 자신의 삶에 그녀가 끼친 영향은 10월혁명이 미친 영향말고는 비할 게 없다고 말할 정도였다. 1918년 12월 그가 "공산주의자들에 가담할 것인지 '좌파사회주의적' 입장에 머물러 있을 것인지 운명적인 결정"16) 을 내려야 했던 순간부터 이미 그녀는 강력한 관여자 역할을 했다. 그렇게 결정적인 선택의 순간순간마다 곁에서 그 선택을 함께 했던 그녀는 일생 동안 루카치를 일상의 삶과 연결시켜 준 유일한 끈이었을 뿐만 아니라 그의 사유의 균형추 역할까지 했다. 그러한 아내의 죽음은 그로 하여금 일찍이 청년시절 이르머 셰이들레르(Irma Seidler) 가 죽었을 때와 같은 실존적 위기에 봉착하게 했다. 17) '삶이냐 죽음이냐'의 양자택일적 상황에서 몇 주간 홀로 고뇌하던 그는, 젊은 시절에 그러했듯이 이번에도 "일하는 기계"(Arbeitsmaschine) 18) 로서 금욕적으로 연구와 집필에만 매진함으로써 아내의 죽음이 가한

---

14) 1960년 12월 루카치가 여동생에게 보낸 편지에 나오는 표현인데, *Ibid*에서 재인용.

15) 《미적인 것의 고유성》을 고인이 된 아내에게 바치면서 적은 헌사의 한 대목.

16) *Georg Lukács. Gelebtes Denken*, p. 261.

17) 이르머 셰이들레르의 죽음과 관련해서는 졸고, "《마음의 가난에 관하여》를 읽기 전에", 《크리티카》 제2호, 사피엔스 21, 2007, 332~335쪽 참조.

18) A. Heller, "Der Schulgründer", p. 117.

충격에서 벗어나는 길을 택한다.

　그리하여 재개된 작업을 하는 동안 루카치에게는 "존재론 없이 윤리학은 없다"(*Keine Ethik ohne Ontologie*)는 인식이 점점 더 뚜렷해진다. 그리하여 존재론의 비중은 점점 더 커지는데, 서독의 루흐터한트 출판사에서 간행되던 《게오르크 루카치 저작집》의 편집자 프랑크 벤젤러(F. Benseler)에게 보낸 1964년 9월 19일자 편지에 그 존재론을 다룰 글의 제목이 처음으로 언급된다.

　　문제는 (…) 내가 지금 윤리학 작업 중에 있다는 겁니다. 그런데 윤리학 제1부가 생각했던 것보다 훨씬 더 방대해질 거라는 게 분명해졌습니다. 최소한 300쪽의 (…) 독자적인 책이 될 공산이 아주 큽니다. (…) 연구 제목은 '사회적 존재의 존재론을 위하여'입니다. [19]

　이렇게 서서히 존재론은 더 이상 윤리학의 서론이나 제1부가 아니라 '사회적 존재의 존재론을 위하여'라는 이름을 단 독자적인 작업이 되어가는데, 그 이유에 대해서 루카치는 다음과 같이 말한 적이 있다.

　　나는 원래 《존재론》을 《윤리학》의 철학적 근거를 확립하는 작업으로 계획했습니다. 그런데 이 토대 위에서 《윤리학》은 《존재론》에 의해 밀려났습니다. 왜냐하면 문제는 현실의 구조이지 하나의 분리된 형식이 아니기 때문이죠. [20]

---

19) F. Benseler, "Nachwort", *Georg Lukács Werke, Bd. 14, Zur Ontologie des gesellschaftlichen Seins, 2. Halbband*, Darmstadt / Neuwied: Luchterhand, 1986, p. 732.

물론 루카치가 처음에 구상했던 윤리학도 사회·역사적 현실과 동떨어진 별도의 형식으로서 성립하는 윤리학은 아니었다. 또, 우리가 이 글 서두에 소개한 블로흐에게 보낸 편지에서 확인할 수 있듯이 루카치가 윤리학의 집필을 포기한 것도 아니었다. 다만 "존재론 없이 윤리학은 없다"는 확신이 분명해짐에 따라 존재론의 비중이 더욱 커진 것이며, 윤리학은 그 토대 위에서만 가능한, 그것의 "이론적 연속물"로 다시 자리매김된 것이다.

루카치가 "하나의 분리된 형식"이라는 말로 염두에 두고 있는 것은 무엇보다도 칸트의 윤리학과 같은 유(類)의 것이며, 그것에 대한 부정은 "하나의 '순수한 도덕'의 가능성"에 대한 거부를 의미한다. 그는 칸트에게는 "도덕적 가치들의 사회적 발생이 결여"되어 있다고 본다. 이에 반해 루카치는 "도덕의 발생 문제"부터 탐구해야 한다고 생각했다. 이것은 칸트류의 윤리학뿐만 아니라 실존주의도 겨냥한 것인데, "한 인간의 결정은 정언명령의, 혹은 자유로운 선택의, 실존주의적인 자유로운 결정의 텅 빈 공간에서 진행되는 것이 결코 아니다"라는 것이 그의 주장이다.[21] 오직 사회적 발생사만이 도덕적 가치들을 포함한 사회적 가치들의 발생과 변화를 분명하게 할 수 있다는 것이 그의 인식이었으며, 마르크스주의 윤리학은 "가치들의 과정적 성격과 역

---

20) *Georg Lukács. Gelebtes Denken*, pp. 224~225.

21) 이상의 인용은 Vittoria Franco, "Ontologie, Ethik und Erneuerung des Marxismus bei Georg Lukács", *Verdinglichung und Utophie. Ernst Bloch und Georg Lukács zum 100. Geburtstag. Beiträge des internationalen Kolloquiums in Paris, März 1985*, A. Münster, M. Löwy, N. Tertulian, eds., Frankfurt am Main: Sendler, 1987, p. 116.

사성"[22] 을 본질적 요소로 포함한다는 것이 그의 이론적 확신이었다. 이런 식으로 윤리학의 도정에서 유물론적이고 역사적인 존재론이 점점 더 구체화되고 그 비중이 점점 더 커지게 되면서 결국에는 윤리학 작업을 뒤로 밀어내기에 이르게 된 것이다.

그런데 윤리학의 부분이 아니라 그 토대로서 독립된 작업인《존재론》의 분량을 "300쪽" 정도로 예상한 것은 그의 또 다른 오산이었다. 그리 긴 시간이 걸리지 않으리라 예상했던《존재론》의 집필은 1968년까지 계속되었으며 그 결과로 나온 초고의 분량은 예상한 것의 5배에 달했다. 1968년 5월 27일 F. 벤젤러에게 보낸 편지에서 루카치는 "마침내 존재론의 마지막 장을 끝마쳤"다고 알린다. "이제 받아쓰게 하고 그 후 초고 전체를 교열하는 일이 남았습니다. 여름이나 가을에는 전체 일이 끝나게 되기를 희망합니다. 마침내!"[23]

벤젤러에게 보낸 동년 9월 2일자 편지에서 첫 번째 기록이 끝났다고 알리고 있지만 이를 다시 읽고 교열하는 최종 작업은 중단된다. 그 사이에 서구에서 일어난 이른바 '68 혁명' 그리고 무엇보다도 체코슬로바키아 사태(이른바 "프라하의 봄")는 루카치에게 정치·이론적 개입의 필요성을 강하게 느끼게 했으며, 이에 그는 사회주의와 민주주의의 문제를 사회존재론적 차원에서 구체화하는《오늘과 내일의 민주화》(*Demokratisierung heute und morgen*)를 집필하는 작업에 들어간다. 이 작업을 통해 급박한 현행적 사건에 개입하고자 한 루카치의 시도는, 하지만 소련을 필두로 한 바르샤바 조약군의 체코 침공과 그 이후

---

22) *Ibid.*, p. 117.
23) F. Benseler, "Nachwort", p. 736에서 재인용.

진행된 일련의 강압정치로 인해 불발로 끝나고 만다. 24) 한데 《존재론》의 최종 작업이 지연되고 결국에는 이루어지지 못하게 된 데에는 이러한 '외도'보다는 《존재론》 자체에서 비롯한 문제 탓이 더 컸다.

초고 상태의 《존재론》은 2부로 구성되었다. "현재의 문제상황"이라는 제목을 단 제 1부가 신실증주의 및 실존주의에 대한 비판에서 출발해 선구자로서의 하르트만(N. Hartmann)과 헤겔을 거쳐 마르크스의 존재론적 기본원리들로 상승하는 역사적 부분이라면, 제 2부("가장 중요한 문제복합체들")는 역사성 범주의 토대 위에서 4가지 범주, 즉 노동, 재생산, 이데올로기, 소외를 다루는 이론적·체계적 부분이다. 그런데 바로 이 구성 자체부터 문제가 되었는데, 이를 가장 먼저 비판하고 나선 이들은 다름 아닌 루카치의 제자들이었다.

《존재론》의 초고 집필이 끝난 후 루카치의 제자들(F. 페헤르, A. 헬러, G. 마르쿠시, M. 버이더)은 루카치가 《존재론》을 수정·완성하는 것을 돕기 위해 1968년 말부터 1969년 초까지 다섯 차례에 걸쳐 루카치와 함께 《존재론》 원고를 검토하는 모임을 가졌다. 제자들은 《존재론》의 각 장에 대한 자신들의 의견을 글로 정리하여 루카치에게 전달했으며, 이를 기초로 토론이 진행되었다. 이들이 작성한 글은 "루카치 동지를 위한 '존재론'에 관한 메모"("*Aufzeichnungen für Genossen Lukács zur 'Ontologie'*")라는 제목으로 1960년대 말에 이탈리아어로 처음 소개된 뒤 1976년에 영어로, 이어서 독일어와 헝가리어로 발표된다. 독일어로 쓴 원본이 출간되기도 전에(《프롤레고메나》와

---

24) 루카치의 "정치적 유언"이라 불리는 이 책은 헝가리에서는 《오늘과 내일의 민주화》라는 제목으로 1985년에, 옛 서독에서는 《사회주의와 민주화》(*Sozialismus und Demokratisierung*)라는 제목으로 1987년에 출간되었다.

《존재론》제 1부는 1984년에 《게오르크 루카치 저작집》제 13권으로, 《존재론》제 2부는 1986년에 제 14권으로 출간) 먼저 소개된 이들의 글은 《존재론》의 수용에 오히려 부정적인 선입견을 조장했다는 평가를 받을 정도로 근본적인 회의와 비판을 담고 있다.

이 글에 이어 1975년 이들 4명의 제자는 "메모"에 대한 일종의 안내문인 "'루카치 동지를 위한 존재론에 관한 메모' 입문"(*Einführung zu den 'Aufzeichnungen für Genossen Lukács zur Ontologie'*") 을 따로 작성해 발표하는데, 여기에는 루카치와의 토론 과정과 "메모"를 공개하기로 결정한 경위가 설명되어 있을 뿐만 아니라 그들이 루카치에게 제기한 반론 내지 비판의 요지도 일목요연하게 정리되어 있다. 그들의 정리에 따르면, 자신들은 《존재론》 전체에 도사리고 있는 "'두 개의 존재론' 사이의 모순"(필연성 구상이 지배하고 있는 존재론과 인간의 자기해방에 강조점이 놓인 존재론 사이의 모순) 과 《존재론》이 방법적으로 불분명하다는 점을 지적했으며, 자연변증법과 반영 범주를 거부했다. 또, '존재론이냐 인식론이냐'로 정식화된, 《존재론》의 인식론-적대성에 반대했으며, 인간활동과는 '독립적인' 사회・역사적 법칙 개념의 의의를 부인했다. 경제적 영역에서조차도 자연주의적인 '성장 개념'은 부적절함을 주장했으며, 역사적 진보의 이념은 사회주의 및 그것을 지향하는 실천의 가치 선택에서 필수불가결한 원리임을 강조했다. 나아가 루카치의 텍스트에는 일관된 가치 개념이 부재한다고 보고 가치 개념은 사회성의 본질에 속하는, 전적으로 보편적인 범주임을 주장했다. 그들은 루카치의 《존재론》에서 "역사주의와 유적 일반성의 층위에서 실행되는 분석의 종합, 실천중심주의와 철학적 보편성의 종합을 실현하는 작업"을 보기를 기대했는데,

《존재론》 초고를 읽으면서 그 기대는 "회의"와 "환멸"로 변하고 말았다고 한다.[25]

　이러한 이의제기와 비판 중 일부는 《존재론》에 대한 불충분한 이해와 오독에서 나온 것이며, 다른 일부는 《존재론》의 루카치와는 다른, 오히려 《역사와 계급의식》의 루카치에 가까웠던 당시 그들 자신의 입장에서 나온 것으로 보인다(이들이 제기한 문제들 대부분은 이 글을 진행하는 중에 재론될 것이다). 그렇지만 어쨌든 이런 식으로 제자들의 문제제기와 비판은 문서로 공개됐지만 이에 대한 루카치의 반응, 즉 논쟁이라면 논쟁이라고도 할 수 있을 토론의 내용 그 자체는 기록으로 남아 있지 않은 상황에서, 루카치가 제자들의 비판을 통해 《존재론》의 내용을 어느 정도로 수정할 생각을 했는지 직접 확인할 길은 없다. 하지만 《존재론》을 제자들과의 토론 이후에 집필한 《프롤레고메나》와 비교했을 때 그 관점과 내용에서 근본적인 수정이라 할 만한 것은 없었다고 봐도 무방하다. 아니, 《프롤레고메나》는 제자들의 문제제기와 비판에 대한 루카치의 "쌀쌀맞은 거부"[26]를 포함하고 있는, 사실상 《존재론》의 압축본이라 할 수 있다.[27]

　그렇지만 그 토론이 루카치 스스로 가졌던 불만, 즉 분량이 지나치게 늘어나 버린 것에 대한 불만과 더불어 그로 하여금 《존재론》의 체

25) 이상의 내용은 F. Fehér, A. Heller, G. Márkus, M. Vajda, "Einführung zu den 'Aufzeichnungen für Genossen Lukács zur Ontologie'", *Georg Lukács: Jenseits der Polemiken*, pp. 209~231 참조.

26) Nicolas Tertulian, "Gedanken zur Ontologie des gesellschaftlichen Seins, angefangen bei den Prolegomena", *Objektive Möglichkeit. Beiträge zu Georg Lukács' "Zur Ontologie des gesellschaftlichen Seins"*, R. Dannemann and W. Jung, eds., Opladen: Westdeutscher Verlag, 1995, p. 149.

계를 변경하는 작업에 착수하게 한 것은 분명한 사실이다. 역사적 부분과 이론적·체계적 부분의 경직된 이분화에 대한 제자들의 문제제기도 고려하여 그는 존재론의 역사적 부분에서 세 개의 장, 곧 신실증주의와 실존주의, 하르트만, 헤겔을 다룬 장을 뺄 생각을 했다. 그 대신 《존재론》의 핵심을 압축한 짧은 서론을 써서 넣고, 역사적 부분에 배치되었지만 이론적 성격이 강한 마르크스 장과 이론적·체계적인 2부의 4개의 장을 수정하여 《존재론》의 최종판을 만들기로 결정했다. 하지만 실제 작업에 들어가자 서론으로 계획했던 시작 부분이 범위나 내용에서 원래의 의도를 넘어서 또다시 하나의 독자적 작품으로 성장하고 말았다. 그래서 루카치는 《존재론》 전체를 수정하는 작업을 하기 전에 이 일부터 끝내기로 결정하고 새 텍스트의 집필에 들어간다. 그가 《프롤레고메나》라는 제목을 붙인 이 텍스트의 집필 작업은 1971년 초에[28] 가서야 끝난다. 그 후 급격하게 진행된 병세의 악화는 그가 이 초고를 다시 읽고 수정하는 일을 불가능하게 만들었으며, 따

---

27) 《프롤레고메나》에서 그들은 루카치의 입장이 전혀 바뀌지 않았음을 확인하게 되며 결국 루카치와는 다른 이론적 길을 가게 된다. "마르크스주의의 르네상스"를 위해 루카치와 함께 이른바 "부다페스트 학파"를 만들었던 그들은 루카치 사후 몇 년 뒤 마르크스주의 자체에서도 벗어나게 된다. "부다페스트 학파"의 일원이었던 버이더(M. Vajda)가 1976년에 "자본주의는 극복될 수 없으며 사회주의는 망상이며 마르크스주의도 마찬가지"라고 천명함으로써 "부다페스트 학파"는 완전한 종말을 맞이했다. 마르크스주의가 존재하지 않는다면 "마르크스주의의 르네상스"도 있을 수 없는 법, 따라서 "부다페스트 학파"가 존립해야 할 이유가 없어진 것이다. 인용한 곳은 Simin Tormey, "Gespräch mit Ágnes Heller", *Sinn und Form 52*, März/April, 2000, p. 236.

28) 앞서 소개한 "'루카치 동지를 위한 존재론에 관한 메모' 입문"에는 "1970년 초"(212)라고 적혀 있는데, 우리가 이 글 모두(冒頭)에서 인용한 블로흐에게 보낸 편지나 앞뒤 정황을 고려할 때 이것은 실수나 오식으로 보인다.

라서 《존재론》의 최종 교열작업도 결국 이루어질 수 없었다. 이 마지막 과정을 에외르시 (I. Eörsi) 는 헝가리어판 《존재론》에 실린 옮긴이 서문에서 다음과 같이 적고 있다. 다소 길지만 그대로 인용한다.

벗들과 제자들 측에서 가해진 비판이 그〔루카치 - 인용자〕로 하여금 기본적인 견해나 자신의 사유방법에 대해 의심하게 만든 것은 결코 아니었다. 다만 그것은 자신의 서술에는 필요한 설득력이 부족하다는 것을 그가 납득하도록 만들었다. 따라서 그 자신이 분명히 알고 있었던 병과 경주(競走)하는 가운데 자기 견해의 본질적 핵심을 약 500쪽에 걸쳐 총괄하려 시도했다. 역사적 부분과 방법론적 부분의 경직된 이원론을 피하고 있는 이 《프롤레고메나》는 실제로는 《존재론》의 서문이 아니다. 정말이지 전혀 그렇지 않다. 그것은 더 이상 쓰여지지 않은(아마도 결코 쓰여질 수 없는) 작품의 총합이다. 《프롤레고메나》의 객관적인 내실을 넘어서 우리는 깊은 감동을 주는 인간행위에 경탄하지 않을 수 없다. 침투해 들어오는 병을 자신의 개념들과 확신의 모래주머니로 제방을 쌓아 막아내려 하면서 루카치가 행했던 그 엄청난 노역(勞役)에 경탄하지 않을 수 없는 것이다. 그가 아픈 기간 마지막 순간에 일종의 구조작업단(SOS-Brigade)이 나서서 읽기에 심히 어려운 수고(手稿)를 타이핑했지만, 루카치는 자신의 작업을 정서한 그 원고를 더 이상 끝까지 읽을 수 없었다. 타이프라이터로 친 페이지들을 쇠약한 손으로 대충 넘기면서 게오르크 루카치는 두려워하면서도 기대감에 찬 채로 작품과 작용을 미래의 판단에 넘겼다. 29)

"일하는 기계"인 그의 노동은 이것으로 끝나지 않았다. 더 이상 이론적인 글은 쓸 수 없지만 일을 하지 않고 그냥 있을 수 없는 존재였

---

29) F. Benseler, "Nachwort", pp. 737~738에서 재인용.

던 그에게 제자들은 자서전 작업을 제안한다. 주관적인 기억을 자료들을 통해 교정할 여력이 없었기에 망설였지만 결국 그 일에 착수한 루카치는, 우리가 이 글 서두에서 소개했듯이 《삶으로서의 사유》를 세상에 남겼다. 지상에서 자신에게 주어진 재능과 능력을 최선을 다해 "소진"시킨 루카치는 1971년 6월 4일, 더 이상 일이 없는 영면의 세계에 들어갔다. 향년 86세였다.

3. "마르크스주의의 르네상스"를 위하여: 대안적인 문제틀로서의 '존재론'

(우리의 활동은) 수많은 불쾌한 일과 환멸 따위와 결부되어 있습니다. 그러나 이는 불가피한 일입니다. 우리가 마르크스주의를 다시 살아 있는 힘으로 만들고자 한다면 우리는 부득이 비대중적으로 될 수밖에 없습니다. 우리가 스탈린주의 전통과 서구의 철학적 편견들 양쪽 모두에 맞서서 정말이지 제3의 길을 대변하기 때문이지요. 두 진영에서 사람들이 스스로를 방어하고자 하고 진리의 승리를 방해하거나 적어도 지연시키려 시도하는 것은 마르크스주의자로서 보건대 조금도 놀랄 일이 아닙니다. 30)

루카치가 《존재론》 작업을 한창 진행 중이던 1965년 11월 22일에 폴란드의 철학자 아담 샤프(A. Schaff)에게 보낸 편지의 한 대목이다. 여기에서 우리는 《존재론》의 지향과 그것이 맞서고자 하는 이론적 대상들을 확인할 수 있다. 뿐만 아니라 자신의 작업이 당장

---

30) W. Jung, *Georg Lukács*, p. 5에서 재인용.

에 큰 공명(共鳴)을 얻기 힘든 실천적·이론적 지형 속에서 확신을
가지고 한길로 나아가는 한 철학자의 '고독'마저 읽을 수 있다. 스탈
린 시대를 거치면서 이론적 분석력과 대중적 설득력을 완전히 상실
해 버린 마르크스주의를 "다시" 생생히 "살아 있는 힘"으로 되살리고
자 하는 이론적 시도, "마르크스주의의 르네상스"를 위한 이론적 시
도인 《존재론》은, 한편으로는 스탈린 사후에도 여전히 완강한 "스
탈린주의 전통"에 맞서면서 동시에 ― 다른 한편으로는 ― 신실증주
의와 실존주의로 대표되던 당시 "서구의 철학적 편견들"에 맞서는
"제3의 길"로서 이해되고 있다.

　1960년대에 들어와 루카치는 당시의 세계사적 상황을 총괄하는 표
현으로 "조작의 시대"라는 말을 빈번히 사용했다. 스탈린주의의 굴레
에서 벗어나지 못한 '현실사회주의'와 당대 자본주의 사회 양쪽 모두에
서 "조작의 체계"가 지배 메커니즘으로서 작동한다고 본 것이다. 하지
만 그 조작체계의 원천과 양상, 그 성격은 다르다고 보는데, 스탈린의
정치적 분파주의가 낳은 거대한 관료체계와 그것이 자행하는 "폭
력"(Gewalt)에 의해 유지되는 '현실사회주의'의 "난폭한 조작"은 "사회
주의 건설에서 이질적인, 제거될 수 있고 제거되어야 할 요소"라는 게
당시 루카치의 인식이었다. 31) '현실사회주의'의 발전가능성에 대한
회의가 점점 더 깊어졌음에도 불구하고 그는 사회주의의 소생 가능성
에 대한 희망과 믿음의 끈을 끝까지 놓지 않았다. 32) 스탈린주의에 대

---

31) G. Lukács, "Zur Debatte zwischen China und der Sowjetunion. Theoretisch-
　philosophische Bemerkungen", *Georg Lukács. Schriften zur Ideologie und*
　Politik, Aausgewählt und eingeleitet von Peter Ludz, Darmstadt / Neuwied :
　Luchterhand, 1973, p. 705.

해서는 "근본적인 단절"을 요구하면서도 '현실사회주의'에 대해서는 "반대가 아니라 개혁"(*nicht Opposition, sondern Reform*)[33] 이라는 입장을 고수했던 것도 그래서이다. 그는 정치·실천적으로는 — 특히 앞서 소개한 《오늘과 내일의 민주화》를 통해 — "사회주의적 민주주의"("평의회 민주주의" 또는 "일상생활의 민주주의"로 정식화되기도 하는)[34] 를, 이론적으로는 "유물론적·역사적인 존재론"을 제안함으로써 스탈린주의와의 근본적 단절을 통한 '현실사회주의' 개혁의 길을 열고자 했다.

이에 반해 자본주의 사회의 "조작"은 본질적으로 자본의 필요에 따라 생겨난, 자본주의에 고유한 것이기 때문에, 바로 그 자본주의의 폐지 없이는 극복될 수 없다는 것이 루카치의 확신이었다. 루카치에 따르면 자본주의는 1929년 대공황 이후 생산의 영역뿐만 아니라 소비의 영역, 재생산의 영역마저 자본주의적으로 재편하여 대량생산·대량소비의 시대를 열었다. 이 시대는 그에 걸맞은 특수한 구매 장치를 필요로 하는데, 이로부터 생겨난 것이 자본주의적인 "조작의 체계"다. 텔레비전을 위시한 각종 매체들을 통해 전파되는 소비주의 이데올로기가 주효하게 작동하는 이 "부드러운, 형식적으로는 폭력이 없

---

32) 쥬어캄프 출판사에서 나온 《삶으로서의 사유》 편자 서문 "마지막 말의 권리"에서 이슈트반 에외르시는 바르샤바 조약군이 프라하로 진격한 지 얼마 지나지 않았던 1968년 가을에 루카치가 "아마도 1917년에 시작했던 실험 전체가 실패한 것 같다. 전체가 다른 때에 다른 곳에서 시작되어야 한다"고 하는 말을 들었다고 한다. 하지만 루카치는 이 말을 두 번 다시 되풀이하지 않았으며 기록한 적도 없다. *Georg Lukács. Gelebtes Denken*, p. 4 참조.

33) *Georg Lukács. Gelebtes Denken*, p. 275.

34) 이에 관한 간략한 소개로는 《게오르크 루카치》, 212~219쪽 참조.

는 조작"35)은 경제의 영역뿐만 아니라 사회와 정치의 영역, 취향의 영역으로까지 확장되며 마침내 "사회적 삶의 모든 표현들을 지배"36) 하기에 이르렀는데, 이 "새로운 조작적 자본주의"37)가 지배하는 삶 형태를 대표하는 것이 이른바 "미국식 생활방식"(*American way of life*) (34)이며, "탈이데올로기화"나 "역사의 종언" 담론은 그렇게 조작된 체제를 지속시키는 데 복무하는 이데올로기로서 작동한다(113).

'현실사회주의'와 서구 자본주의 전체를 아우르는 "조작의 시대", "조작사회"라는 루카치의 규정은 아도르노의 "관리되는 사회"나 푸코 (M. Foucault)의 "규율사회" 또는 들뢰즈(G. Deleuze)의 "통제사회"와 같은 일종의 시대규정이다. "조작"이란 강한 표현을 통해, "정신의 식민화"(*Kolonialisierung des Geistes*)38)를 논하는 제임슨(F. Jameson)의 포스트모던 담론을 앞서 말하는 듯한 루카치의 입론에서 독특한 것은, 자본주의적 조작을 철학적으로 뒷받침하는 것을 신실증주의로 보고 있다는 점이다. "현재의 정치, 군사, 경제를 이끄는 세력의 이론적 주도동기가 진지하게 분석된다면, 그것이 (…) 신실증주의적 사유방법에 의해 규정되어 있다는 것이 밝혀질 것"39)이라는 게 그의 주장이다.

35) G. Lukács, "Zur Debatte zwischen China und der Sowjetunion …", p. 705.

36) *Gespräch mit Georg Lukács*, Theo Pinkus, ed., Reinbek bei Hamburg: Rowohlt, 1967, p. 42. 이 책은 전체 3부로 구성되어 있는데 이 가운데 제1부는 졸저, 《게오르크 루카치》에 "존재론과 미학, 미학과 존재론"이라는 제목으로 번역되어 있다.

37) Georg Lukács, "Erst Demokratie, dann Wirtschaftsreform", *Neues Forvm*, Heft 195/2, Mitte März 1970, pp. 227~228.

38) Fredric R. Jameson, "Spätkapitalismus als Problematik des real existierenden Marxismus", *Das Argument 194*, 1992, p. 522.

39) G. 루카치, "인간의 사유와 행위의 존재론적 기초", 《게오르크 루카치》, 249쪽.

루카치의 관점에서 신실증주의는 자본주의의 필연적인 이데올로기적 현상인 "인식론의 철학적 지배"(34)가 급진전된 것에 다름 아니다. 루카치가 보기에 서구의 근현대 철학의 사유를 지배해온 것은 인식론과 논리학과 방법론이었는데 그중에서도 "인식론의 우위"가 점차 강력해졌다(7). 특이하게도 그는 갈릴레이 재판으로 유명한 벨라르민 추기경을 "근대 인식론의 아버지"(7)라 부른다. 갈릴레이 재판에서 그가 취했던 입장에 주목한 것인데, 이런 입장은 일찍이 유명론(唯名論)에서 표현된 "'이중적 진리'의 이데올로기"(31)로까지 거슬러 올라갈 수 있는 것으로서, 요컨대 존재의 문제를 종교의 영역, 믿음의 영역으로 돌림으로써 과학과 철학에서 배제하는 것이다. 이러한 사상적 연원을 지닌 근대의 인식론은 데카르트를 거쳐 칸트에서 정점에 이르는데, 칸트는 "인식능력으로부터 현실을 근거지우려 하지 존재로부터 인식을 근거지으려 하지 않는다"(22). 루카치에 따르면 버클리(G. Berkeley)와 칸트의 철학에는 "물질적 세계에 대한 우리의 인식에 어떠한 존재론적 의미도 인정될 수 없다는 것을 인식론적으로 입증"(13: 339)하려는 공통점이 있는데, 서구의 19세기 철학은 이러한 관점들에 의해 지배되면서, "순수한, 단호히 반(反)존재론적인 입장에 선 인식론의 방향으로"(13: 339) 심화되어 나간다. 그리하여 신칸트주의에 오면 칸트의 "물 자체"(*Ding an sich*) 개념, 칸트가 그것을 통해 비록 원칙적으로 인식할 수는 없지만 어쨌든 간에 존재론적 현실을 인정했던 그 "물 자체" 개념마저도 인식론에서 배제된다. 신실증주의에 오면 그 정도가 더 심해져, 그래도 "신칸트주의에서는 아직 주도적이었던 (…) 인식의 객관적 진리가치를 (…) 점점 더 단호히 배제"하며, "진리를 실천적·직접적인 목표정립들을 통해", 그리고 "현실인식을 직접적인 실천에서 불가결한 대상들의 조작을 통해" 대체하고자 한다(13: 341). 이런 일은 존재에 대한 물음 일체, 심지어는 무엇의 존재 여부의 문제에 대해 입장을 취하는 것조차 시대에 맞지 않고 비과학적이며 아무런 의미도 없는 일이라고 천명함으로써 이루어지는 일이다(7).

하지만 신실증주의가 존재에 대한 물음을 근절한다 하더라도 철학에서 존재론 내지 존재론적 기획이 완전히 사라지지는 않는다. 존재에 대한 물음은 생활이나 실천과 아주 밀접하게 결부되어 있기 때문에40) 세계 문제에 대한 존재론적 접근이 근절될 수는 없다는 것이 루카치의 주장이다. 따라서 신실증주의가 헤게모니를 행사하는 상황 속에서도 "보편적 조작에 맞서는 투쟁, 따라서 실증주의 및 신실증주의에 맞서는 투쟁"(64)의 일환으로 존재론적 기획들이 생겨나는데, 루카치는 야스퍼스, 하이데거, 초기 사르트르 등의 "실존주의적 존재론"을 그런 것으로 본다. 하지만 루카치가 보기에 그들 모두는 공통된 문제를 가지고 있는데, 본질적으로 "고립된 독자적 개인

---

40) 이와 관련해 루카치가 자주 거론하는 예가 있다. 누군가가 교차로에서 길을 건너갈 때 설사 그 사람이 일체의 현실을 부인하는 아주 완강한 신실증주의자라 하더라도, 달려오는 실재의 자동차가 자신을 실제로 칠 수 있다고 확신하지, 자신의 표상이 자동차의 표상에 의해, 혹은 자기 실존의 어떤 수학적 공식이 자동차의 수학적 함수에 의해 치이게 된다고는 생각지 않을 것이라는 — 루카치 스스로 인정하고 있듯이 — "아주 지독하게 단순한 예"가 그것이다. 이를 통해 루카치가 말하고자 하는 것은, "생활에서는 항상 여러 가지 존재형식들이 교통(交通)하며, 존재형식들의 이러한 연관관계가 선차적인 것"이라는 사실이다. 이렇게 일상생활에서는 존재론적인 문제들이 강력하게 제기된다. 이상은 G. 루카치, "존재론과 미학, 미학과 존재론", 《게오르크 루카치》, 273쪽 참조. 《프롤레고메나》 11쪽에도 같은 예가 나온다.

에서 출발"(8) 한다는 점, 41) 그리고 당대의 사회적 발전에 특유한 시대적 특징들을 "시대를 초월하는 존재론적 근본범주들로 고양시키는 경향"(64)을 보인다는 점이 그것이다. 전자를 통해서는 "인간 존재의 근본을 이루는 사회성"이 소실되며(8), 후자를 통해서는 그러한 시대적 특징들의 특수한 사회·역사적 발생 및 이로부터 전개되어 나오는 전망과 난관들에 대한 존재론적 설명을 향해 방법론적으로 나아갈 수 있는 길이 차단된다(64). 실존주의적 존재론에 대한 이러한 비판을 거쳐 루카치는 오늘날 세계에 대한 사유를 다시 존재로 되돌리는 시도는 오직 "마르크스의 진정한 방법, 진정한 존재론을 소생"(112)시키는 길 위에서만 성공할 수 있다고 주장한다.

그런데 그 당시 마르크스주의 진영 내에서 '존재론'은 그 용어 자체부터 문제적인 것이었다. 이는 최근의 이론적 지형과는 크게 다른 점인데, "차이의 존재론"(G. 들뢰즈), "사건의 존재론"(A. 바디우),

---

41) 참고로 말하자면, 신영복이 '존재론'이라는 말로 표상하는 것이 이런 것이다. 그는 "21세기와 새로운 천년의 과제는 존재론을 관계론으로 바꾸는 작업"(신영복, "존재론으로부터 관계론으로"(경주엑스포국제학술대회 기조강연 1998. 11. 5))이라고 주장한다. 이때 그가 생각하는 "존재론적 구성 원리"는 "개별적 존재를 세계의 기본 단위로 인식하고 그 개별적 존재에 실체성(實體性)을 부여하는 것"(신영복, 《강의. 나의 동양고전 독법》, 돌베개, 2004, 23쪽)이다. "유럽 근대사의 구성 원리는 근본에 있어서 〔이러한 - 인용자〕 '존재론'임에 비하여 동양의 사회 구성 원리는 '관계론'"(23)이라고 그는 단언하는데, 그의 말대로 "개별적 존재란 현실적으로 존재하지 않는 관념적 존재"("존재론으로부터 관계론으로")라고 하더라도 그처럼 존재 개념 자체를 기각할 것이 아니라 존재를 관계로서 존재하는 것으로 보는 '관계론으로서의 존재론'을 구상할 수도 있을 것이다. 루카치의 존재론처럼 말이다. 어쨌든 '존재론'과 '관계론'을 대립적인 방법과 사고로 놓는 그의 용어법 자체는 우리나라에서 그동안 '존재론'이라는 말이 주로 어떤 식으로 통용되어왔는지를 방증한다 하겠다.

"역능의 존재론"(A. 네그리), "관(貫) 개체성의 존재론"(E. 발리바르) 등등의 이름으로 다기한 '존재론'이 제안되어 있는 것이 현재의 마르크스주의 내지 포스트마르크스주의의 이론적 풍경이라면, 1960년 대에 '존재론'이라는 말은 마르크스주의 진영 내에서는 대체로 '경멸적인' 뜻으로 사용되었다. 루카치 자신도 이를 잘 알고 있었으며, 그의 기획이 그러한 세론(世論)을 거스르는 것임을 분명하게 의식하고 있었다. 1968년 국제 철학대회 강연을 위해 작성한 원고에서 그는 "우리는 철학사에서 마르크스주의가 존재론으로 파악된 적이 거의 없었다는 것을 잘 알고 있습니다. 이 강연이 과제로 삼고 있는 것은 이에 반(反)하는 것입니다"[42]라고 말하고 있다. 우리가 이 글에서 소개하는 《프롤레고메나》의 첫 문장도 이와 연관된 것인데, "세계에 대한 철학적 사유의 토대를 존재에 두려는 시도가 많은 저항에 부딪친다 하더라도 아무도 — 적어도 이 글의 필자는 — 놀라지 않을 것이다"(7)라는 그 문장은 비단 인식론의 헤게모니하에 있는 서구의 철학적 흐름들만을 염두에 두고 한 말은 아닐 것이다.

이러한 담론적 환경 속에 있었던 당시 좌파급진주의 내지 마르크스주의 철학자 중에서 에른스트 블로흐는 루카치가 '존재론'이라는 문제틀을 제출한 것을 맨 먼저, 거의 유일하게 환영한 인물이었다. 우리가 이 글 맨 앞에서 루카치의 옛 친구로 소개한 블로흐는 마르크스주의자라는 틀로 묶기에는 너무 독창적인 사유를 전개한 좌파급진주의 철학자인데, 루카치에 앞서 이미 1961년에 "아직-아닌-존재의

---

42) "인간의 사유와 행위의 존재론적 기초", 249쪽. 앞에서 소개한 《오늘과 내일의 민주화》의 집필에 집중하기 위해 그는 오스트리아의 빈에서 열린 제14차 국제 철학대회에 참석하지 않았다.

존재론"(*Ontologie des Noch-Nicht-Seins*) 이라는 이름으로 고유의 존재론을 제시한 바 있었다(《철학의 근본문제들 I : '아직-아닌-존재의 존재론'을 위하여》). 하지만 보통의 마르크스주의자들은 '존재론'이라고 하면 하이데거의 "기초존재론"을 연상하는 것이 그 당시의 일반적인 이론적 풍토였다. 그들에게 '존재론'은 비변증법적인 정태적 철학, '생성된 것'(*Gewordensein*)에 대한 학설이지 '생성'(*Werden*)과는 안티테제적 관계에 있는 철학으로 여겨졌으며, 소련과 옛 동독의 이른바 '정통 마르크스주의'의 일각에서는 마르크스 사상의 존재론적 해석은 "수정주의적 시도"라고 몰아붙이기까지 했다. 이들과는 전혀 다른 이론적 기반을 가졌던 알튀세르(L. Althusser) 같은 서구의 마르크스주의자도 '존재론'에 대해서 부정적인 입장이기는 마찬가지였다. 그런데 그가 '존재론'이라는 말로 지칭한 것은, '존재론'을 "수정주의적 시도"라고 비판하는 '정통 마르크스주의자'들이 '존재론'과 대립 설정하는 바로 그 '변증법적 유물론'에 대한 그들 자신의 이해였다. '정통 마르크스주의자'들이 '변증법적 유물론'을 이해하는 방식이야말로 소련에서 관철된 마르크스주의 철학의 존재론적 버전이며, 여기에서 유물론은 "물질의 존재론"으로 탈바꿈되고 있다는 것이다. 스탈린은 마르크스주의 철학을 "유물론적 존재론 또는 유물론적 형이상학"[43]의 방향으로 나가도록 만들었으며, 그럼으로써 마르크스주의 철학은 "스탈린적 존재론"[44]으로 구축되었다는, 1976년 그라

---

43) 루이 알튀세르, 서관모·백승욱 옮김, 《철학에 대하여》, 동문선, 1997. 2002 (2쇄), 205쪽.
44) *Ibid.*, 209쪽.

나다 대학 강연에서 그가 한 말에서 우리는 그가 후기에 이르기까지 '존재론'이라는 말을 부정적으로 사용하고 있음을 확인할 수 있다.

사실 루카치 자신도 윤리학 기획에 착수하기 이전에는 '존재론'이라는 말을 주로 부정적 맥락에서 사용했다. 1958년에 출판된 《오해된 리얼리즘에 반대하여》(Wider den mißverstandenen Realismus)에서만 해도 '존재론'이라는 말은 이른바 "전위주의" 문학을 비판하는 문맥에서 주로 사용되며, 실상 그 내용에서 《존재론》을 예비하는, 《존재론》으로 넘어가는 이행기 작품인 《미적인 것의 고유성》에서도 '존재론'이라는 새로운 문제틀이 곧바로 부상할 조짐을 찾기란 어렵다. 거기에서는 여전히 마르크스주의를 '변증법적 유물론'과 '역사적 유물론'이라는 두 축을 통해 이해하고 있다. 그런데 그 책에서는 '변증법적 유물론'과 '역사적 유물론'을 도식적으로 양분하는 "마르크스주의의 속류화 경향들"(11 : 15)이 비판되고 양자의 "영속적이고 생생한 상호작용"(11 : 16)이 강조되고 있는데, 아마도 그 책을 쓰는 과정에서 '변증법적 유물론'과 '역사적 유물론'의 이원적 틀 자체의 문제성이 점점 더 강력하게 인식된 듯하며, 제 2 인터내셔널의 결정론적 진화주의와 스탈린주의를 거치면서 만신창이가 된 마르크스주의 이론을 갱신하기 위해서는 새로운 개념적 장치들이 필요하다는 것을 절감하게 된 듯하다. 그러한 문제의식이 '존재론'이라는 대안적인 마르크스주의적 문제틀로 구체화된 데에는 니콜라이 하르트만의 영향이 주효했다.

1971년에 있었던 한 대담에서 에른스트 블로흐는 루카치의 《존재론》을 통해 "존재론이라는 말이 개선되고 하나의 문제로 되는 것은 아주 마음에 드는 일"이지만, "진정한 자유주의적 속물이었던 니콜라이 하르트만에 대한 (루카치의 - 인용자) 이러한 애호가 갑자기 어디에서 나온 것인지는 (…) 수수께끼 같은 일"이라고 말한다. 45) 그런데 루카치의 하르트만 독서는 이미 1950년대 초반부터 시작된 일이었다. 옛 동독에서 1956년까지 — 그러니까 헝가리 민중봉기 이전까지 — 루카치 책의 출판을 담당했던 볼프강 하리히(W. Harich)의 권고에 따라 루카치는 하르트만의 《윤리학》(1926), 《존재론의 정초를 위하여》(1935), 《가능성과 현실성》(1938), 《실재 세계의 구조》(1940), 《자연철학》(1950), 《목적론적 사고》(1951) 등을 읽으면서 점차 '존재론'이라는 문제틀에 다가갔으며, 마침내 《존재론》에 와서 자신의 사유를 '변증법적 유물론'과 '역사적 유물론'이라고 하는 마르크스주의의 전통적 이론체계가 아닌, "유물론적·역사적인 존재론"이라는 문제틀을 통해 전개하기에 이르렀다. 그 과정에서 하르트만은 일종의 "촉매제 역할"46) 을 했는데, 루카치도 그의 영향을 인정하고 있다. 1967년 한스 하인츠 홀츠(H. H. Holz)와의 대담에서 그는 존재론을 구성하는 핵심 개념 가운데 하나인 "복합체" 개념 및 이와 연관된 관점들(이에 관해서는 뒤에서 다룰 것이다)이 하르트만에서 나온 것임을 분명히 밝히고 있다. 47) 《존재론》에 미친 하르트만의 영향은 이것만이 아니다. 실재의 인식도구와 현상 그 자체와의 관계에서 후자의 우선성 인정, 세계를 복합적인 층들(Schichten)로 보는 관점, 목적론적 사고에 대한 비판 등도 하르트만이 끼친 주요한 영향에 속하는 것인데, 48) 하지만 하르트만의 시야에는 들어오지 않았던 역

---

45) F. Benseler, "Nachwort", p. 744에서 재인용.

46) N. Tertulian, "Ontologie des gesellschaftlichen Seins", *Kritisches Wörterbuch des Marxismus*, *Bd. 5*, Berlin: Argument, 1986, p. 950.

47) "존재론과 미학, 미학과 존재론", 278~279쪽.

사(역사성)가 루카치의 존재론에서는 "존재론적인 근본사실" "존재의 근본사실"로 파악된다는 점에서 양자 사이에는 큰 간극이 있다. 루카치는 "역사"를 "모든 존재의 근본원리"로 보는 것이야말로 "마르크스 이론의 핵심문제"라고 한다(34). 바로 여기에 헤겔의 선도적 내지 예비적 역할이 있는데, 서구 철학사에서 "역사적 존재론"(11)을 처음 제시한 철학자가 그이기 때문이다.

루카치가 보기에 헤겔은 "세계파악의 새로운 문제들, 무엇보다도 대상성 형식들의 역사적 과정성과 복합체성의 본질적 의의를 명확한 방식으로 표현했던, 마르크스 이전의 유일한 철학자"(107)였다. 종교적 존재론과는 대조적으로 '아래'에서 출발해 '위'에 이르는 하나의 필연적인 발전사를 설계하면서 역사적인 존재와 그 산물을 강조한 점,49) 그리고 ─《경제학-철학 수고》의 마르크스의 말을 빌리자면 ─ "노동의 본질을 포착하고 있으며 대상적인 인간, 현실적이기 때문에 참된 인간을 인간 자신의 노동의 결과로서 파악하고 있"50)는 점 등이 마르크스가 헤겔을 자신의 선행자로 여길 수 있었던 헤겔 철학의 특징이다(108). "방법론상 인식론에 근거를 두고 있는"(24) 칸트의 체계와는 달리 헤겔 철학에서는 존재의 "궁극적으로 역사적이고 과정적인 성격의 계기가 방법론상으로 지배"(24)한다. 하지만 그의 역사적 존재론은 모든 존재연관을 "체계적·논리주의적으로" (24) 해석함으로써 "엄격하게 논리화된, 그리고 논리화하는 가운데

---

48) N. Tertulian, "Ontologie des gesellschaftlichen Seins", pp. 952~953; W. Jung, *Georg Lukács*, pp. 11~12 참조.
49) "인간의 사유와 행위의 존재론적 기초", 250쪽.
50) 칼 마르크스, 강유원 옮김, 《경제학-철학 수고》, 이론과 실천, 2006, 192쪽.

왜곡된 존재론"(31)이 되고 말았다는 것이 루카치의 판단이다. 그는
이러한 헤겔의 존재론에서 "논리적·연역적인 요소들, 발전사적으
로 목적론적인 요소들을 전부 다 제거"함으로써 그것을 "유물론적으
로 '바로 세운 것'"이 바로 "마르크스의 존재론"이라고 주장한다.51)
"마르크스의 결정적인 철학적 업적은 헤겔의 논리적·존재론적인
관념론을 극복하는 가운데 이론적으로 그리고 실천적으로 유물론
적·역사적인 존재론의 윤곽을 그린 데 있"다52)고 보는 루카치에게
마르크스는 자본주의의 이론가, 정치경제학의 비판자로 그치는 것
이 아니라, 그 이전에, 아니 그 차원을 넘어 무엇보다도 "존재와 생
성의 이론가"53)이다. 마르크스의 자본주의 이론, 정치경제학 비판
에서 작동하는 방법의 토대를 이루는 것이 바로 유물론적이고 역사
적인 존재론이라고 보기 때문이다(11). 마르크스의 사상을 이렇게
파악하는 이상 마르크스 사상의 발전과정에서 연속성이 주장될 수
밖에 없다. 루카치에 따르면, "모든 존재의 근본원리"로서의 "역사",
"유적 성질(Gattungsmäßigkeit)의 중심적 위치", 그러한 토대 위에서
이루어진, "인간 유(人間 類, Menschengattung)의 사회·역사적 존
재와 생성에 대한 (…) 존재론적 주장", "유적 성질의 발전"을 "인류
발전의 과정을 판단하는 존재론적으로 결정적인 시금석"으로 보는
관점 등등은, 비록 용어와 서술방식은 시기와 국면, 주어진 과제 따
위에 따라 달라지긴 하지만 변함없이 한 가닥 붉은 실처럼 마르크스

---

51) "인간의 사유와 행위의 존재론적 기초", 250쪽.
52) *Ibid.*, 250쪽.
53) *Ibid.*, 266쪽.

이론 전체를 꿰뚫는 연속성의 요체다(40). 마르크스 사상의 핵심을 이렇게 보기 때문에 루카치는 초기 마르크스와 후기 마르크스를 단절시키는 모든 논의에 대해 비판적이다.

"철학적인" 청년 마르크스를 "경제학적"으로 된 후기의 성숙한 마르크스와 대립시키는 것은 완전히 잘못된 것이자 관료주의적·전술적이고 몰(沒)이념적인 실천주의의 이해에 부합하는 것일 따름이다. 문제설정과 방법론의 연속성은 마르크스의 경우 결코 중단된 적이 없다. 모든 사회적 현상, 모든 사회적 발전에 대한 올바른 경제학적 정초의 방법론적 가능성은 청년 마르크스의 이러한 존재론적 성취를 빼놓고는 생각할 수 없다. 다만 뒤에 가서 그는 이러한 정초작업의 성과를 대중적으로 확산하는 것을 자신의 주된 과업으로 여겼을 뿐이다(108).

이 대목은 —"관료주의적·전술적이고 몰(沒)이념적인 실천주의"라는 규정을 보건대— 초기 마르크스의 소외론에 대해 부정적이었던 '정통 마르크스주의자'들을 겨냥한 발언으로 보는 것이 타당하겠지만, "1845년의 '절단의 시기'"[54]를 설정함으로써 청년기 마르크스와 성숙기 마르크스 사이에 넘어설 수 없는 장벽을 세운 알튀세르류(類)의 이론적 작업도 염두에 둔 발언일 수 있다(루카치는 알튀세르를 직접 거명한 적은 없지만 '구조주의적 마르크스주의'를 분명히 알고 있었다). 초기 마르크스와 후기 마르크스 사이를 구분해야 한다는 주장은 이들만한 것이 아니었다. 루카치가 《존재론》을 집필 중이던 1960년대에 마르크스의 《경제학-철학 수고》를 둘러싼 논쟁이 벌어졌는데, 초기

---

54) 윤종희, "마르크스를 위하여", 윤종희·박상현 외, 《알튀세르의 철학적 유산》, 공감, 2008, 46쪽.

의 철학 저서를 선호하는 사람들(이들은 《수고》의 소외이론을 마르크스 사회이론의 가장 중요한 부분이라 생각했다)과 후기의 마르크스, 특히 《자본》의 마르크스만이 유일한 마르크스라 말하는 사람들 모두 초기와 후기의 마르크스를 구분할 것을 주장했다.[55] 루카치의 입장은 이 양쪽 모두와 달랐다. 그는 마르크스의 사상적 발전과정에서 여러 단계와 차이들을 가로지르는 근본적인 연속성을 강조했으며, 그 정수를 존재론, 더 정확히 말하면 유물론적·역사적인 존재론의 윤곽을 그린 것으로 파악했다. 그리고 루카치 자신이 추구하는 그 존재론은 "역사에 기반을 둔 본래의 철학"[56] 으로서 마르크스가 "오직 하나의 과학 곧 역사의 과학만을 알고 있을 뿐"[57] 이라고 말했을 때의 그것과 상통하는 것이라고 주장한다.

　루카치의 용어법에서 존재론은 무엇보다도 인식론과의 대비 속에서 규정되는 말이다. 앞에서 보았듯이 그가 말하는 인식론, 그가 서구의 근현대 철학을 지배해온 것으로 파악하는 그 인식론은 철학적 사유를 전적으로 인식행위, 인식작용, 인식과정에 고정시킴으로써 객관적 현실에 대한 철학적 접근을 왜곡시키는 철학적 경향을 일컫는

---

55) 베를린의 마르크스·레닌주의 연구소는 심지어 《경제학-철학 수고》를 《마르크스·엥겔스 저작집》(MEW)의 본권에서 제외시켜 부록권에 포함시킬 정도였다. 마르셀로 무스토, "마르크스 소외 개념에 대한 재논의", 《마르크스주의 연구》, 2011년 제8권 제2호, 96쪽 참조.

56) *Georg Lukács. Gelebtes Denken*, p. 235.

57) 마르크스는 《독일 이데올로기》(1845)에서 다음과 같이 말한 바 있다. "우리는 오직 하나의 과학 즉 역사의 과학만을 알고 있을 뿐이다. 역사는 두 측면에서 고찰될 수 있기 때문에 자연의 역사와 인간의 역사로 나누어질 수 있다. 이 두 측면은 인간이 존재하는 한 분리될 수 없으며, 자연의 역사와 인간의 역사는 서로를 제약한다."(*MEW, Bd. 3*, p. 18)

말이라면, 객관적 현실을 철학적 사유의 중심에 두는 것, 세계에 대한 철학적 사유의 토대를 존재에 두는 것이 그가 말하는 존재론의 기본특성이다. 그 "존재론의 대상"은 "현실적으로 존재하는 것"이고, 그 "존재론의 과제는 존재하는 것을 그것의 존재에 근거해서 탐구하는 것이며, 그리하여 존재하는 것 내부에서 서로 다른 단계들과 결합들을 발견하는 것"[58] 이다. 그런데 루카치가 《존재론》과 《프롤레고메나》에서 시도하고 있는 것은 존재 일반에 관한 "일반존재론"이 아니다. 그의 초점은 사회적 존재의 존재론('사회존재론')에 있다. "무엇보다 사회적 존재의 본질과 특징을 규정"하고자 하는 것이며(8), 그리하여 인간의 "실재적 실천(노동에서 윤리까지 이르는)의 실재적 활동여지를 밝히"는 것을 궁극적 목표로 한다(13 : 331). 그런데 사회적 존재에 대한 존재론적 규명을 위해서는 존재 일반과의 관계, 일반존재론과의 관계 속에서 출발할 수밖에 없다. "오직 하나의 과학"으로서 "역사의 과학"에 대한 마르크스의 확언을 출발점으로 삼고 있는 루카치에게 존재 전체, 따라서 자연적 존재(무기적 존재와 유기적 존재)와 사회적 존재는 "하나의 역사과정"(*ein Geschichtsprozeß*)으로 파악된다. 인간의 본질을 존재와의 관계 속에서 규명하는 루카치의 '사회존재론'은 하나의 역사과정인 자연적 존재와 사회적 존재의 "궁극적인 존재적 통일성"(26)과 그 통일성 내에서 과정적으로 확립되는 차이들을 설명하는 데에서부터 본격적으로 시작된다.

---

58) "존재론과 미학, 미학과 존재론", 278쪽. 번역 일부 수정.

4. 마르크스주의 존재론의 기초:
'역사성', '복합체성', '자연적 한계들의 후퇴'를 중심으로

1) '역사성'과 '복합체성'

사회적 존재의 특성들을 존재 일반의 맥락 속에서 "세 가지 큰[大] 존재양식"(무기적 자연과 유기적 자연 그리고 사회적 존재)의 발생사적 연관관계를 통해 부조(浮彫)시켜 나가는 이런 방식이 일종의 '통시적' 접근방식이라면, 사회적 존재에 대한 존재론적 고찰의 또 다른 —'공시적'이라 할 수 있을— 출발점을 그는 "인간의 일상생활의 가장 단순한 사실들"(9)에서 찾는다. 그 예로 루카치는 '있는[존재하는] 토끼만 사냥할 수 있다', '있는 딸기만 딸 수 있다' 따위의 '상투적인 말'을 상기시키는데, 이런 말들에서 드러나는 일상생활의 직접성에는 존재에 대한 모든 사고가 주관주의적으로 해체되지 않으려면 결코 망각해서는 안 되는 궁극적 기초가 포함되어 있다는 것이 그의 생각이다(9). 이 글 앞에서 누군가가 교차로에서 길을 건너는 상황을 예로 들어 말했듯이 "일상생활은— 바로 그 직접성 때문에 —존재와 지속적으로 관련을 맺지 않고는 의식적으로 수행될 수가 없다"(34). 하지만 바로 그 일상생활의 직접성은 —특히 '사물화' (*Verdinglichung*)와 이데올로기 등의 작용으로— 진정한 존재적 본질을 은폐하거나 왜곡하는 것이기도 한데, 그렇기 때문에 사회적 존재의 존재론적 고찰은 일상생활의 직접성에서 출발하되 이와 동시에 그 직접성을 넘어서는 공정(工程)을, 달리 말하면, "실천적인 일상경험과 현실의 과학적 정복 사이의 올바른 협력"(12)을 요구한다. 이렇게 존재론적 고찰이, 점점 더 고차화·자립화되어 가는 사고활동 및 그 수단들을 존재에서 출발하는 비판에 종속시키는 한편 일상생활에 대해서도 비판적인 방법을 부단히 작동시켜야만 한다면, 그러한 비판적·존재론적인 탐구의 올바른 길을 보장하는 방편은 어디에서 찾을 수 있을까? 이 글의 독자라면 이미 짐작할 수 있듯이, "마르크스의 비판적 존재론"(36) 에서! 라는 것이 루카치의 대답이다. 이때 그가 마르크스에서 적출하는 것은 무엇보다도 두 가지 보편적인 존재론적 원리다. 시기에 따라, 국면과 정세에 따라 관심영역과 서술방식에서 차이를 보이면서 구체화되어 가는 마르크스의 이론적 활동 전체에 작동하는 고유한 방법을 정초하는 존재론적 원리, 곧 "마르크스적 방법의 정초원리"(107) 로 루카치가 주목하는 그것은 '역사성'과 '복합체성'('총체성') 59) 이다.

루카치에 따르면 마르크스에서는 "존재의 역사성"이 "모든 존재의 근본특성", "모든 존재의 본질"로서, 전체 문제의 올바른 이해를 위한 "존재론적 출발점"(86) 을 이룬다. 여기서 "역사성"이란 모든 존재, 곧 우주를 가득 채우고 있는 별들에서부터 우리가 살아가고 있는 지구라는 행성, 그것을 구성하는 무기물들과 그것이 산출한 모든 생명체들에까지 이르는 존재 일체는 본질적으로 "불가역적(不可逆的)인(곧 역사적인) 과정"(94) 임을 뜻하는 말이다. 불가역적인, 따라서 역전(逆轉) 불가능한 역사적 과정이 모든 존재의 본질을 형성한다는 "마르크스의 보편적 역사이론"(301) 은, 우주의 모든 존재와 관련된 것이기

---

59) '역사성'은 'Historizität' 또는 'Geschichtlichkeit'를 옮긴 말이며, '복합체성'은 'Komplexartigkeit' 또는 'Komplexhaftigkiet'를 옮긴 말이다. 참고로 말하자면 이 글에서 '복합체'는 'Komplex'를 옮긴 말이며, '복합성'은 'Komplexität'을 옮긴 말이다. 그리고 '총체성'은 알다시피 'Totalität'을 옮긴 말이다.

때문에 사회뿐만 아니라 자연에도 유효한 보편적인 사상이다. 그런데 이 보편적 사상을, 마르크스는 **추상적으로** 보편적인 철학적 학설, 즉 모든 존재에, 따라서 자연과 사회 양자에 **똑같이** 유효한 몇 가지 보편적인 원리들을 확립했다는 식으로 곡해해서는 안 된다. 흔히 '디아마트'(*Diamat*)로 정식화되는 스탈린주의적 이론체계는 마르크스 사상의 보편성을 그렇게 이해하고 왜곡시킨 대표적인 사례다. 변증법의 원리를 '자연화' 내지 '존재론화'(앞에서 소개한 알튀세르적 의미에서) 함으로써 결국 마르크스의 학설을 추상적인 교리 체계로 둔갑시킨 스탈린주의는, 마르크스와 엥겔스, 레닌에게 존재했던 이론적 긴장을 일면적으로 해소하는 방식을 통해 '정통성'의 근거를 확보할 수 있었다. 예컨대 엥겔스는 《반-뒤링》(*Anti-Dühring*)에서 '변증법'을 "자연, 인간 사회 그리고 사고의 일반적인 운동법칙이자 발전법칙들에 관한 과학"(*MEW*, 20 : 132)으로 규정한 바 있다. 이로부터 레닌은 '변증법적 유물론'을 마르크스주의의 세계관으로 규정하였으며 마침내 스탈린은 모든 존재에 고유한 보편적인 운동의 원리들로서의 변증법에 철학적 유물론을 결합시킨 것이 '변증법적 유물론'이고, 변증법적 유물론의 그 보편적인 기본원리들(예컨대 '대립물의 투쟁과 통일의 법칙', '부정의 부정 법칙', '양의 질로의 전환 법칙' 등등 60))이 역사와 사회에 '적용'됨으로써 '역사적 유물론'이 생겨난다는 입장을 취하기에 이른다. 이와 관련해 루카치는 《소련 공산당 당사(黨史)》 4장에 나오는 해당 문구를 인용하고 있는데, 그것은 다음과 같다.

---

60) 《프롤레고메나》에서 루카치는 '부정의 부정 법칙'과 '양의 질로의 전환 법칙'에 대해 비판적으로 고찰하고 있다. 전자에 대해서는 114쪽 이하 참조, 후자에 대해서는 140쪽 이하 참조.

역사적 유물론은 변증법적 유물론의 기본원칙들을 사회생활에 대한 연구로 **연장**한 것이며, **변증법적 유물론의 기본원칙들을** 사회의 생활현상들, 사회연구, 사회의 역사에 대한 연구에 **적용**한 것이다. 61)

루카치에 따르면 마르크스는 '변증법적 방법'이라는 말을 쓰긴 했지만 '변증법적 유물론'이라는 표현을 사용한 적은 없다. 또, 그 어느 누구보다도 마르크스를 정확하게 이해했고 마르크스 학설의 대중화에 크게 기여한, 그렇지만 마르크스주의의 대중화 과정에서 마르크스의 학설을 단순화시킴으로써 마르크스주의의 통속화, 나아가서는 스탈린주의적 왜곡을 낳는 단서를 제공한 엥겔스도62) 비록 '역사적 유물론'이라는 말을 쓰긴 했지만 그것은 특수한 영역으로서의 '역사'에 마르크스의 학설을 '적용'한 것을 의미하는 것이 아니라 언제나 마르크스 학설 전체와 관계된 것이었다. 역사(성)를 "모든 존재의 보편적 운동원리"(277)로 생각하는 마르크스의 경우, '적용'이라는 표현 자체가 이미 그 자신의 근본원리와 모순된다. '변증법적 유물론＋역사적 유물론'이라는 스탈린주의적 이론체계에서 역사성 계기는 "법

---

61) *Geschichte der KPdSU*, Moskau, 1939, p. 126. 《프롤레고메나》276쪽에서 재인용(강조는 루카치).

62) 《존재론》과 《프롤레고메나》에서 루카치는 마르크스와 엥겔스를 조심스레 구분한다. 엥겔스는 헤겔을 "유물론적으로 바로 세우기" 수준에 머무름으로써 마르크스의 헤겔 비판이 지닌 깊이에 도달하지 못했고 "마르크스가 이루었던 세계상의 존재론적 변혁"(111)을 철저하게 전유하지 못했다는 것, 그리하여 헤겔의 '논리주의적 존재론'을 근본적으로 극복하지 못함으로써 마르크스주의 역사이론을 '유물론적' 보편주의 역사철학으로, 나아가 목적론적 역사철학으로 변질시킬 단서를 제공하고 말았다는 것이 엥겔스에 대해 루카치가 내리는 비판적 평가의 요지이다.

전화"(法典化) (309) 된 '변증법적 유물론'의 보편적인 초역사적 일반
원리들이 '적용'되는 '특수영역'이 되고 마는데, 스탈린주의는 이렇게
"법전화"된 원리들로써 '구체적 상황의 구체적 분석'을 대체·생략하
고 그 원리들을 그때그때의 전술적 필요에 기계적·무매개적으로 적
용함으로써 마르크스주의를 "주의주의적·실천주의적인 교조주의"
(13: 689) 로 왜곡시켰다는 것이 루카치의 판단이다. 63)

　이와는 또 다른 편향을 보여주는 것이 루카치 자신이 1920년대 초
반에 《역사와 계급의식》(1923) 에서 시도한 마르크스 이해이다.
《프롤레고메나》에서 루카치는 사회적 존재의 성질에 대한, 사회적
존재의 발생과 과정, 작용과 전망에 대한 마르크스의 일차적 관심을
절대화하고, 그럼으로써 그 관심을 사회의 발전에만 국한된 것으로
만들었던 것이 《역사와 계급의식》의 근본 오류 중 하나였다고 자기
비판 하고 있다(276) . 《역사와 계급의식》 신판을 내면서 1967년에
쓴 "서문"에서도 이를 분명히 하고 있는데, 여기서 루카치는 《역사와
계급의식》이 마르크스주의의 역사 안에서 나타나는 한 경향, 즉 "마
르크스주의를 오로지 사회이론으로서만, 사회철학으로서만 파악하
면서 마르크스주의에 포함되어 있는 자연에 대한 입장을 무시하거나
배척"함으로써 "마르크스주의 존재론의 기초들에 반(反) 하는 (…) 경
향"을 대변한다고 적고 있다(2 : 18) . 여기에서 '자연'은 그 존재론적
인 객관성을 상실하고 "사회적 범주"(2 : 19) 로만 파악되는데, 그 결
과 "사회와 자연의 신진대사의 매개자인 노동"이 경제에서 누락되고

---

63) 루카치가 스탈린주의를 어떻게 파악하고 비판하고 있는지에 관한 보다 포괄
　　적인 설명은 《게오르크 루카치》, 130~177쪽 참조.

"노동과 노동하는 인간의 발전 사이에 존재하는 상호작용"(2 : 19) 도 사라지게 되는 한편 《역사와 계급의식》의 핵심개념인 '실천'마저도 협소해졌고, 이에 따라 자본주의의 모순과 프롤레타리아트의 혁명화에 대한 서술이 "과도한 주관주의"(2 : 20) 적 색채를 띠게 되었다는 것이 루카치가 《역사와 계급의식》에 대해 근 반세기 이후에 내린 자체평가다.

이렇게 보면 루카치의 존재론 기획은 진정한 마르크스주의를 스탈린주의적 왜곡에서 구해내기 위한 시도일 뿐만 아니라, 자신이 처음 수립했던 마르크스주의 철학을 근본적으로 수정하는 오랜 이론적 도정 끝에 도달한 종착지이기도 하다. 거기에서 우리는 1960년대 들어와 서구의 젊은 좌파들이 《역사와 계급의식》을 재발견, 적극적으로 전유하기 시작한 상황에 대해 그 책의 저자가 직접 발하는 경고를 들을 수 있다.

《프롤레고메나》에서 루카치는 보편적인 역사성 사상과 결합된, 이와 상호공속적인 또 하나의 보편적 원리로 '복합체성'을 부각시킨다. 몇 번의 결정적인 전환을 거치는 루카치의 사상적 발전과정에서 일관되게 — 물론 그 구체적 내실은 변화를 겪으면서 — 보존되는 대표적 개념이 '총체성'인데, 《존재론》과 《프롤레고메나》에서는 그것과 동의어로 '복합체(성)'라는 개념이 같이 사용된다. 헤겔-마르크스에 연원을 두고 있는 총체성 개념과 N. 하르트만에게 영향을 받은 복합체(성) 개념의 혼용은, 총체성을 이른바 본질 환원론적인 '표현적 총체성' 개념으로만 파악하거나 동일성 원리와 상통하는 것으로 이해하는 일각의 편협한 사고를 교정하는 역할을 한다. 64)

실제로는 서로 분리될 수 없는 '역사성'과 '복합체성'을 논리적 추상을 통해 나누어 말하자면, 위에서 우리가 살펴본 '역사성'이 모든 존재의 본질을 형성하는 "불가역적인(곧 역사적인) 과정"을 가리키는 개념이라면, '복합체성'은 그 과정 자체의 '구조', '과정형식'에 초점을 맞춘 개념이라 할 수 있다. 루카치가 마르크스에서 읽어내는 '복합체성' 사상은, 언제나 과정들은 상이한 효과를 지닌 '요소'들이 종합된 것으로서 복합체라는 것, 따라서 모든 존재의 존재적 구조는 복합체라는 것, 그리고 복합체(물론 과정적·역동적인)는 언제나 그 '요소'들에 대해 존재적 우선성을 지닌다는 것, 따라서 우선적으로 실존하는 것은 복합체라는 것, 그리고, 마지막으로, 복합체는 언제나 "복합체들로 구성된 복합체"[65]라는 것, 따라서 복합체를 구성하

---

64) 하지만 총체성 개념에 대한 그러한 이해 방식은 아직도 완강한데, '변증법'과 함께 '총체성' 범주를 ─ 의도했든 아니든 결과적으로 ─ 무력화시키는 바디우(A. Badiou)의 최근 작업에서도 이를 확인할 수 있다. 《바그너는 위험한가》(알랭 바디우, 김성호 옮김, 북인더갭, 2012)에서 바디우가 비판하고 있는 '총체화'나 '총체성' 개념은 전형적으로 '표현적 총체성'이다. 이에 반해 황정아는 바디우에서 볼 수 있는 것과 대동소이한 총체성 비판들을 비판적으로 재고(再考)하는 가운데 총체성 개념의 여전한 필요성을 적극적으로 논증하고 있다. 황정아, "리얼리즘과 함께 사라진 것들: 운동으로서의 '총체성'", 《창작과비평》, 2014년 여름호, 17~32쪽 참조. '총체성'이라는 용어와 관련해 덧붙이자면, 발리바르(É. Balibar)는 마르크스가 〈포이어바흐에 관한 테제〉에서 '총체성'이란 단어의 사용을 피하기 위해 '앙상블'(das Ensemble)이란 외국어를 찾았다고 하는데(에티엔 발리바르, 윤소영 옮김, 《마르크스의 철학, 마르크스의 정치》, 문화과학사, 1995, 55쪽), 그렇게 '총체성'과 '앙상블'의 사이를 벌려 놓으면 '총체성'은 결국 '유기체적 총체성'이나 '표현적 총체성'으로만 읽히게 된다. 이와 달리 루카치는 '총체성'의 여러 수준, 여러 형식을 설정하는 가운데 '앙상블'을 "절합(節合)된, 내적으로 분화된 총체성"(51)의 다른 말로 본다.
65) "존재론과 미학, 미학과 존재론", 279쪽(번역 수정). '복합체(성) = 총체성'이기 때문에 《프롤레고메나》에서는 "총체성들로 구성된 총체성"(241)이라는 표현도 사용된다.

는 모든 '요소'는 그 자체가 또 하나의 복합체라는 것을 함의한다. 이미 다른 글에서 밝혔듯이 이러한 '복합체(성)' 사상은 사회를 "복합체들로 구성된 복합체"로 파악하는 것을 가능하게 만듦으로써 사회적 발전의 불균등성('불균등 발전')을 이론적으로 강조할 수 있게 한다. 이를 근거로 루카치는 '경제결정론' 및 이에 의거한 직선적이고 획일적인 역사관, 그리고 "속류 진보신앙" 따위와 결부되어 있는 "무조건적, 절대적 필연성" 구상을 논박하면서 "연기적 필연성" 개념을 제출하고 '목적론적 역사철학'으로 왜곡된 마르크스주의를 바로잡으려 시도한다.66)

　이상과 같은 '역사성' 및 '복합체성' 사상에 따르면 결국 모든 존재는 "복합체들의 불가역적 과정"(240) 또는 '불가역적인 과정적 복합체'로 존재한다고 할 수 있다. 이에 내속된 두 가지 원리, 즉 '요소들에 대한 복합체의 존재적 우선성' 원리와 이 복합체를 구성하는 '불가역적 과정의 존재적 우선성' 원리는 모든 존재의 토대이며, 따라서 존재에 대한 올바른 인식의 토대로 설정된다. 루카치는 이 두 가지 원리가 모든 존재에 대한 인식의 토대로 관철될 때 비로소 "상이

66) 이에 관한 구체적인 설명은 《게오르크 루카치》, 197~212쪽 참조. 한 가지 덧붙이자면, 그 책에서는 "Wenn-Dann-Notwendigkeit"를 "조건부적 필연성"으로 옮겼으나 여기에서는 "연기적(緣起的) 필연성"으로 달리 옮긴다. "조건부적 필연성"도 "연기적 필연성"과 마찬가지로 '필연성' 내지 '법칙성'이 그 외부적 조건에 기대고 있음을 분명히 드러내는 말이긴 하지만, '조건'을 나타내는 'Wenn'뿐만 'Dann'의 뜻까지 담을 수 있는 번역어로는 '연기적'이 더 적합하다고 생각했다. 마침 이진경도 "연기적 인과성"(*dependent causality*)("외부에 의한 사유, 혹은 맑스의 유물론", 《미-래의 맑스주의》, 그린비, 2006, 45쪽)이라는 말을 사용하고 있으니, 학문적 소통을 위해서도 '연기적 필연성'이라고 옮기는 게 유리해 보인다.

한 존재영역들이 궁극적으로 통일적인 성질을 지닌 존재이자 이와 동시에 서로 질적으로 다른 상이한 존재수준들로 분화된 존재"(106) 로서 파악될 수 있다고 한다. 그러지 않고 상이한 존재영역들, 상이 한 존재수준들이 직접적으로 파악될 경우, 얽히고설킨 그 모든 상호 관계에도 불구하고 그것들은 질적으로 다른 존재로서 나란히 실존 하는 것으로 파악될 뿐이지 그 통일성도, 그 통일성 속에서 구축되 는 상이성도 올바로 파악될 수 없다는 것이다. 이런 관점에서 볼 때 무기적 자연과 유기적 자연 그리고 사회적 존재는 보다 포괄적인 복 합체(이런 말이 가능하다면, '우주적 총체성'을 구성하는 한 '요소'로서의 '지구적 총체성') 속에서, 그리고 또한 하나의 역사과정으로서 궁극적 으로 통일되어 있는 가운데, 존재발생적 발전과정을 거치면서 순차 적으로 생겨나 각기 다른 방식으로 종합됨으로써 각각 상대적으로 고유한 복합체를 형성했다고 말할 수 있다. 67)

---

67) 루카치가 주장하는 '역사성' 및 '복합체성' 사상은 불교의 "연기적 세계관"을 연상시킨다. 법륜은 《반야심경》을 설명하는 한 책에서 "연기의 핵심"을 "연 관과 변화"라고 주장하면서 다음과 같이 적고 있다. "연기적 시각에서는 모 든 존재를 '상호의존적 연관구조'이며 '끊임없는 변화과정'으로 파악한다. 따 라서 연기는 시간적 연기관으로서의 제행무상(諸行無常)과 공간적 연기관 으로서의 제법무아(諸法無我)의 두 측면에서 바라본 세계관이라 할 수 있 다."(법륜, 《반야심경 이야기》, 정토출판, 1991, 101쪽) 이를 루카치의 논 설과 비교하면, "시간적 연기관"은 '역사성' 원리와, "공간적 연기관"은 '복합 체성' 원리와 흡사하다. 하지만 보편적 원리 차원에서의 이러한 유사성에도 불구하고 두 논설 사이의 차이 또한 분명한데, 루카치가 제안하는 마르크스 주의 존재론에서는 법륜이 말하는 연기관에 비해 세 가지 존재양식 사이의, 특히 두 자연적 존재양식과 사회적 존재양식 사이의 '질적 차이'가 더욱더 선명하게 부각된다.

2) 세 존재양식의 '공존'과 '자연적 한계들의 후퇴'

존재발생사적으로 무기적 존재에서 유기적 존재가, 그리고 유기적 존재에서 사회적 존재가 생겨났는데, 이때 새로운 존재형식은 한층 더 단순한 존재형식에서 한층 더 복잡한 존재형식으로 이행함으로써 발생한다. 이러한 '이행'들(물론 장구하고도 복잡한 과정으로서의)에서 루카치는 두 가지를 강조하는데, "우연성"의 작동과 "질적 도약"이 그것이다. 이러한 이행들은 특정한 우연들의 작용 없이는 불가능하다고 강조함으로써 루카치는 "이러한 역사적 발전과정, 이러한 이행들 속에서도 목적론적인 '힘들'이란 어불성설"(214)이라는 것을 분명히 한다. 루카치에게 '우연성'은 그 짝 개념인 '필연성'과 마찬가지로 "불가피한 객관적 존재형식"(78)이다. 가령 스피노자의 경우, 우연성은 인간 사고의 두 가지 대립적 규정 중 하나로 필연성과 함께 인정되지만 필연성과 "동일하게 근원적인"(*gleichursprünglich*) 것이 아니라 필연성으로 환원될 수 있는 것의 현상방식으로 설정되고 있다면, 루카치의 마르크스주의적 존재론에서 필연성과 우연성은 단순히 사고 규정이 아니라 객관적인 존재형식으로서 동일하게 근원적인 것, 서로 불가분한 관계에 있으면서 어느 한쪽으로 환원될 수 없는 것으로 파악된다. 68)

---

68) 이에 관해서는 Jindrich Zeleny, "Probleme der Materialistischen Dialektik beim späten Lukács", *Lukács-Aktuell*, László Sziklai, ed., Budapest: Akadémiai Kiadó, 1989, p. 456 참조. 스피노자는《에티카》의 정리(定理) 29에서 "사물들의 본성에서 어떤 것도 우연적인 것은 없다. 오히려 모든 것은 신적 본성의 필연성에 의해 어떤 식으로 실존하고 작용하도록 규정되어 있다"(B. 스피노자, 강영계 옮김,《에티카》, 1990, 46~47쪽, 번역 일부 수정)고 한다. 이 구절을 루카치는 스피노자가 "필연성을 절대화"함으로써 "우연의 객관적·존재적인 존재가능성 일반을 부인"하고 있다고 읽는다(150).

다른 한편, 이러한 이행들은 "질적 도약"으로서 이루어지는데, "질적 도약"에는 두 가지 요소 곧 "연속성과 연속성의 단절"이 함유되어 있다는 것이 루카치의 생각이다. 여기서 "연속성은 더 높은 단계에서도 일정한 근본구조들을 보존하는 것으로 나타나며, 연속성의 단절은 전혀 새로운 범주들의 발생으로 볼 수 있다"(43). 따라서 자연적 존재로부터 '질적 도약'을 통해 생성된 사회적 존재를 자연적 존재로 환원해서 설명하는 것은 불가능하지만, 사회적 존재에는 그 본래적 출발점인 자연적 존재의 본질적인 존재규정들이 — 본디 모습 그대로 고정된 것으로서가 아니라 점차 사회화되는 가운데 — 보존되어 있다.

이러한 인식은 《정치경제학 비판 요강》(*Grundrisse der Kritik der Politischen Ökonomie*)에서 마르크스가 "인간의 해부에는 원숭이 해부를 위한 **한** 열쇠가 있다(*In der Anatomie des Menschen ist **ein** Schlüssel zur Anatomie des Affen*)[69]"(강조는 인용자) 라고 한 것과 통한다. 흔히 이 구절은 마르크스의 목적론적인 역사관을 보여주는 대목으로 인용되곤 하는데, 최근에 번역된 《공통체》에서 네그리(A. Negri)와 하트(M. Hardt)도 바로 이 구절을 마르크스의 경제사 해석에 함유된 "목적론적, 진화론적 측면"을 분명하게 보여주는 "조야한 논리"라고 비판하고 있다.[70] 하지만 루카치는 바로 이 구절에서 지금까지

---

[69] 칼 맑스, 김호균 옮김, 《정치경제학 비판 요강 I》, 백의, 2000, 76쪽(번역 일부 수정).

[70] 안토니오 네그리 · 마이클 하트, 정남영 · 윤영관 옮김, 《공통체》, 사월의책, 2014, 135쪽. 네그리와 하트에게는 이 문장에서 부정관사 "ein"은 특별한 의미가 없다. 그래서 우리말로 옮긴이들도 이 문장을 "인간의 해부는 원숭이 해부의 열쇠를 품고 있다"고 옮기고 있는데, 루카치의 주장에 따르면 "인간의 해부는 원숭이 해부의 **한** 열쇠를 품고 있다"고 옮겨야 할 것이다.

어느 누구도 눈여겨보지 않았던 부정관사("*ein*")에 주목한다. 마르크스는 "열쇠"가 아니라 "한 열쇠"라고 적고 있는데, "한 열쇠"라는 말은 자연적 존재인 원숭이와 사회적 존재인 인간 사이의 존재적 통일성(연속성)에 대한 일방적 강조도(만약 그랬다면 '한 열쇠'라고 하지 않고 그냥 '열쇠'라고 했을 것이다), 차이(연속성의 단절)에 대한 일방적 강조도(만약 그랬다면 '한 열쇠'라는 말도 쓸 수 없을 것이다) 아닌, 두 존재형식 사이의 역사적 통일성과 차이를 동시에 고려한, "참으로 비판적인 신중한 태도"(36)의 표현으로 볼 수 있다는 것이다. 루카치가 보기에 "인간의 해부에는 원숭이 해부를 위한 한 열쇠가 있다"라는 마르크스의 언명은, 목적론적이거나 진화론적인 역사관과는 전혀 거리가 먼, "역사의 과정은 인과적이지 목적론적이지 않으며, 또 다층적이지 결코 일면적이거나 단선적이지 않고, 언제나 그때그때 활동적인 복합체들의 실재적인 상호작용 및 상호관계에 의해 작동되는 하나의 발전경향"(36)이라는 인식을 담고 있다.

그러한 역사적 관점에서 볼 때, 유기적 자연에서 '질적 도약'을 통해 발생한 사회적 존재인 인간은 질적으로 새로운 존재이면서 동시에 생물학적 존재양식에 근거를 두고 있으며, 생물학적 존재방식은 무기적 자연과의 "공존"을 전제로 한다. 그렇기 때문에 인간은 무기적 영역과의 연결도 끊을 수 없는데, 3대 존재양식의 이러한 "공존"은 "모든 사회적 존재의 불변의 기초"(9)로서 인간의 "실천과 사고의 출발점"(9)을 이룬다는 것이 루카치의 주장이다. 이 세 가지 존재방식이 "공존"한다는 것은 동시적으로, 서로 얽히고설킨 채 존재한다는 것이며, 이에 따라 이 세 가지 존재방식은 인간의 존재, 인간의 실천과 사고에도 많은 경우 동시에 영향력을 행사한다. 이렇게 인간은 자연과 사회에 동시적으로 속해 있는데, 그렇다고 이 말이 인간 존재의 이원론적 성질을 말하는 것은 아니다. 즉, 정신(영혼)과 육체를 이분법적으로 파악하는 사고들에서 드러나듯이 인간은 한편으로는 인간적, 사회적 존재이고 다른 한편으로는 자연의 일원인 것이 아니라, 언제나 사회적 존재이자 또한, 동시에, 자연적 존재다.

그런데 이 동시적 존재는 고정된 것이 아니라 "과정"으로서 존재하는데, 이를 명확하게 표현하고 있는 것이 마르크스가 《자본》에서 말하고 있는 "자연적 한계들의 후퇴"[71]라는 것이 루카치의 생각이다. 마르크스는 인간의 인간화 과정에는 "자연적 한계들의 후퇴"가 필연적으로 따르게 된다고 했는데, 여기서 중요한 것은 그가 자연적 한계들의 "후퇴"를 말했지 그것이 사라진다거나 그것의 완전한 극복을 말하지는 않았다는 점이다. 인간은 자연적 한계들을 뒤로 밀쳐낼 수 있을 뿐이지 그것을 완전히 제거하거나 극복하는 일은 있을 수 없다. 어떤 사회·역사적 단계에서든 사회적 존재로서의 인간은 또한 자연적 존재로서의 생명체인 것이다. 다른 한편, 인간 존재의 기능들 중 자연적으로 정초된 기능들은 인간의 생물학적 계기로서 결코 사라지는 것이 아니라 인류의 발전이 진행되는 과정에서 점차 "사회화"될 뿐인데, 루카치는 영양섭취와 섹슈얼리티를 그 예로 들고 있다(13). 물론 이러한 "사회화"는 무한한 과정으로서 이루어지는 것이지 자연적 근거(생물학적 존재규정들)를 완전히 극복하는 것이 될 수는 없다. 따라서 "자연적 한계들의 후퇴"로 표현되는 인간의 인간

---

71) 이와 관련해서는, 카를 마르크스, 강신준 옮김, 《자본 I-2》, 길, 2008, 707쪽 참조.

화, 인간의 사회화 과정은 자연을 — 폐기하고 보존하고 고양한다는 헤겔적 의미에서 —'지양'해가는 끝없는 과정이라 할 수 있는데, 루카치에 따르면 그 과정의 맨 앞에 있는 것이 '노동'이다.

5. '노동'을 중심으로 본 '사회존재론'의 몇 가지 구성요소

1) 사회적 실천, 그리고 그 '모델'로서의 노동

루카치에 따르면 유기적 자연에서 사회적 존재로의 이행과정에서 발생하는 — 물론 장구한 기간에 걸쳐 서서히 이루어지는 —"질적 도약"의 존재적 기반은 환경에 대한 유기체의 수동적 적응이 능동적 적응으로 바뀐 것이다. 환경에 대한 적응의 능동적 방식이 여기서 도약하는 지점인데, 자신의 환경에 대한 인간의 능동적 적응, 환경에 대한 인간의 능동적 관계를 일컫는 말이 곧 '실천'이다. 이 실천이 사회적 존재라는 "새로운 존재형식의 기초를 이루는 근본범주"(39) 이자 "인간이 인간으로서 존재하기 위한 존재기반이고 인간 존재의 모든 계기의 기반"(39) 이라는 것이 루카치의 생각이다. 그렇기 때문에 사회적 존재의 "모든 현실적이고 중요한 특징은 이러한 실천의 전제조건, 본질, 결과 등등의 진정한 존재적 성질을 존재론적으로 탐구함으로써만 파악될 수 있다"(37) 고 한다.

하지만 옛 유물론, 다시 말해 마르크스 이전의 기계적 유물론은, 마르크스가 〈포이어바흐에 관한 테제〉에서 말했듯이 실천을 무시하거나 경시하고[72] 결국에는 자연적 존재를 일반화함으로써 사회적 존재와 존재 일반 사이에 아무런 차이도 확정하지 못한다. 이런 현상은 비단 옛 유물론에만 나타나는 것이 아니라 마르크스 이후 마르크스주의 역사에서도 찾아볼 수 있는데, 사회현상을 자연과정들의 모범에 따라 해석하여 실제로는 '경향'으로서 관철되는 경제의 객관적 법칙성을 일종의 자연과학적 법칙들로 경화(硬化)시킨 것이 그 대표적 예이다.[73]

이와 달리 루카치의 사회존재론에서 실천은 "존재론적인 중심적

---

72) 첫 번째 테제에서 마르크스는 "지금까지의 모든 유물론(포이어바흐의 유물론을 포함하여)의 주요 결함은 대상, 현실, 감성이 객관이나 직관의 형식에서만 파악되고 있다는 것, 그러나 인간의 **감성적 활동**, **실천**으로 주체적으로 파악되지 않는다는 것이다"라고 적고 있다. 심지어 포이어바흐의 경우 "실천은 그 추잡한 유대인적 현상 형식에서 파악되고 고정될 뿐"이라고까지 말한다. 인용한 곳은 《루트비히 포이어바흐와 독일 고전철학의 종말》(프리드리히 엥겔스, 강유원 옮김, 이론과실천, 2008)에 수록된 〈포이어바흐에 관한 테제〉, 85쪽.

73) 여기에서는 '실천'이 존재론적인 중심적 위치를 차지하는 존재형식과 그렇지 않은 존재형식을 구분하는 데 초점이 놓여 있기 때문에 사회현상과 자연과정들을 대비시켰지만, 엄밀히 말하면 사회뿐만 아니라 자연에서도 불가역적 과정들은 경향들일 뿐이다. 따라서 '자연과학적 법칙'이라 하더라도 실제로는 '경제의 법칙성'과 마찬가지로 '경향'으로서 관철된다. 하지만 자연, 특히 무기적 자연에서 관찰되는 법칙은 '절대적 필연성'으로 봐도 무방할 정도로 확률(*Wahrscheinlichkeit*, 개연성)이 높기 때문에 사회영역과 자연영역에서 관찰되는 법칙성의 '차이' 또한 무시해서는 안 된다. 그럼에도 불구하고 사회뿐만 아니라 자연에도 "무조건적, 절대적 필연성"이란 없다는 것이 루카치의 기본입장이다. 따라서 그 "절대적 필연성을 통해 작동하는 인과성"으로 설정된 "고전적인 의미에서의 인과적 성격"(99)은 객관적 현실에 근거한 것이 아니라 관념적으로 고안된 것일 따름이다. 루카치에 따르면 존재적으로 필연성은 언제나 특정한 전제조건에 결부되어 있는 "연기적 필연성"으로서, 이 "연기적 필연성"은 "우리에게는 필연적인 것으로 현상하지만 실제로는 아주 높은 확률의 경향들일 뿐"(104)이다. 루카치는 현대과학에서 "'고전적인' 인과적 방법과 대립하는 (…) 통계학적 방법"이 점점 더 지배적으로 되어가고 있다고 보며, 이를 "불가역적 과정들의 단지 경향적인 성격이 적어도 헤게모니를 잡아가는 도정에 있음을 말해 주는 징후"라고 한다(99).

위치"(37)를 차지한다. 실천은 불가역적인 역사과정에서 점점 더 복잡하게 매개되고 풍부하게 되는데, 시간적으로도 구조적으로도 그 최초의 것인 "제1의 실천"(39)으로서, 실천의 모든 형식이 생겨나는 일종의 원천이자 "근원형식"(Urform)이 바로 노동이다. 루카치에게 노동은 인간 탄생의 비밀이며 자연적 존재에서 사회적 존재로의 이행을 매개하는 것이자 "모든 인간적 사회화를 정초하는 토대"(16)이다. 나아가 루카치는 "사회적 존재의 일차적 기반"(156)인 이 노동에서는 인간(사회)과 자연의 상호관계가 원래적·직접적인 방식으로 실현되며, 사회적 존재의 새로움의 본질을 형성하는 규정이 내포되어 있다고 주장한다. 그래서 그는 노동을 단순히 경제적 실천의 기본현상으로만 보는 것이 아니라 "실천 일반의 구조와 동역학(動力學)의 가장 일반적인 모델"74)로 설정하고, 사회적 존재의 구체적 성질에 대한 고찰을 여기에서부터 시작한다.75) 아래에서는 "사회적

---

74) Erich Hahn, "Lukács' Ontologie und die Renaissance des Marxismus", "Bei mir ist jede Sache Fortsetzung von etwas." Georg Lukács Werk und Wirkung, Christoph J. Bauer et al., eds., Duisburg: Universitätsverlag Rhein-Ruhr OHG, p. 149.

75) 이러한 고찰방식은 이른바 "발생론적 방법"(die genetische Methode)이 적용된 것으로 볼 수 있다. 1966년에 있었던 한 대담에서 루카치는 마르크스주의 존재론이 도대체 존재할 수 있는지를 묻는 질문에 답하면서 "발생론적 방법"을 말한 적이 있다. 마르크스주의 존재론은 예컨대 칸트의 인식론처럼 삶의 각각의 현상형식을 그 최고의 객관화 형식들에서 파악한 뒤 더 낮은 형식들로 되돌아가는 방법이 아니라 이와는 정반대의 방향으로 이루어지는 방법, 즉 한층 단순한 형식에서 더 복잡한 형식으로 '상승'하는 "발생론적 방법"을 취한다는 것이다. 그리하여 "우리는 관계들을 그 시원적 현상형식들에서 연구하려고 시도해야 하며, 어떠한 조건들하에서 이러한 현상형식들이 점점 더 복잡해지고 점점 더 매개적으로 될 수 있는지 인식하려고 해야 합니다." 이와 관련해서는 "존재론과 미학, 미학과 존재론", 275쪽 이하 참조. 인용한 곳은 281쪽과 276쪽.

실천의 모델"로서의 노동에서 루카치가 어떤 계기 내지 규정을 파악하고 부각시키는지를 볼 것인데, 그에 앞서 노동 분석에서부터 출발하는 사회존재론과 관련해 있을 수도 있는 몇 가지 선입견부터 짚고 넘어가도록 하자.

먼저, 루카치의 사회존재론이 노동 분석에서 출발한다고 해서, 예컨대 이진경이 비판하고 있는 것과 같은 유의 "노동의 인간학"으로 오인되어서는 안 된다는 점을 분명히 해 둘 필요가 있다. 이진경이 말하는 "노동의 인간학"은 "노동이 모든 가치의 기원이고 원천이라는 명제, 인간의 본질은 노동이라는 명제, 그리고 역사는 노동의 본질을 실현하는 과정이라는 명제로 구성"76) 되는데, 다른 점은 차치하더라도 앞의 두 명제는 환원론적인 것이고 마지막 명제는 목적론적인 것이라는 점만 보더라도 그가 비판하는 "노동의 인간학"은 루카치의 사회존재론과는 전혀 거리가 멀다는 것을 알 수 있다. '노동의 인간학'이나 '노동의 존재론'으로 불러도 크게 문제될 게 없어 보일 정도로 노동이 루카치의 사회존재론에서 핵심적인 범주이긴 하지만, 그가 노동에서 보는 것은 이진경이 "노동의 인간학"이라는 문제틀로 조명하는 노동과는 다르다. 또, 루카치가 말하는 노동은 하버마스(J. Habermas) 가 규정하는 식의 "도구적 행위"에 머무르지 않는데, 루카치는 하버마스와는 달리 노동을 의사소통과 통일적인 현상으로 파악하며, 그 통일성 내에서 노동을 의사소통의 근거로 규정한다. 또 하나 유의해야 할 것은, 노동은 사회적 실천의 '모델'일 뿐이지 모든 사회적 실천의 내실이 노동으로 환원될 수 있는 것은 아니라는 점이다. 사회적 실천은 노

---

76) 이진경, "노동의 인간학과 미-래의 맑스주의", 《미-래의 맑스주의》, 59쪽.

동에서부터 시작하여 인간의 인간화, 인간의 사회화가 진척되는 과정에서 점점 더 풍부하게 매개되고 복잡화된다. 따라서 "노동으로부터 사회의 총체성에 이르는 단계적 상승"[77] 을 추적하는 일은 노동 분석에서 출발하되 그것으로 환원될 수 없는 별도의 구체적인 고찰을 필요로 한다. 그럼에도 그가 노동을 사회적 실천의 모델로 설정할 수 있는 것은, 모델과 이후 훨씬 더 복잡하게 된 그 변형들 사이의 관계를 '통일성과 차이의 통일성'[78] 의 관계로 파악하기 때문이다.

2) 목적론적 정립, 그리고 존재와 의식의 관계

루카치에 따르면 환경에 대한 인간의 능동적 적응인 노동과 모든 전(前) 인간적 적응을 가르는 "본래적이고 일차적인 구분선"은 "의식적인 목적론적 정립"이다(28). 노동 속에서, 노동으로부터 그 계기로서 목적론적 정립이 발생하며, 모든 사회적 실천은 그것을 "객관적으로 결정적인 계기"(292) 로 포함한다. 따라서 노동은 "목적론적 정립 일

---

77) "인간의 사유와 행위의 존재론적 기초", 262쪽.

78) I. 헤르만은 이 '통일성과 차이의 통일성'("동일성과 비동일성의 동일성") 이야말로 루카치의 존재론에서 변증법의 기초로 설정되어 있다고 본다. 《역사와 계급의식》의 루카치나 《존재론》을 비판한 제자들이 '자연변증법'을 부정하고 변증법의 기초는 주체-객체 관계에 존립한다고 주장했다면, 존재론 시기의 루카치는 "이에 반해 동일성과 비동일성의 동일성의 문제를 변증법의 기초로 여겼다"는 것이다. 이런 관점에서 루카치는 주체적 실천만이 변증법의 가능성을 산출하는 것이 아니라 객관적인 역사과정이 이미 자연에서도 변증법적 탐구를 요하는 현상들을 산출한다고 보고 '자연변증법'을 "사회적 존재의 전사(前史)"로 인정한다. István Hermann, *Georg Lukács. Sein Leben und Wirken*, Wien/Köln/Graz/Böhlau; Hermann Böhlaus Nachf., 1986, p. 208 참조.

반의 기초이자 모델케이스"(165)이기도 하다. 루카치는 이 의식적인 '목적론적 정립'을 "노동의 일차적 개념"(20)으로 규정하면서 《자본》의 다음과 같은 구절이 이를 가장 분명하게 표현하고 있다고 한다.

하지만 아무리 서툰 건축가라도 가장 우수한 꿀벌과 처음부터 뚜렷하게 구분되는 점은, 건축가는 밀랍으로 벌집을 짓기 전에 그것을 자신의 머릿속에서 짓는다는 사실이다. 노동과정의 시초에 이미 노동자의 표상 속에 존재했던, 따라서 이미 관념적으로 존재했던 결과가 노동과정의 마지막에 나온다. 그는 자연물의 형태변화를 야기할 뿐만 아니라 동시에 자연물 안에서 그가 알고 있는 자신의 목적을 현실화하는데, 그 목적은 법칙으로서 그의 행동방식을 규정하며 또 그는 자신의 의지를 그 목적에 종속시키지 않으면 안 된다. [79]

결국 노동의 "일차적 개념"은 노동에서는 의식활동, 관념적 계기가 물질적 현실화, 노동의 실천적 수행에 존재론적으로 선행한다는 것을 함의한다. 만약 노동에 대한 개념적 규정이 이것으로 그치고 만다면, 다시 말해 마르크스의 노동 개념이 이것으로만 구성된다면, 이진경이 이 대목을 두고 "노동의 본질을 합목적적 활동이라고 하는 (…) 〔마르크스의 - 인용자〕 노동의 정의는 정확하게 헤겔적인 것이고 관념론적인 것"[80]이라고 한 비판은 타당하다고 할 수 있다. 하지만 루카치가 신중하게도 "일차적 개념"이라 적고 있듯이, 위에서 인용한 마르크스의 발언은 노동의 규정들 가운데 하나이며 아래

---

79) 카를 마르크스, 강신준 옮김, 《자본 I -1》, 길, 2008, 266쪽(번역 일부 수정).
80) 이진경, "외부에 의한 사유, 혹은 맑스의 유물론", 《미-래의 맑스주의》, 24쪽 각주.

에서 살펴볼 다른 규정들과의 상호관계 속에서 이해되어야 한다. 81)
어쨌든 위 인용문에서 마르크스가 물질적 존재에 비해 의식의 의의
를 결코 과소평가하지 않았다는 것은 분명하게 드러나는 사실이다.
이와 관련해 루카치는 다음과 같이 말하고 있다.

> 유기적 자연의 존재와 사회적 존재를 유물론적으로 구획할 때, 의식에 그
> 와 같이 결정적인 역할이 할당되는 것은 아마도 특이하게 보일 것입니다.
> 하지만 이때 잊어서는 안 될 것이 있습니다. 즉, 사회적 존재에서 나타나는
> 문제복합체 ― 그 최고의 유형은 자유와 필연의 유형인데 ― 는 의식이 능
> 동적인 역할을 할 때에만 ― 바로 존재론적으로 ― 진정한 의미를 지닐 수
> 있다는 것이 그것입니다. 의식이 존재의 유력한 힘이 되지 못한 곳에서는
> 이러한 대립〔자유와 필연의 대립 - 인용자〕이 결코 나타날 수 없습니다. 82)

모든 사회적 실천이 의식적인 목적론적 정립을 "객관적으로 결정
적인 계기"로 포함하고 있느니만큼 의식(사고, 인식 등등)은 당연하
게도 "실천의 근본적 계기"(314)이며 "사회적 존재의 발전과정에 필
수불가결한 계기"(300)이다. 의식에 대한 이러한 존재론적 파악은
의식과 존재의 관계에 대해 새로운 인식을 제공한다. 루카치에 따르
면 종교적 초월성이 존재론적으로 지배했던 시대에 뒤이어 "세계에

---

81) 엄밀하게 보자면 위에서 인용한 마르크스의 말 속에는 노동의 "일차적 개념"
뿐만 아니라 우리가 뒤에서 '노동에 대한 두 번째 규정' 내지 '이차적 개념'이
라고 한 것과 연관된 요소도 들어 있다. 즉, 노동자의 표상 속에 존재했던
목적의 현실화가 "자연물 안에서"(im Natürlichen) 이루어진다고 한 대목이
그것인데, 비록 루카치는 주목하지 않았지만 이 대목에 근거해 우리가 뒤에
서 다룰 '목적론과 인과성의 이중적 결합'을 논할 수도 있을 것이다.
82) "인간의 사유와 행위의 존재론적 기초", 253쪽.

대한 사고를 존재론적으로 독자적인 것으로, 더 이상 다른 것에서 연역될 수 없는 세계원리로 파악했던 근대적 혁명"(292)이 일어났다. 그렇게 생겨난 — 고대와 중세의 관념론과는 달리 초월성을 제거한 — 철학적 관념론에서 "정신적인 것은 본래 창조되지 않은 것, 발생되지 않은 것으로서 실존"하며 스스로 "물질적 존재를 산출한다"(300). 이러한 관념론적 세계관과 대립한 또 다른 세계관이 유물론인데, 여기에서는 "정신적인 것이 — 기껏해야 — 물질적 존재의 단순 생산물로 환원되며, 왕왕 존재적으로 물질적인 것의 운동에 따른 일종의 부수현상으로 단순화된다"(300). 마르크스는 오랜 시간 서로 투쟁한 이 두 가지 세계관과는 다른, "인식 자체에 대한 완전히 새로운 입장"(292)을 보여주었다는 것이 루카치의 생각이다. 사고는 철학적 관념론에서처럼 연역 불가능한 것이 아니라 "독특한 생명체인 인간의 발생사로부터, 인간의 본질적으로 새로운 유적 성질의 독특한 토대이자 결과인 사회의 발생사로부터"(300) 발생하여 인간의 "실존조건들 속에서 그리고 이에 능동적으로 반응하는 실천방식들 속에서 점차 하나의 — 물론 궁극적으로는 상대적인 — 자립성으로 발전해나갔"(292)다고 보는 "발생론적·역사적인"(300) 관점을 제시했다는 것이다. 그렇다고 유물론에서처럼 의식을 물질적인 것의 운동에 따른 부수현상에 불과한 것으로 보는 것은 아닌데, 그도 그럴 것이 의식은 사회적 존재의 존재론적 토대인 실천이 발생하고 발전되는 과정들의 필수적인 구성부분이자 계기로서, 존재의 사회적 처리에서 능동적으로 작용하는 "존재의 유력한 힘"으로서 파악되기 때문이다.

의식에 대한 이러한 존재론적 관점에서 보면 "사고가 우선적인가 존재가 우선적인가 하는, 순수 인식론적인 모든 양자택일은 잘못된 문제설정"(303)이라는 것이 루카치의 생각이다. 왜냐하면 사고가 작동한다는 것은 이미 특수한 고유성을 띤 사회적 존재를 전제로 하는 것이며, 사회적 존재는 의식을 필수불가결한 계기로 포함하는 존재이기 때문이다. 이에 따라 루카치는 "인간들의 의식이 그들의 존재를 규정하는 것이 아니라 반대로 인간들의 사회적 존재가 그들의 의식을 규정한다"[83]는, 《정치경제학 비판을 위하여》(*Zur Kritik der Politischen Ökonomie*) "서문"에 나오는 마르크스의 유명한 언명을, 사고는 "사회적 존재 속에서 이루어지는 인간활동이 발생하고 발전되는 저 과정들의 구성부분으로서, 그러한 테두리 내에서 존재에 의해 규정"(303)된다는 것을 뜻하는 말로 읽는다. 그리고 이에 덧붙여 사회적 존재에 의한 의식의 규정은 사회적 과정으로서 나타나는 것이지 자연적 과정에서처럼 "직접적이고 단순한 인과적 방식"(303)으로 나타날 수 없다고 한다. 사회적 존재에 의한 의식의 규정 역시 인과적 연관의 과정이긴 하지만 그것은 단순한 직접적 인과관계로 작동하는 것이 아니라 "다만 선택적 결정의 필연성을 강제할 수 있을 뿐"이며, 해당 인간이 그릇된 결정을 내릴지 옳은 결정을 내릴지까지도 결정하는 것은 아니라는 것이다(303). 사회적 존재에 의한 의식의 규정은 "언제나 선택적 결정의 한정일 '뿐'이며, 선택적 결정 가능성들의 구체적인 여지이자 하나의 작용방식"(303)이라는 것이 루카치의 주장이다. "자연적 인과성들과는 달리, 모든 의식과정이 사

---

83) 칼 마르크스, 김호균 옮김, 《정치경제학 비판을 위하여》, 중원문화, 1988, 7쪽(번역 일부 수정).

회적 존재의 그때그때의 (경향적인) 상황에 의해 규정되어 있는 상태 일체는 인간들에 의해 수행되는 목적론적 정립들과 관련된 새로운 선택적 결정들의 발생과 실효화를 위한 구체적인 여지를 의미한다"(304) .[84] 루카치에 따르면 마르크스주의의 통속화·속류화는 '여지'(Spielraum, 활동여지) 라고 하는 바로 이 결정적인 문제를 사라지게 만든 것으로서, 경제적 과정들의 객관성을 일종의 '제 2의 자연'으로 만듦으로써 경제적 합법칙성을 흡사 무기적 자연의 물질적 합법칙성처럼 왜곡한 것이다(304) . 이럴 경우 모든 '정신적인 것'은 여기에서 작용하는 물질적 힘들의 기계적 산물 외에 그 어떤 것일 수 없게 되는데(305) , 루카치의 존재론적 관점에서 봤을 때 이는 마르크스의 사상과는 전혀 거리가 먼 생각일 수밖에 없다.

나아가 루카치는 "보다 구체적인 인식론적 문제, 곧 현실적 존재를 적합하게 파악하는 사고의 능력 문제"는 "사이비 문제"(303) 라고 한다. 다시 말해서 "인간의 사고가 존재를 정확하게 재생산할 수 있는지를 묻는 것은 불필요한 일"(304) 이라는 것인데, 요즘 유행하는

---

84) 사회적 실천의 본질적 계기인 의식적인 목적론적 정립은 언제나 '선택적 결정'(Alternativentscheidung) 을 내포하며, 따라서 모든 사회적 사건은 일정한 선택적 성격을 띤다. 물론 이 선택적 성격은 "진공의(존재상 무규정적인) 공간에서 이루어지는 선택이 아니라, 구체적 가능성들의 외접원으로서의 경제적 발전에 의해 규정된"(269) 것이긴 하지만, 어쨌든 단순한 직접적 인과관계 내지 기계적인 결정관계에서는 있을 수 없는 것이다. 루카치는 마르크스가 〈공산당 선언〉에서 "지금까지의 모든 사회의 역사는 계급투쟁의 역사"라고 말한 것이나, 더 구체적으로, 이러한 투쟁이 "매번 사회 전체의 혁명적 개조로 끝나든지 아니면 투쟁하는 계급들의 공멸로 끝났다"(〈공산당 선언〉, 《칼 맑스-프리드리히 엥겔스 저작 선집 1》, 최인호 외 옮김, 박종철출판사, 1991, 400쪽, 번역 일부 수정)고 한 것은 역사 전체가 선택적 성격을 가진다는 것을 분명히 한 언명이라고 본다(269) .

말로 번역하자면, '재현 (불)가능성'을 묻는 것은 불필요한 일임을 주장하는 것이라 할 수 있다. 루카치의 이러한 주장은, 지금까지의 인류 역사가 인류의 몰락이 아니라 인류의 영향력이 외연적·내포적으로 엄청나게 확장되는 결과를 낳았다는 "이미 입증된 사실"을 근거로 하고 있다(304). 위에서 인용한 마르크스의 말에서 볼 수 있듯이 실천의 주체는 자신의 목적을 "현실화"하려 한다. 그렇기 때문에 그는 그 현실화의 실재 상황을 가능한 한 자신의 표상과는 무관한 그 객관적 성질에서 조망할 수 있을 때에만 그 상황을 지배할 수 있다. 실천이 제대로 작동하기 위해서는 "실천의 근본적 계기"(304)인 사고에 의한 객관적 현실에 대한 적합한 인식이 전제되어야 한다는 것이다. 따라서 인류의 영향력이 확장되어왔다는 "이미 입증된 사실" 자체가 "인간들에 의해 이루어진 현실 처리의 전체 노선이 현실을 최소한 포괄적으로나마 정확하게(비교적 정확하게) 사유 속에서 재생산하는 데에 의거했다"(304)는 것을 보여준다는 것이 루카치의 주장이다.

여기서 루카치는 "최소한 포괄적으로나마 정확하게(비교적 정확하게)"라는 신중한 표현을 쓰고 있는데, "모든 대상성은 무한한 수의 규정들을 내포하며, 존재과정들 속에서 그 규정들 사이에 벌어지는 상호작용들의 양상은 당연히 이러한 상황의 결과들도 표현한다"(304)고 보기 때문이다. 이 점만으로도 "모든 인식은 언제나 대상에 대한 다소간 포괄적인 접근에 지나지 않는다"(304)고 말할 수 있게 되는데, 이에 덧붙여 "이러한 접근의 정신적·물질적 수단 또한 그때그때의 사회성이 지닌 객관적 가능성들에 의해 규정되어 있다"는 점까지 고려하면, "주관적으로나 객관적으로나 모든 인식에는 다만 접근(따라서 상대적인 것) 만이 있을 수 있다"(304) 는 주장은 당연한 귀결이라 할 수 있다.

인식의 접근성・상대성에 대한 이러한 주장은 세상의 모든 이론은 '불완전'한 것일 수밖에 없다는 주장과 통한다. 한편으로는 인식주체의 사회・역사적 규정성이, 다른 한편으로는 "결코 완전히 인식할 수는 없는 그때그때의 존재규정들의 총체성"(16) 이 모든 이론으로 하여금 오직 "부분적인 진리성"(16) 만을 지니는 '불완전'한 것일 수밖에 없게 만든다. 역사에서 볼 수 있듯이 그렇게 불완전한 이론들 중 어떤 것은 오랫동안 거침없이 작동하는데, 그런 일을 사회적으로 가능하고 필연적이게 만드는 것도, 그러한 이론들의 극복을 사회적으로 가능하고 필연적이게 만드는 것도 바로 그 무한한 존재규정들의 총체성이라는 것이 루카치의 주장이다(16). 이렇게 보면 "모든 한갓된 이론에 대한 존재의 우선성을 무조건 인정하는 것" (318) 이야말로 가능한 한 올바른 인식을 낳을 수 있는, 이론을 대하는 올바른 태도라 할 수 있겠다.

3) 목적론과 인과성, 그리고 자유와 필연의 변증법

앞서 말했다시피 의식적인 '목적론적 정립'은 "사회적 실천의 근원형식"인 노동을 일차적으로 규정하는 개념이다. 따라서 노동이 발생하기 이전 자연에는 그러한 목적론적 정립이 존재하지 않는다. 자연에는 단지 인과적인 연관관계, 인과적인 과정만이 있을 뿐 어떠한 종류의 목적론적인 것도 없다. 따라서 철학사에서 목적론과 인과성이 현실 일반, 존재 일반의 두 가지 보편적인 결정형식으로 파악되곤

한 것은 잘못된 일이다. 자연은 인과적인 행태만을 알 뿐이다. 이에 반해 사회적 존재의 노동은 목적론과 인과성을 상호 결합시킨다는 것이 루카치의 주장이다(이를 노동에 대한 두 번째 규정 또는 '이차적 개념'이라 할 수 있다). 여기에서 인과성과 목적론은 이중적으로 결합되어 있는데, 한편으로 목적론적 정립은 아무런 전제조건 없이 실행되는 것이 아니라 목적론적 정립과는 무관하게 존재하고 있는 인과적 과정, 이미 앞서 주어져 있는 인과계열을 작동시키는 것이며, 다른 한편 이렇게 목적론적 근원을 지닌 인간행위가 낳은 결과들의 총합은 다시 순수하게 인과적인 성격을 띤다. "모든 사회적 사건은 개별적인 목적론적 정립에서 발생하지만 그 자체는 순수하게 인과적인 성격을 띤다."[85] 목적론적 정립들은 사회적 존재의 모든 과정에 — 자연의 진행에 영향을 끼치고자 하는 그런 과정들에도 당연히 — 특수한 성격을 부여하지만, 그렇다고 해서 실재 과정들의 인과적 성질을 제거할 수는 없다. 물론 원래의 인과과정들에서 아주 광범위한 변양(變樣)들이 발생할 때가 자주 있다. 그러나 이러한 변양들도 그 인과성을 결코 폐기할 수 없다. 여기서 루카치는 바퀴를 예로 드는데, 바퀴 그 자체는 자연에서는 결코 발견될 수 없는 것이며, 따라서 전적으로 목적론적인 정립의 산물인 것처럼 보인다. 하지만 그렇게 계획되어 현실화되는 바퀴의 운동은 그럼에도 불구하고 그 존재기반에 있어서는 목적론적으로 영향만 받았을 뿐인 자연적인 인과적 과정들과 범주적으로 결코 구별되지 않는, 순수하게 인과적인 과정에 다름 아니다(284).

---

85) "인간의 사유와 행위의 존재론적 기초", 261쪽.

결국 모든 존재의 과정, 그것이 자연적 존재이든 사회적 존재이든 모든 존재의 과정은 인과적인 과정이라는 것인데, 루카치는 이를 "존재의 모든 과정에서 인과성의 일반적 지배"(285)라고 정식화한다. 이러한 정식화는 역사란 '주체(기원으로서의)도 목적도 없는 과정'이라는 알튀세르의 유명한 테제를 연상시킨다. 그 테제가 겨냥했던 목적론적 역사철학이 상정하는 "보편적인 목적론적 과정"이 있다면 그것은 "시작 전에 이미 정확하게 규정된 목표를 모든 단계와 계기에서 실현할 수 있는, 다시 말해서 모든 단계와 계기에서 목표정립적 주체에 의해 사실상 그 목표 쪽으로 유도되는 그런 진행의 과정"(284)일 것이다. 하지만 루카치가 "인과성의 일반적 지배"하에 있다고 보는 역사과정은 그런 목표도, 그런 목표정립의 주체도 없는 인과적 과정이다. 앞에서 인용했던 말을 반복하자면, 루카치에게 역사과정이란 "인과적이지 목적론적이지 않으며, 또 다층적이지 결코 일면적이거나 단선적이지 않고, 언제나 그때그때 활동적인 복합체들의 실재적인 상호작용 및 상호관계에 의해 작동되는 하나의 발전경향"(36)이다.

그런데 '선행하는 인과적 과정을 작동시키는 목적론적 행위, 그 목적론적 행위의 결과들이 산출하는 인과적 과정'이라는 루카치의 이해는 사회의 전체과정이 "자기 고유의 법칙성들을 지니고 있는 인과적 과정"[86]임을 의미하는 것이면서 이와 동시에 "기계적・자연발생적으로 작용"[87]하는 필연성 일체를 부인하는 말이기도 하다. 그도 그럴 것이 '사회적 필연성'은 각 개인의 목적론적 정립들에서 생겨나

---

86) *Ibid.*
87) *Ibid.*

기 때문이다. 여기에서 각 개인의 목적론적 정립은 ― 앞에서 사고를 통한 인식의 접근성·상대성과 관련해서 말했듯이 ― 그 조건들을 남김없이 다 조망하고 검토한 위에 이루어질 수는 없다. 유한한 생명체일 뿐만 아니라 사회·역사적 규정 속에 있는 개별인간이 무한한 현실적 연관을 다 검토하는 것은 불가능한 일이다. 뿐만 아니라 각 개인의 행위의 결과는 다른 개인들의 행위의 결과들과 겹쳐진다. 그렇기 때문에 각 개인의 행위의 최종적 결과는 개인의 의도를 넘어선다. 인간의 합목적적 활동은 객체에 대한 절대적 지배에는 결코 도달할 수 없는 것이다.

"인간은 자기 자신들의 역사를 만들지만 (…) 직접적으로 앞에 놓여 있고 주어진, 전승된 상황하에서 그렇게 한다"(*MEW*, 8 : 115)는 마르크스의 말도 이러한 메커니즘과 관련이 있다는 것이 루카치의 생각이다. 루카치는 인과적 과정으로서 '주어진 상황'에 인간은 '선택적'으로 반응한다고 본다. 즉, 사회적 과정에는 선택적 정립의 가능성이 주어져 있으며, 인간의 합목적적 활동은 선택적 결정들을 통해 이루어진다는 것이다. 물론 사회의 전체과정이 인과적 과정인이상 그 선택 가능성의 범위는 항상 '규정'되어 있지만, 이 말이 일체의 선택이 불가능하게 기계적으로 '결정'되어 있다는 뜻은 아니다. 이러한 사태를 표현하는 말이 앞에서 언급한 "구체적인 여지"인데, 이 "여지" 내에서 이루어지는 선택적 결정에 인간의 '자유'가 존립한다는 것이 루카치의 생각이다. 따라서 관념이 아닌 현실에서는 일체의 '규정'을 벗어난 **절대적** 자유도 있을 수 없지만, 이와 반대로 **절대적** 필연의 지배 또한 있을 수 없다. 이를 루카치는 "사회적 존재에 모순적으로 불가분하게 내재해 있는 자유와 필연의 통일성"[88] 이라고 표현한다. 이는 이미 노동에서 "목적론적인 선택적 결정과, 제거 불가능한 인과적·필연적 전제 및 결과의 불가분한 모순적인 통일성"[89] 으로 작동했던 것으로서, 모든 개인적 인간 층위에서 부단히 재생산된다는 것이 루카치의 생각이다. 이렇게 보면 루카치의 제자들이 《존재론》 전체에는 필연성의 구상이 지배하고 있는 존재론과 인간의 자기해방에 강조점이 놓인 존재론 간의 모순이 도사리고 있다고 파악한 것은, "자유와 필연의 통일성"에 대한 루카치의 입론을 받아들이지 않은 탓에 나온 평가라 할 수 있다.

6. 마치는 말

루카치는 마르크스의 이론작업에 작동하는 방법의 존재론적 기초 내지 원리에 주목하고 마르크스 사상의 정수(精髓)는 바로 거기에 있다고 확신했다. 그런 눈으로 '마르크스 다시 읽기'에 나섬으로써 그는 마르크스가 그 모든 이론적 성취에 앞서 무엇보다도 "존재와 생성의 이론가"로 우뚝했음을 밝히고, 그런 관점에서 마르크스의 사상을 계승·발전시키고자 했다. '생성'(Werden) 과 '존재'(Sein), 요즘 유행하는 말로 바꾸자면 '되기'와 '임'〔있음〕이 별개가 아니라 '임'〔있음〕은 '되기'로서만 '임'〔있음〕이며 '되기'는 곧 '임'〔있음〕'이라는 통찰이 초기 마르크스부터 후기 마르크스까지 일관되게 관류하고 있다고 보았기 때문에 루카치는 마르크스 사상의 근본적 연속성을 강력하게 주장할 수

---

88) *Ibid.*, 267쪽.
89) *Ibid.*

있었으며, 또 그 어떤 마르크스주의자보다도 더욱더 포괄적으로 마르크스를 옹호할 수 있었다. 그런 관점에서 루카치는 "사회에서 경제 발전이 지니는 인과적 우선성, 모든 이데올로기에 대해 경제적 발전이 점하는 존재상(上)의 우위, 자본주의 사회의 발전이 맞이하는 출구 없는 위기의 필연성, 자본주의 사회를 교체하는 구성체로서의 사회주의와 공산주의의 무조건적 필연성 등등"(301)에 관한, 마르크스의 저작들에서 간헐적으로 눈에 띄는, 따라서 마르크스가 그러한 유의 발언도 했다는 것을 완전히 부정할 수 없는 증거가 되는 언급들을, 특정 국면에서 대중적 효과를 노려 특수한 표현방식을 취할 수밖에 없었던 탓에 나온 것으로, 마르크스적 방법의 객관적 총체성의 차원에서 보면 "삽화적 불일치"(302)에 불과한 것으로, 따라서 루카치 자신이 생각하는 진정한 마르크스주의에는 "낯선 첨가물"(302)로 평가한다. 그러나 마르크스 이후 마르크스주의는 바로 그 "낯선 첨가물"을 마르크스 해석의 중심에 놓음으로써 마르크스 사상을 왜곡시켜온 역사였다. 그러한 왜곡의 시발점은 엥겔스가 마련했으며 제 2 인터내셔널의 이론가들을 거쳐 마침내 스탈린에 오면 마르크스주의는 "마르크스의 전체 사상을 그 실체에 이르기까지 도착(倒錯) 시킨 이론적 견해들의 총합"[90]으로서의 스탈린주의로 탈바꿈하기에 이른다. 마르크스주의의 역사에 대한 이러한 인식, 마르크스주의의 운명에 대한 위기의식은 루카치로 하여금 지금까지의 마르크스주의는 마르크스주의가 아니었다고 천명하고 다시 마르크스로 되돌아가 마르크스주의

---

90) Nicolas Tertulian, "Gedanken zur Ontologie des gesellschaftlichen Seins, angefangen bei den Prolegomena", p. 151.

를 부활("마르크스주의의 르네상스") 시킬 길을 찾도록 만들었다. 일찍이 레닌이 제1차 세계대전이 발발하면서 사민주의가 내파(內破) 된역사적 상황 속에서 후기 엥겔스-제2인터내셔널의 마르크스주의에맞서 헤겔 변증법의 독해를 통해 마르크스주의를 재정초하는 길에 나섰다면,91) 루카치는 자본주의와 사회주의 두 체제가 공히 위기에 봉착한 역사적 상황 속에서, 스탈린주의로 만신창이가 된 마르크스주의를 보편적인 조작과 소외를 극복할 수 있는 이론적 힘과 파토스를지닌 진정한 마르크스주의로 재구축하고자 시도했다. 그리하여 그는"유물론적 · 역사적인 존재론"으로 마르크스주의를 재정초하는 길을열었는데, 이 길은 — 루카치 자신의 사상적 발전과정에 초점을 맞추어 보자면 — 일찍이 1920년대 초에 마르크스 사상의 철학적 차원을마르크스주의 역사에서 거의 처음 본격적으로 개시(開示) 한《역사와 계급의식》의 기본 관점을 극복하는 길이기도 했다. 따라서 루카치의 마르크스주의 존재론은, 그가《역사와 계급의식》이후 근 40여년에 걸쳐 공산주의자로서 감당해낸 이론적 · 실천적 역정(歷程) 끝에 도달한, 그 자신의 마지막 귀착점이었다. 루카치는 자신이 새로운"시작의 시작"으로 끝낼 수밖에 없었던 그 귀착점이, 많은 사람들의공동 작업을 통해 구체화되고 확장됨으로써, 인류가 공산주의로 나아가는 길을 다지고 넓히는 데 유용하게 쓰일 수 있기를 바랐다.

루카치는 공산주의자였다. 그는 '역사적 공산주의'의 빛나는 순간

---

91) 이와 관련해서는 스타시스 쿠벨라키스, "헤겔의 독자 레닌: 레닌의 헤겔《논리학》노트를 독해하기 위한 몇 개의 가설적 테제들",《레닌 재장전: 진리의 정치를 향하여》(슬라보예 지젝 · 알랭 바디우 외, 이현우 · 이재원 외옮김, 마티, 2010), 261~322쪽 참조.

뿐만 아니라 그것이 동반했던 오욕(汚辱)의 시간도 견디면서 끝까지 공산주의자임을 자랑으로 여겼다. 그에게 공산주의란 "소외시키고 소외된 사회적 세계"인 "인류의 전사(前史)" (210)를 마감하고 "자기 목적으로 간주되는 인간적 힘의 발전"이 이루어지는 "자유의 나라" (Reich der Freiheit) 92)의 다른 이름이었다. 그가 온 삶을 바쳐 궁구(窮究)한 문학과 예술, 정치와 이데올로기, 역사와 철학에 관한 모든 사유는 "자유의 나라"에서 자유로이 연대한 인간을 위한, 자유로운 인간들의 자유로운 사회를 위한 수단이었다. '전체주의'로 오독되는 '총체성'의 사상가 루카치가 일관되게 추구한 것은 놀랍게도 "진정한 인간성의 자유"93)이며, 그가 생애 마지막에 시도한, 그렇지만 결국 단장(斷章)으로만 남게 된 윤리학은 "자유의 윤리학" (Freiheitsethik) 94)이라는 이름이 부여될 수 있는 것이었다. 그 '자유'의 이념은, 1930년대 초·중반, 마르크스주의자 루카치가 가장 도식적이었을 때조차도 인간의 "개체적 총체성", "인간의 자립성 및 자기 활동성"을 인간의 근원적 욕구로, 예술형식 일반의 인간학적 토대로 설정하는 식으로 그의 이론의 중심에 놓여 있었으며, 마르크스주의자가 되기 이전에 이미 "영혼의 내적 요구들"로 그의 사유의 중핵을 이루고 있었다. 95) 그 "자유의 나라"로서의 공산주의는 루카치에게는 "도달해야 할 상태로 고안된 완성의 유토피아적·사상적인 선취"96)가 아닐 뿐더러 한

---

92) 카를 마르크스, 강신준 옮김, 《자본 III-2》, 길, 2010, 1095쪽.
93) F. Benseler, "Nachwort", p. 731.
94) *Ibid.*
95) 이와 관련해서는 졸고, "루카치 장편소설론의 역사성과 현재성", 《창작과비평》, 2013년 여름호, 328∼330쪽 참조.

갖된 '가설'이나 '규제적 이념'도 아니었다. 그것은 인류가 자본주의의 사회주의적 변혁을 거쳐 사회주의가 올바로 실현되면서 도달하게될 사회상태의 속성을 가리키는 말이자, "더 이상 소외에 지배받지않는 삶"에 대한, 결코 근절된 적이 없었던 "인류의 동경"(208)으로서역사 속에서 관류해왔던 것이며, 인류의 역사에서 오랜 시간 지속적인 영향력을 지닌 위대한 인격, 위대한 예술, 위대한 철학에서 그 표현을 찾아왔던 것이다. 요컨대 지금까지 없었던 것이 새로 시작되는것이 아니라, "지금까지의 발전이 인간화의 중요한 업적들로서 산출하고 재생산했으며 모순에 찬 가운데 더 높이 발전시켰던 진정한 인간적 힘들"[97]이 실질적으로 전개되기 시작하는 것이 루카치가 생각하는 공산주의다. 자본주의 사회에서 그것은 자본주의적인 비인간화, 자본주의의 모순에 맞서 싸우면서 그것들을 극복해나가는 여러형태의 운동 속에서 작동하는 힘으로 존재하는데, 그 힘을 심화·확대함으로써 전체 사회의 성격을 규정하는 힘으로 전환시키는 혁명적과정을 거쳐, 그리고 그 과정에서 '자유의 나라'의 주체로서 인격이발달된 인간들을 통해 공산주의는 본격적으로 이룩될 수 있다. 이런의미에서 그에게 공산주의는 "오래된 미래"이면서 바로 지금·여기에서부터 시작되어야 하는 '자유의 나라'('하느님 나라' 또는 '정토 세상'이라 불러도 좋을)가 인류 전체의 삶을 형성하기 시작하는 사회라 할수 있다. 루카치 사상의 위대함은, "우리가 상상할 수 있는 거의 모든주제와 거의 모든 장르"[98]를 다루면서 이러한 지향과 전망을 놀랍도

---

96) "인간의 사유와 행위의 존재론적 기초", 266쪽.
97) *Ibid.*

록 일관되고 철저하게 관철시키고, 그 모든 곳에서 공산주의로 이어지는 사회적·인간적 힘들을 파악한 데에서 비롯한다.

삶의 전(全) 영역에서 "개별특수성(Partikularität)의 절대적 지배"(253)가 관철되는 자본주의 발전단계에서, 그리하여 "각자도생(各自圖生)의 마음만을 챙기도록 만드는 현실"[99] 속에서, 루카치의 이러한 사상은 '낯설게' 보일지도 모른다. "철학의 미학화"가 대세가 된 지 이미 오래인 지적 환경에서 개념이 개념을 물고 이어지는 '추상적'이고 '지루한' 서술 또한 그가 남긴 철학적 사유를 더 '낯설게' 만들 공산이 크다. 그중에서도 특히 《존재론》과 《프롤레고메나》는 마르크스주의가 서구의 지식세계에서 각주로 밀려나고 각양각색의 '포스트-주의'가 개화하던 시점에 출간된 데다가 그 직후 동구사회주의블록의 붕괴까지 덧붙여지면서 루카치 자신이 기대했던 만큼의 반향을 얻을 수가 없었다. 지식세계를 지배하는 언어인 영어로 아직 완역본이 나오지 않았다는 사실은 그의 마지막 사유가 '대중성'을 얻지 못했다는 사실을 보여주는 증표이자, '대중성'을 얻지 못하게 된 이유 중 하나이기도 할 것이다. [100] 하지만 포스트마르크스주의자들

---

98) 마셜 버먼, 문명식 옮김, 《맑스주의의 향연》, 이후, 2001, 251쪽.

99) 정홍수, "'다른 세상'에 대한 물음", 《창작과비평》, 2014년 여름호, 68쪽.

100) 영어로 《존재론》의 일부가 번역된 적이 있다. 1978년에 〈헤겔〉과 〈마르크스〉 부분이, 1980년에 〈노동〉 부분이 런던 소재 멀린(Merlin) 출판사에서 번역되었다. 미국의 한 루카치 연구자에 따르면 휴머니티즈(Humanities) 출판사에서 새로이 번역에 착수했다고 하는데(Eva L. Corredor: Lukács. After Communism. interviews with contemporary intellectuals, Duke University Press, 1997, p. 126), 그 말이 있은 지 20년이 지난 지금까지도 출판 소식을 듣지 못했다.

과는 달리 마르크스의 텍스트 자체에 근거하여 마르크스 사상의 능력을 최고치로 제고(提高)하고자 한 루카치의 "유물론적·역사적인 존재론" 기획이, "마르크스 사상에 대한 가장 야심 차고 가장 중요한 조탁(彫琢)"101) 이라는 것을 부인하긴 힘들 것이다. 그럼에도 불구하고 《존재론》과 《프롤레고메나》에 대한 연구와 전유 작업이 크게 활발하진 못한데, 이 책들을 두고 토마스 메처(Th. Metscher)가 아직 "읽히지 않은, 알려지지 않은 20세기의 걸작"102) 이라고 평가한 것이 여전히 유효한 상태로 보인다. 국내에서는 그 정도가 더 심한데, 루카치의 존재론에 관한 관심은 아예 전무하다고 말해도 무방할 지경이다. 상황이 그렇기 때문에 이 글이 — 비록 루카치가 시도한 마르크스주의 존재론의 한 모퉁이를 소개한 것에 불과하지만 — 국내의 독자들로 하여금 루카치가 남긴 마지막 사유에 친숙해질 수 있게 하는 첫 작업이 되기를, 그리하여 능력 있는 연구자들의 더욱 풍부하고 섬세한 작업이 이어지는 계기가 되기를 바라는 마음이 크다.

김경식 씀

---

101) N. Tertulian, "Gedanken zur Ontologie des gesellschaftlichen Seins, angefangen bei den Prolegomena", p. 150.

102) "Ein ungelesenes, unbekanntes Meisterwerk des 20. Jahrhunderts. Gespräch mit Thomas Metscher", *Lukács und 1968*, R. Dannemann, ed., Bielefeld: Aisthesis, 2009, p. 150.

찾아보기
(용어)

게오르크 루카치(Georg Lukács, 1885~1971)

게오르크 루카치(Georg Lukács)는 1885년 4월 13일 부다페스트에서 유대계 은행가 집안의 2남 1녀 중 차남으로 태어났다. 고교 재학 중이던 10대 후반에 연극평론으로 문필활동을 시작한 그는, "우리가 상상할 수 있는 거의 모든 주제와 거의 모든 장르"를 다룬 수백 편의 글, 수십 권의 책을 통해 한 사람에게서 나온 것이라 믿기 어려울 정도로 다채로운 언어와 폭넓은 사유를 이 세상에 남겼다. 약관을 갓 넘은 나이에 집필하기 시작한 글들로 구성된 《영혼과 형식》(Die Seele und die Formen)으로 현대 실존주의의 원형을 제시한 그는, 몇 년 뒤 발표한 《소설의 이론》(Die Theorie des Romans)을 통해서는 형식과 역사의 내적 연관성을 중시하는 소설론 계보의 초석을 놓았다. 헝가리와 독일 양쪽에서 신예로 주목받던 그의 학자적 삶은, 그가 30대 중반의 나이에 감행한 헝가리 공산당 입당(1918. 12)으로 일단락된다. 그가 혁명적 공산주의자로 삶의 양식과 세계관을 통째로 바꾼 뒤 본격적으로 매진한 마르크스주의 연구와 정치적 실천 경험이 바탕에 놓인 《역사와 계급의식》(Geschichte und Klassenbewußtsein)은, 그에게 "서구 마르크스주의의 창시자"라는 위명을 부여했다. 1920년대 말 헝가리 공산당 내 분파투쟁에서 패한 뒤 정치일선에서 물러난 그는, 이론적·비평적 작업을 통해 공산주의 운동에 복무하는 이데올로그로서의 삶을 살아나갔다. 1930~1940년대에 그는 "위대한 리얼리즘"에 대한 요구로 수렴되는 문학담론과 《청년 헤겔》(Der junge Hegel) 등의 집필을 통해 명시적으로는 파시즘 및 그것으로 귀결되는 서구의 비합리주의 전통에 맞서면서, 은밀하게는 진정한 마르크스주의적 요소를 스탈린주의적 왜곡으로부터 지키고자 했다. 1950년대 중반부터 루카치는 스탈린주의와의 근본적 단절과 마르크스주의의 르네상스를 기치로 내걸고 체계적이고 종합적인 이론적 작업에 들어갔다. 이에 따른 성과는 미학에서는 《미적인 것의 고유성》(Die Eigenart des Ästhetischen)과 《미학의 범주로서의 특수성》(*Über die Besonderheit als Kategorie der Ästhetik*) 으로, 정치이론에
서는 《사회주의와 민주화》(*Sozialismus und Demokratisierung*) 로,
철학에서는 《사회적 존재의 존재론을 위하여》(*Zur Ontologie des
gesellschaftlichen Seins*) 와 《사회적 존재의 존재론을 위한 프롤레고
메나》(*Prolegomena zur Ontologie des gesellschaftlichen Seins*) 로 묶였다.
루카치가 남긴 이러한 이론적 사유들은 한 위대한 학자의 학문적
성취이기 이전에 무엇보다도 "자유의 나라"로 표상되는 공산주의
를 이룩하는 사업에 자발적으로 참여한 이데올로그로서 감행한
이론적 실천의 산물이었다. 그의 "삶으로서의 사유", "사유로서
의 삶"은 1971년 6월 4일, 그의 죽음으로 대단원의 막을 내렸다.
향년 86세였다.

옮긴이 약력

김경식

연세대 독어독문학과와 동대학원 박사과정을 졸업했다. 독일 트리어대학에서 수학한 후, 연세대 대학원에서 게오르크 루카치 연구로 박사학위를 받았다. 연세대에서 강의했으며, 2017년 현재 '자유연구자'로 공부하면서 글을 쓰고 옮기는 일을 하고 있다. 저서로는 《게오르크 루카치: 과거와 미래를 잇는 다리》, 《통일 이후 독일의 문화통합 과정》(공저), 《다시 소설이론을 읽는다》(공저) 등이 있으며, 역서로는 《게오르크 루카치: 맑스로 가는 길》(공역), 《고차세계의 인식으로 가는 길》, 《미적 현대와 그 이후: 루소에서 칼비노까지》, 《소설의 이론》 등이 있다. 루카치의 《소설의 이론》 번역으로 2007년 제12회 한독문학번역상을 받았다.

안소현

연세대 독어독문학과와 동대학원 박사과정을 졸업했다. 오스트리아 빈대학에서 수학한 후, 연세대 대학원에서 로베르트 무질(Robert Musil) 연구로 박사학위를 받았다. 연세대, 한양대, 인천대, 한신대 등에서 강의했으며, 2017년 현재 (주)에스제이엘 대표로 일하고 있다. 《바람과 강》, 《한국 현대 단편소설집: 모든 시간의 끝에서》, 《평범한 물방울무늬 원피스에 관한 이야기》, 《칼의 노래》 등을 독일어로 옮겼으며, 《발터 벤야민》, 《몬탁 씨의 특별한 월요일》, 《바보들》 등을 우리말로 옮겼다. 김훈의 《칼의 노래》를 독일어로 옮긴 *Schwertgesang*(하이디 강 공역)으로 2011년 제19회 대산문학상 번역상을 받았다.